자크
데리다의 유령들

자크 데리다의 유령들

니콜러스 로일 지음 | 오문석 옮김

앨피
book

매번 새롭게 반복되는 데리다라는 '유령'

프랑스 철학 전성시대

1990년대 한국 지성계는 포스트모더니즘의 유행과 더불어 시작되었다. 포스트모더니즘 담론은 1980년대 '사회과학의 시대'를 마감하는 몇몇 상징적인 사건들과 함께 한국 사회를 뒤흔들었다. 그 여파로 근대성 혹은 모더니티의 죽음이 공공연하게 거론되고, 한국의 젊은 철학자와 문학 연구자들 사이에서 근대성에 대한 재평가 작업이 광범위하게 진행됐다. '근대성이냐 탈근대성이냐'를 변형한 듯한 유사 제목들이 대학가의 현수막과 학계의 행사 안내장을 뒤덮었다. 그것은 흡사 '1980년대냐 1990년대냐'의 세대론적 대결의 구도를 닮아갔으며, 급기야 1990년대 이후 포스트모더니즘 담론의 세례를 받은 문인, 비평가, 이론가들이 문단과 학계를 주도하기 시작했다.

여기서 기억할 것은 그 모든 사태의 중심에 언제나 '프랑스 철학자들'이 있었다는 사실이다. 당시까지는 이름도 생소했던 프랑스 철학자들(푸코, 리오타르, 데리다, 들뢰즈 등)이 포스트모더니즘 담론의 주도

세력으로 거론되었으며, 그 결과 '프랑스 철학＝포스트모더니즘'이라는 불확실한 인상을 남기는 지경에까지 이르게 되었다. 이러한 인상은 1980년대까지 한국 지성계를 주도했던 칸트, 헤겔, 마르크스 등의 '엄숙한 독일 철학'에 짙은 그림자를 드리웠다. 사태를 단순화하자면, 그 당시 독일 철학은 지는 해였고 프랑스 철학은 뜨는 해였다.

심지어 1980년대 한국의 대학가에서 수정주의로 낙인찍혀 주변부를 맴돌 수밖에 없었던 프랑스 마르크스주의자 알튀세가 집중 조명을 받게 되고, 대학가에는 늦깎이 알튀세리언들이 양산되었다. 마르크스주의 내부에서조차 포스트마르크스주의 담론이 득세하게 된 것이다. 그러면서 당시부터 비교적 최근까지도 헤겔, 마르크스는 '죽은 개' 취급을 받아야 했다.

미국산産 포스트모더니즘 담론

하지만 아이러니하게도 당시 프랑스 철학의 유행을 불러일으킨 포스트모더니즘 담론의 출처는 프랑스가 아니었다. '포스트모더니즘'이라는 명칭을 두고 그 특허권을 주장할 수 있을 정도로 포스트 담론에서 미국 지성계의 영향은 두드러졌다. 미국 소비문화의 급격한 변화에서 비롯된 포스트모더니티 담론은, 러시아를 거쳐 북한을 관통했던 생산적 모더니티 담론을 대체할 만한 영향력을 획득한 것이다.

이러한 변화는 한국 사회 및 지성계의 급진적인 세대교체를 예고했다. 다시 말해서, 뜨는 해, 즉 프랑스를 지원한 것은 사실상 미국이었다. 그렇기 때문에 당시 프랑스 철학자들에 대한 이해는 미국이라

는 필터를 거쳐, 포스트모더니즘이라는 미국산 담론의 범위 안에서만
이루어질 수 있었다. 그만큼 편협하고 왜곡된 관점으로 그들을 바라
볼 수밖에 없었다. 하지만 이제 포스트모더니즘이라는 명칭은 여러
해프닝만을 남기고 급격히 무대에서 철수한 지 오래다. 덩달아 프랑
스 철학에 대한 열기도 한풀 꺾인 상태이다. 물론 아직도 68세대의
뒤를 잇는 새로운 프랑스 철학자들이 관심을 받고 있긴 하지만, 예전
만 못하다. 많은 사람들은 또다시 일본 지성계와 어깨를 나란히 하길
즐기고 있다.

미국산産 데리다

역자는 헤겔과 마르크스가 '죽은 개' 취급을 받기 시작할 무렵에 헤
겔의 『정신현상학』을 강독하고, 마르크스의 『자본』을 재음미한 적이
있다. '죽은 개' 주변은 사람도 많지 않고 호젓하니 사색하기 좋았다.
축제 이후의 적막감 속에서 오히려 헤겔과 마르크스의 다른 모습을
볼 수 있지 않을까 기대한 것도 사실이다. 선구적 예언가가 아니라면
뒷북을 치는 사람도 필요하다.

　데리다의 경우도 마찬가지다. 한때 그의 기괴한 용어들이 많은 사
람의 입에서 합창처럼 연주된 적이 있다. 그의 독특한 용어들을 어떻
게 번역할 것인지를 두고 논쟁이 벌어진 것도 수차례다. 차연(이 책
에서는 '디페랑스'), 대리보충, 로고스 중심주의, 음성 중심주의 등과
아직도 합의되지 않은 글쓰기(요즘은 '에크리튀르'라는 멋진 발음이 유행
이다.), 파르마콘 등이 자주 사용되는 데리다의 유행어였다. 하지만

이러한 용어들로 알려진 데리다는 다소 거칠게 말하자면 사실상 '미국산 데리다'에 지나지 않았다.

미국에서 활동하는 데리다 학파를 가리켜, 우리는 '해체주의'라는 명칭을 사용한다. 이 책의 저자인 니콜러스 로일이 혐오하는 '해체주의'라는 용어는 물론 '이즘ism'을 선호하는 학문 분류학자들의 편리를 따른 호칭이다. 이때 예일대학을 중심으로 형성된 미국 '해체주의'는 문학비평(이론)적 관점이 강했다. 그로 인해 초창기 미국 문학비평계를 선도했던 '신비평'의 영향을 크게 받았다. 새로운 '자세히 읽기close reading'라는 인상을 줄 정도로 꼼꼼한 텍스트 읽기, 게다가 텍스트 외적 상황과 무관하게 이루어지는 '텍스트 내재적 접근법', 텍스트에서 발견되는 '모호성' 등이 그 흔적들이다.

알다시피 '내재적 접근'과 '자세히 읽기', 텍스트의 '모호성'은 신비평의 기둥을 이루는 개념들이다. 물론 예일대학과 직·간접으로 관련된 소위 '예일학파' 소속 비평가들, 즉 폴 드 만, 제프리 하트만, 힐리스 밀러, 해럴드 블룸 등은 데리다를 통해서 '신비평'을 넘어서기를 바랐지만, 대외적으로는 사실상 신비평의 확대재생산이라는 인상을 주기에 충분했다.

'해체주의' 혹은 '해체비평'은 '미국산 데리다'를 통해 '신비평의 확장'을 노린 비평 담론으로서, 그것이 포스트모더니즘의 영향권에서 거론된 대부분의 데리다 관련 비평 담론의 성격을 규정하였다. 뒤늦게 밝혀진 폴 드 만의 나치즘 부역 사실보다 더 문제적인 것이 어쩌면 데리다의 신비평 부역 사실이 아닐까 싶다. 지지부진하던 미국의 회화가 2차대전 이후 전 세계 회화 담론을 주도할 수 있었던 것처럼,

데리다를 비롯한 수많은 유럽의 이론가 및 작가들의 미국 유입은 미국 이데올로기에 새 옷을 입히는 코디네이터 고용을 수월하게 했던 것이다.

독일산産 프랑스 철학자로 재탄생하다

하지만 1967년 세 권의 주저(『목소리와 현상』, 『그라마톨로지에 관하여』, 『글쓰기와 차이』)를 동시에 출판하는 획기적인 사건을 저지르고 등장한 데리다의 모습은 달랐다. 한국에서는 그 획기적인 사건을 실감하기에는 번역 작업이 많이 더뎠다. 언제나 그랬듯이 해체비평이라는 형식으로 유통될 당시에도 번역된 데리다의 저서는 많지 않았다. 1967년에 출간된 데리다의 세 권의 주저만 해도 『그라마톨로지에 관하여』는 1996년에, 나머지 두 권은 2000년 이후에야 번역되었다. 2004년 다른 역자가 재번역한 『그라마톨로지에 관하여』를 포함하여, 『글쓰기와 차이』가 2001년에, 『목소리와 현상』은 2006년에야 한글판을 구경할 수 있었다.

그 사이에 후설과 하이데거, 니체 등이 활발하게 번역·논의되어, 데리다를 가능케 했던 '독일 철학', 특히 현상학과 해석학의 맥락이 데리다 읽기의 신지평을 형성했다. 프랑스 철학의 급격한 부상으로 졸지에 '지는 해' 취급을 받던 독일 철학이 다시 주목받으며 프랑스 철학을 새롭게 조명할 수 있는 계기가 마련된 것이다.

미국산 비평 담론의 재생산에 복무하던 데리다는 이제 독일 근현대 철학을 배경으로 하는 유럽 형이상학의 적자로 재평가받았다. 그와 동시에 문학비평적 관점에 가려져 주목받지 못했던 데리다의 다른 모습들이 부각되기에 이르렀다. '형이상학 극복'이라는 중차대한 과제와 관련하여 '해체'라는 단어가 구사하는 전략적 이중성(해체와 건설을 동시에 뜻하는 하이데거의 'Abbau')이 새롭게 강조되었으며, 타자성에 대한 레비나스의 선구적 관점이 알려지며, 정체성을 형성하게 하는 동시에 형성을 불가능하게 하는 타자의 괴물적 성격이 크게 주목받았다.

데리다는 이로써 문턱과 경계의 사상가로 새롭게 읽히게 되었다. 데리다의 이미지에서 문화적 엘리트주의와 보수주의에 연루된 미국 신비평의 전통이 떨어져 나가고, 데리다의 문화적·정치적 급진성이 조명을 받았다. 데리다의 급진성은 정신분석학의 유행(주체 형성 과정에 대한 라캉의 프로이트 재해석)과 맞물리며 문화적 정체성 비판에 깊숙이 개입하게 되었다. 더 나아가 에드워드 사이드의 오리엔탈리즘(서양의 정체성 형성에 필수적으로 요청되는 동양이라는 타자의 희생)을 비롯한 각종 포스트콜로니얼리즘(포스트식민주의) 논의를 이해하는 데 반드시 필요한 전략적 사고 창고로 기능하게 되었다. 이제는 데리다에 대한 이해 없이는 어떠한 최신 담론에도 개입할 수 없는 상황이 된 것이다.

데리다의 텍스트 해석학

이제 이 책에서 강조되는 데리다의 모습을 제시해야 할 것 같다. 여러 모로 독특한 이 책은 '텍스트 읽기'와 관련한 데리다의 모습을 확인하는 데 도움을 준다. 저자는 텍스트 해석학의 관점에서 데리다의 주요 개념 전체를 설명하려 든다. 항상 특정한 텍스트에 대한 구체적 읽기로써 해체론을 실천했던 데리다의 연구 태도를 상기할 때, 이 책은 해체론을 실현하는 데리다의 실천적 방법에 대한 메타적 해설이라고 할 수 있다.

단순화해서 말하자면, 텍스트를 읽는 데에는 두 가지 관점이 있을 수 있다. 첫째는 폐쇄적 독해인데, 이러한 관점에서는 텍스트에 폐쇄적으로 내재하는 의미(목적지)를 향해 텍스트가 지시하는 정해진 절차를 따라가는 것이 독자가 할 일이다. 해체론적 독해는 이에 맞세울 수 있는 것이라 하겠다. 해체론적 독해는 무엇보다 먼저 텍스트 자신조차 알지 못했던 바를 말하게 하는 읽기다.

이러한 텍스트 읽기는, 텍스트가 자신을 새롭게 읽을 수 있게끔 독자가 텍스트를 읽는 것을 가리킨다. 심지어 같은 텍스트라도 매번 읽을 때마다 다른 모습으로 드러나게 읽는 것이다. 읽을 때마다 무한히 다른 모습으로 드러나는 것이 텍스트의 '유일성singularity(단독성)'이다. 이는 매번 동일한 상태를 유지하는 폐쇄된 텍스트의 '자기동일성'('정체성正體性), 혹은 말 그대로 '정체성停滯性'과 구별된다. 폐쇄된 텍스트의 자기동일성은 매번 '동일한 의미'를 띠기 때문에 '변화'를 모른다. 이에 반해 데리다의 텍스트는 매번 '동일한' 의미를 지니지 않기 때문에 '정체'를 모른다.

폐쇄된 텍스트를 다음에 반복해서 읽게 되면 동일한 의미의 반복이 가능하겠지만, 데리다의 텍스트는 동일한 의미를 반복하지 않는다. 오히려 반복이 있다면 매번 다른 의미를 반복한다는 것이다. 같은 의미의 반복은 고정된, 죽은, 변화를 모르는 반복이지만, 매번 다른 의미로의 반복은 유동적이고, 생생하며, 변화를 내장한 반복이다. 그 반복은 다시는 반복되지 않을 것을 무한히 반복하는 능력이다. 이처럼 죽은 의미의 반복을 불가능하게 만드는 생생한 반복이 데리다의 새로운 '정체성'인데, 데리다는 그것을 '유일성(단독성)'이라고 명명했다. 고유한 것, 유일한 것, 대체 불가능한 것에는 언제나 이러한 '다시는 반복되지 않을 것의 반복가능성'이 내재한다는 것이다. 고유한 것, 유일한 것, 대체 불가능한 것의 가능성은 그것을 불가능하게 만들 위험한 것을 기반으로 했을 때에만 비로소 가능하다는 것이 이 책에서 반복해서 강조하는 내용이다.

사건을 일으키는 반복

이 책은 그러므로 데리다의 텍스트 읽기에서 두드러지는 '반복'의 문제를 반복해서 강조하는 스타일을 선보인다. 첫 장부터 끝 장까지 반복되는 것처럼 보이지만 매번 새로운 관점을 열어놓는 반복의 스타일은, 매번 '사건을 일으키는 반복'으로서의 독해를 몸소 실현한다. 데리다와 거리를 두고 세계를 관망하는 것이 아니라, 그것을 온 몸으로 체험하게 하는 것이 이 책의 목적인 것이다. 그동안 한국 지성계의 유행을 선도했던 수많은 서구 이론들이 한국 사회에 그 이론적 틀을 강제하는 '형틀'로 기능했다면, 데리다를 통해서 우리는 한국 사회라는 텍스트의 '유일성(단독성)'을 몸소 실감하는 계기를 마련할 수 있다. 그것은 진부한 텍스트 속에서도 경이로운 사건을 경험하는 체

험적 연구의 진척을 가져올 것이며, 이 책이 그 예비적 체험의 장이
됐으면 한다.

2007년 1월

오문석

차 례

데리다의 모든 것

데리다가 쓴 텍스트

A   *Aporias : Dying—Awaiting(One Another at) the 'Limits of Truth'*, trans. Thomas Dutoit, Stanford : Stanford University Press, 1993.

AC   'Aphorism Countertime', Trans. Nicholas Royle, in *Acts of Literature*, ed. Derek Attridge, London and New York : Routledge, 1992, pp 414-33.

Ad   *Adieu, to Emmanuel Levinas*, trans. Pascale-Anne Brault and Michael Naas, Stanford : Stanford University Press, 1999.

AF   *Archive Fever : A Freudian Impression*, trans. Eric Prenowitz, Chicago : Chicago University Press, 1996.

AFRC   *The Archeology of the Frivolous : Reading Condillac*, trans. John P. Leavey, Jr., Pittsburgh : Duquesne University Press, 1980.

Aft   'After.rds : or, at least, less than a letter about a letter less', trans. Geoffrey Bennington, in *Afterwords*, ed. Nicholas Royle, Tampere, Finland : Outside Books, 1992, 197-203.

AI   'As If Were Dead : An Interview with Jacques Derrida', in *Applying : to Derrida*, eds John Brannigan, Ruth Robbins and Julian Wolfreys, London : Macmillan, 1996, 212-26.

AIIWP   'As If It Were Possible, "Within Such Limits"…', trans. Benjamin Elwood and Elizabeth Rottenberg, in *Negotiations : Interventions and Interviews, 1971-2001*, ed. Elizabeth Rottenberg, Stanford : Stanford University Press, 2002, 343-70.

AL   *Acts of Literature*, ed. Derek Attridge, London and New York : Routledge, 1992.

20

'ANU'   '"The Almost Nothing of the Unpresentable"', trans. Peggy Kamuf, in *Points … Interveiws, 1974-94*, ed. Elisabeth Weber, Stanford : Stanford University Press, 1995, 78-88.

AR   *Acts of Religion*, ed. Gil Anidjar, London and New York : Routledge, 2002.

AT   'Of An Apocalyptic Tone Newly Adopted in Philosophy', trans. John P. Leavey, Jr, in *Derrida and Negative Theology*, ed. Harold Coward and Toby Foshay, Albany : State University of New York Press, 1992, 25-71.

ATA   'The Animal That Therefore I Am(More to Follow)', trans. David Willis, *Critical Inquiry*, 28 : 2(Winter 2002), 369-418.

ATED   'Afterword : Toward An Ethic of Discussion', trans. Samuel Weber, in *Limited Inc*, Evanston, Illinois : Northwestern University Press, 1988, 111-60.

B   'Befor the Law', trans. Avital Ronell and Christine Roulston, in *Acts of Literature*, ed. Derek Attridge, London and New York : Routledge, 1992, 181-220.

BB   'Between Brackets I', trans. Peggy Kamuf, in *Points … Interviews, 1974-94*, ed. Elisabeth Weber, Stanford : Stanford University Press, 1995, 5-29.

BBOL   'But, Beyond … (Open Letter to Anne McClintock and Rob Nixon)', trans. Peggy Kamuf, *Critical Inquiry* 13(1986), 155-70.

Bio   'Biodegradables', trans. Peggy Kamuf, *Critical Inquiry*, 15 : 4(1989), 812-73.

BL   'Border Lines', trans. James Hulbert, in Harold Bloom *et al.*, *Deconstruction and Criticism*, New York : Seabury Press, 1979, 75-176. (Extracts in DRBB.)

C   'Circumfession', in *Jacques Derrida*, trans. Geoffrey Bennington, Chicago : Chicago University Press, 1993.

Che   'Che cos'e la poesia?', trans. Peggy Kamuf, in *A Derrida Reader : Between the Blinds*, ed. Kamuf, London and New York : Harvester,

1991, 221-37. (Also published in P.)

CHM   'Cogito and the History of Madness', in *Writing and Difference*, trans. Alan Bass, London : Routledge and Kegan Paul, 1978, 31-63.

Cho   'Choreographies', trans. Christie V. McDonald, in *Points ⋯ Interviews, 1974-94*, ed. Elisabeth Weber, Stanford : Stanford University Press, 1995, 89-108.

D   *Dissemination*, trans. Barbara Johnson, Chicago : Chicago University Press, 1981.

DA   'The Deconstruction of Actuality : An Interview with Jacques Derrida', trans. Jonathan Rée, in Martin McQuillan, ed., *Deconstructio n : A Reader*, Edinburgh : Edinburgh University Press, 2000, 527-53. (Also in ET and N.)

Dec   'Deconstruction in America : An Interview with Jacques Derrida', trans. james Creech, *Critical Exchange*, 17(1985) : 1-33.

Dem   'Demeure : Fiction and Testimony'(with Mauric Blanchot's *The Instant on My Death*), trans. Elizabeth Rottenberg, Stanford : Stanford University Press, 2000.

DI   'Declarations of Independence', trans. Tom Keenan and Tom Pepper, *New Political Science*, 15(1986) : 7–15. (Also in N.)

Dia   'Dialanguages', trans. Peggy kamuf, in *Point ⋯ Interviews, 1974-94*, ed. Elisabeth Weber, Stanford : Stanford University Press, 1995, 132-55.

Diff   'Différance', in *Margins of Philosophy*, trans. Alan Bass, Chicago : Chicago University Press, 1982, 1-27. (Also in SP ; extracts in DRBB.)

Diss   'Dissemination', *Dissemination*, trans. Barbara Johnson, Chicago : Chicago University Press, 1981, 287-366.

DO   'Deconstruction and the Other', Interview with Richard Kearney, in Kearney, *Dialogues with Contemporary Continental Thinkers*, Manchester : Manchester University Press, 1984, 105-26.

DRB   'The Deaths of Roland Barthes', trans. Pascale-Anne Brault and Michael Nass, in *Continental Philosophy I : Philosophy and Non-Philosophy*

Since Merleau-Ponty, ed. Hugh Silverman, London : Routledge, 1988, 259-97. (Also in WoM.)

DRBB   *A Derrida Reader : Between the Blinds*, ed., with and introduction and notes by Peggy Kamuf, London and New York : Harvester Wheatsheaf, 1991.

DS   'The Double Session' in *Dissemination*, trans. Barbara Johnson, Chicago : Chicago University Press, 1981, 173-285. (Extracts in AL and DRBB.)

DTB   'Des Toures de Babel', trans. Joseph F. Graham, in *Difference in Translation*, ed. Joseph F. Graham, Ithaca : Cornell University Press, 1985, 165-205. (Extracts in DRBB.)

E   'Envois', in *The Post Card : From Socrates to Freud and Beyond*, trans. Alan Bass, Chicago : Chicago University Press, 1987, 3-256. (Extracts in DRBB.)

Ell   'Ellipsis', in *Writing and Difference*, trans. Alan Bass, London : Routledge and Kegan Paul, 1978, 294-300.

EO   *The Ear of the Other : Otobiography, Transference, Translation*, trans. Peggy Kamuf, ed. Christie V. McDonald, New York : Schocken Books, 1985.

ET   *Echographies of Television : Filmed Interviews*, with Bernard Stiegler, trans. Jennifer Bajork, Cambridge : Polity Press, 2002.

Etc.   'Et Cetera···(and so on, und so weiter, and so forth, et ainsi de suite, und so überall, etc.'), trans. Geoffrey Bennington, in *Deconstructions : A User's Guide*, ed. Nicholas Royle, Basingstoke and New York : Palgrave, 2000, 282-305.

F   'Fors : The Anglish Words of Nicolas Abraham and Maria Torok', trans. Barbara Johnson, in Abraham and Torok, *The Wolf Man's Magic Word : A Cryptonymy*, trans. Nicholas Rand, Minneapolis : University of Minnesota Press, 1986, xi-xlviii.

FK   'Faith and KnowledgeL the Two Sources of "Religion" at the limits of Reason Alone', trans. Sam Weber, in *Religion*, eds Jacques Derrida and Gianni Vattimo, Cambridge : Polity Press, 1998, 1-7. (Also in AR.)

FL 'Force of Law : The "Mystical Foundation of Authority'", trans. Mary Quaintance, *Cardozo Law Review*, 11 : 5/6(1990), 921-1045.

FS 'Force and Signification', in *Writing and Difference*, trans. Alan Bass, London : Routledge and Kegan Paul, 1978, 3-30.

FSW 'Freud and the Scene of Writing', in *Writing and Difference*, trans. Alan Bass, London : Routledge and Kegan Paul, 1978, 196-231.

FV 'Le facteur de la vérité', in *The Post Card : From Socrates to Freud and Beyond*, trans. Alan Bass, Chicago : Chicago University Press, 1987, 411-96. (Extracts in DRBB.)

G *Glas*, trans. John P. Leavey, Jr, and Richard Rand, London : University of Nebraska Press, 1986. (Extracts in DRBB.)

GARW 'Geopsychoanalysis : "··· and the Rest of the World'", trans. Donald Nicholson-Smith, in *American Imago*, vol. 48, no. 2(1991) : 199-231.

GD *The Gift of Death*, trans. David Wills, Chicago : Chicago University Press, 1995.

GT *Given Time : 1. Counterfeit Money*, trans. Peggy Kamuf, Chicago : Chicago University Press, 1992.

H 'How to Avoid Speaking : Denials', trans. Ken Frieden, in *Derrida and Negative Theology*, eds Harold Coward and Toby Foshay, Albany : State University of New York Press, 1992, 73-142.

Hos *Of Hospitality : Anne Dufourmantelle Invites Jacques Derrida to Respond*, trans. Rachel Bowlby, Stanford : Stanford University Press, 2000.

HPH 'Heidegger, the Philosophers' Hell', trans Peggy Kamuf, in *Points ··· Interviews, 1974-94*, ed. Elisabeth Weber, Stanford : Stanford University Press, 1995, 181-90.

Ist *'Istrice 2 : Ick bünn all hier'*, trans. Peggy Kamuf, in *Points ··· Interviews, 1974-94*, ed. Elisabeth Weber, Stanford : Standford University Press, 1995, 300-26.

Ja *'Ja, or the faux-bond* II', trans. Peggy Kamuf, in *Points ··· Interviews*

1974-94, ed. Elisabeth Weber, Stanford : Stanford University Press, 1995, 30-77.

LG   'The Law of Genre', trans. Avital Ronell, in *Acts of Literature*, ed. Derek Attridge, London and New York : Routledge, 1992, 221-52.

LI   'Limited Inc a b c···', trans. Samuel Weber, in *Limited Inc*, Evanston, Illinois : Northwestern University Press, 1988, 29-110.

LMT   'Language(Le Monde on the Telephone)', trans. Peggy Kamuf, in *Points ··· Interviews, 1974-94*, ed. Elisabeth Weber, Stanford : Stanford University Press, 1995, 170-80.

LO   'Living On', trans. James Hulbert, in Harold Bloom *et al., Deconstruction and Criticism*, New York : Seabury Press, 1979, 75-176. (Extracts in DRBB.)

LUNFP   'Let Us Not Forget—Psycoanlysis', trans. Geoffrey Bennington and Rachel Bowlby, *Oxford Literary Review*, 12(1990) : 3-7.

M   *Mémoires : for Paul de Man*, trans. Cecile Lindsay, Janathan Culler and Eduardo Cadava, New York : Columbia University Press, 1986.

Mal   'Mallarmé', trans. Christine Roulston, in *Acts of Literature*, ed. Derek Attridge, London and New York : Routledge, 1992, 110-26.

MB   *Memoirs of the Blind : The Self-Portrait and Other Ruins*, trans. Pascale-Anne Brault and Michael Nass, Chicago : Chicago University Press, 1993.

MC   'My Chances/*Mes Chances* : A Rendezvous with Some Epicurean Stereophonies', trans. Irene Harvey and Avital Ronell, in *Taking Chances : Derrida, Psychoanalysis, and Literature*, eds Joseph H. Smith and William Kerrigan, Baltimore and London : Johns Hopkins University Press, 1984, 1-32.

MMW   'A "Madness" Must Watch Over Thinking', trans. Peggy Kamuf, in *Points ··· Interviews 1974-94*, ed. Elisabeth Weber, Stanford : Stanford University Press, 1995, 339-64.

MO   *Monolingualism of the Other ; or, The Prosthesis of Origin*, trans. Patrick Mensah, Stanford : Stanford University Press, 1998.

Moc   'Mochlos ; or, The Conflict of the Faculties', trans. Richard Rand and Amy Wygant, in Logomachia : *The Conflict of the Faculties*, ed. Richard Rand, Lincoln, Nebraska : University of Nebraska Press, 1992, 3-34.

MP   *Margins of Philosophy*, trans. Alan Bass, Chicago : Chicago University Press, 1982.

MPI   'Me—Psychoanalysis : An Introduction to the Translation of "The Shell and the Kernel" by Nicolas Abraham', trans. Richard Klein, *Diacritics 9* : 1(1979) : 4-12.

N   *Negotiations : Interventions and Interviews, 1971-2001*, ed. and trans. Elizabeth Rottenberg, Stanford : Stanford University Press, 2002.

O   'Outwork', in *Dissemination*, trans. Barbara Johnson, Chicago : Chicago University Press, 1981, 3-59.

O&G   'Ousia and Grammē : Note on a Note from Being and Time', in *Margins of Philosophy*, trans. Alan Bass, Chicago : Chicago University Press, 1982, 29-67.

OCF   *On Cosmopolitanism and Forgiveness*, trans. Mark Dooley and Michael Hughes, London : Routledge, 2001.

OG   *Of Grammatology*, trans. Gayatri Chakravorty Spivak, Baltimore and London : Johns Hopkins University Press, 1976. (Extracts in AL and DRBB.)

OGI   *Edmund Husserl's 'Origin of Geometry' : An Introduction*, trans. John P. Leavey, Jr, Stony Book, New York, Nicolas Hays, 1978.

OH   *The Other Heading : Reflections on Today's Europe*, trans. Pascale-Anne Brault and Michael B. Naas, Bloomington : Indiana University Press, 1992.

ON   *On the Name*, ed. Thomas Dutoit, trans. David Wood, John P. Leavey, Jr and Ian McLeod, Stanford : Stanford University Press, 1995.

OS   *Of Spirit : Heidegger and the Question*, trans. Geoffrey Bennington and Rachel Bowlby, Chicago : Chicago University Press, 1989.

P   *Points ··· Interviews, 1974-94*, ed. Elisabeth Weber, trans. Peggy Kamuf and others, Stanford : Standford University Press, 1995.

PF   *Politics of Friendship*, trans. George Collins, London and New York : Verso, 1997.

PIO   'Psyche : Inventions of the Other', trans. Catherine Porter, in *Reading de Man Reading*, eds Lindsay Waters and Wlad Godzich, Minneapolis : University of Minnesota Press, 1989, 25-65. (Extracts in AL and DRBB.)

POO   'Passions : "An Oblique Offering"', trans. David Wood, in *Derrida : A Critical Reader,* ed. David Wood, Oxford and Cambridge, MA : Basil Blackwell, 1992, 5-35. (Also published in ON.)

Pos   *Positions*, trans. Alan Bass, Chicago : Chicago University Press, 1981.

PP   'Plato's Pharmacy', in *Dissemination*, trans. Barbara Johnson, Chicago : Chicago University Press, 1981, 63-171. (Extracts in DRBB.)

PR   'The Principle of Reason : The University in the Eyes of Its Pupils', trans. Catherine Porter and Edward P. Morris, *Diacritics* 13 : 3(1983) : 3-20.

Pro   'Proverb : "He That Would Pun···"', Foreword to *Glassary*, Lincoln, Nebraska : University of Nebraska Press, 1986, 17-20.

PS   'Psychoanalysis Searches the States of Its Soul : The Impossible Beyond of a Sovereign Cruelty', in *without Alibi*, ed., trans. and with an Introduction by Peggy Kamuf, Stanford : Stanford University Press, 2002, 238-80.

PTP   'Passages—from Traumatism to Promise', trans. Peggy Kamuf, *Points ··· Interviews, 1974-94,* ed. Elisabeth Weber, Stanford : Stanford University Press, 1995, 372-95.

QQ   'Qual Quelle : Valéry's Soures', in *Margins of Philosophy*, trans. Alan Bass, Chicago : Chicago University Press, 1982, 273-306.

RD   'The Rhetoric of Drugs', trans. Michael Israel, *Points ··· Interviews, 1974-94*, ed. Elisabeth Weber, trans. Peggy Kamuf and others, Stanford : Standford University Press, 1995, 228-54.

RDP 'Remarks on Deconstruction and Pragmatism', trans. Simon Critchley, in *Deconstruciton and Pragmatism*, ed. Chantal Mouffe, London and New York : Routledge, 1996, 77-88.

RI *Right of Inspection*, trans. David Wills, with photographs by Marie-Françoise Plissart, New York : Monacelli Press, 1998. No page numbers.

RLW 'Racism's Last Word', trans. Peggy kamuf, *Critical Inquiry* 12 : 1 (1985) : 290-9.

RP *Resistances of Psychoanlysis*, trans. Peggy Kamuf, Pascale-Anne Brault and Michael Nass, Stanford : Stanford University Press, 1998.

S *Signéponge/Signsponge*, trans. Richard Rand, New York : Columbia University Press, 1984. (Extracts of this text are also included in AL.)

SEC 'Signature Event Context', trans. Samuel Weber and Jeffrey Mehlman, in *Limited Inc*, Evanston, Illinois : Northwestern University Press, 1988, 1-23. (Also in DRBB.)

SF 'To Speculate—on "Freud"', in *The Post Card : From Socrates to Freud and Beyond*, trans. Alan Bass, Chicago : Chicago University Press, 1987, 257-409. (Extracts in DRBB.)

Sh 'Shibboleth', trans. Joshua Wilner, in *Midrash and Literature*, eds Geoffrey H. Hartman and Sanford Budick, New Haven : Yale University Press, 1986, 307-47. (Extracts in AL.)

SM *Specters of Marx : The State of the Debt, the Work of Mourning, and the New International*, trans. Peggy Kamuf, London and New York : Routledge, 1994.

SN 'Sauf le nom', trans. John P. Leavey, jr, in *On the Name*, ed. Thomas Dutoit, trans. David Wood, John P. Leavey, Jr and Ian McLeod, Stanford : Stanford University Press, 1995, 33-85.

SOO 'A Silworm of One's Own', trans. Geoffrey Bennington, in *Derridas*, special issue of the *Oxford Literary Review*, vol. 18(1997) : 3-65. (Also in AR.)

SP   *Speech and Phenomena and Other Essays on Husserl's Theory of Signs*, trans. David Allison, Evanston, Illinois : Northwestern University Press, 1973. (Extracts in DRBB.)

Sp   *Spurs : Nietzsche's Styles/Eperons : Les Styles de Nietzsche*, trans. Barbara Harlow, Chicago : Chicago University Press, 1979. (Extracts in DRBB.)

SSP   'Structure, Sign, and Play in the Discourse of the Human Sciences', in *Writing and Difference*, trans. Alan Bass, London : Routledge and Kegan Paul, 1978, 278-93.

SST   'Some Statements and Truisms About Neo-Logisms, Newisms, Postisms, Parasitisms, and Other Small Seismisms', trans. Anne Tomiche, in *The States of 'Theory' : History, Art and Critical Discourse*, ed. David Carroll, New York : Columbia University Press, 1990, 63-95.

T   'Telepathy', trans. Nicolas Royle, in Martin McQuillan, ed., *Deconstruction : A Reader*, Edinburgh : Edinburgh University Press, 2000, 496-526.

TC   'The Theater of Cruelty and the Closure of Representaiton', in *Writing and Difference*, trans. Alan Bass, London : Routledge and Kegan Paul, 1978, 232-50.

TNOF   'This Is Not An Oral Footnote', in *Annotation and Its Texts*, ed. Stephen A. Barney, Oxford : Oxford University Press, 1991, 192-205.

TNON   '"There Is No One Narcissism"(Autobiophotographies)', trans. Peggy Kamuf, in *Points ⋯ Interviews, 1974-94*, ed. Elisabeth Weber, Stanford : Stanford University Press, 1995, 196-215.

TOJ   'The Time is Out of Joint', trans. Peggy Kamuf, in *Deconstruction is/in America : A new Sense of the Political*, ed. Anselm Haverkamp, New York : New York University Press, 1995, 14-38.

TP   *The Truth in Painting*, trans. Geoffrey Bennington and Ian McLeod, Chicago : Chicago University Press, 19870. (Extracts in DRBB.)

TS   'I Have a Taste for the Secret', Jacques Derrida in conversation with Maurizio Ferraris and Giorgio Vattimo, in Derrida and Ferraris, A

Taste for the Secret, trans. Giacomon Donis, Cambridge, UK : Polity, 2001, 3-92.

TSICL 'This Strange Institution Called Literature', trans. Geoffrey Bennington and Rachel Bowlby, in *Acts of Literature*, ed. Derek Attridge, London and New York : Routledge, 1992, 33-75.

TTBS 'Title (to be specified)', trans. Tom Conley, *SubStance*, 31(1981) : 5-22.

TTP 'The Time of a Thesis : Punctuations', trans. Kathleen McLaughlin, in *Philosophy in France Today*, ed. Alan Montefiore, Cambridge : Cambridge University Press, 1983, 34-50.

TWJ 'Two Words for Joyce', trans. Geoff Bennington, in *Post-Structualist Joyce : Essays from the French*, eds Derek Attridge and Daniel Ferrer, Cambridge : Cambridge University Press, 1984, 145-59.

U 'Unsealing("The Old New Language")', trans. Peggy Kamuf, in *Points … Interviews, 1974-94*, ed. Elisabeth Weber, Stanford : Stanford University Press, 1995, 115-31.

UG 'Ulysses Gramophone : Hear Say Yes in Joyce', trans. Tina Kendall and Shari Benstock in *Acts of Literature*, ed. Derek Attridge, London and New York : Routledge, 1992, 256-309. (Extracts in DRBB.)

US 'To Unsense the Subjectile', trans. Mary Ann Caws, in Jacques Derrida and Paule Thévenin, *The Secret Art of Antonin Artaud*, London and Cambridge, MA : MIT Press, 1998, 59-157.

UWC 'The University Without Condition', in *Without Alibi*, ed., trans. and with an Introduction by Peggy Kamuf, Stanford : Stanford University Press, 2002. (Also in Cohen 2001.)

V 'Voice II', trans. Verena Andermatt Conley, in *Points … Interviews, 1974-94*, ed. Elisabeth Weber, Stanford : Stanford University Press, 1995, 156-70.

VR 'The Villanova Roundtable : A Conversation with Jacques Derrida', in *Deconstruction in a Nutshell*, ed. John D. Caputo, New York : Fordham University Press, 1997, 3-28.

WA   *Without Alibi*, ed., trans. and with an Introduction by Peggy Kamuf, Stanford : Stanford University Press, 2002.

WAP   *Who's Afraid of Philosophy : Right to Philosophy 1*, trans. Jan Plug, Stanford : Stanford University Press, 2002.

WB   'Women in the Beehive : A Seminar with Jacques Derrida', in *Men in Feminism*, ed. Alice Jardine and Pul Smith, London and New York : Methuen, 1987, 189-203.

WD   *Writing and Difference*, trans. Alan Bass, London : Routledge and Kegan Paul, 1978.

WIP   'The Work of Intellectuals and the Press(The Bad Example : How the *New York Review of Books* and Company Do Business)', trans. Peggy Kamuf, in *Points ⋯ Interviews, 1974-94*, ed. Elisabeth Weber, Stanford : Stanford University Press, 1995, 422-54, 482-7.

WM   'White Mythology : Metaphor in the Text of Philosophy', in *Margins of Philosophy*, trans. Alan Bass, Chicago : Chicago University Press, 1982, 207-71.

WoM   *The Work of Mourning*, ed. Pascale-Anne Brault and Michael Naas, Chicago : Chicago University Press, 2001.

01

왜 데리다인가?

Jacques Derrida

알제리 출신의, 유대인, 프랑스 철학자

왜 데리다Jacques Derrida(1930~2004)인가? 루틀리지 시리즈의 모든 시리즈가 이렇게 질문을 던지며 시작한다. 이 질문은 최소한의 이해를 전제한다. 즉, '데리다'는 새로 나온 강장 드링크제 이름도 아니고, 차기 올림픽 경기 개최지로 확정된 장소도 아니라는 사실 말이다. 그렇다면 '왜 데리다인가?' 이 질문은 사실상 처음부터 있었던 질문이다. 이것은 '고유명사 데리다'에 대한 나의 첫 '인용'인 셈이다. '보이지 않는 인용 부호들을 조심하라. 그것이 고작 단어 하나에 불과할지라도.'(LO 76) 그의 말이다. '왜 데리다인가?' 이 질문에 대해 얼마나 많은 이해를 예상할 수 있는지 혹은 꼭 그래야만 하는지. 다음과 같은 정식화도 별로 나쁘진 않을 것 같다.

'데리다는 어떤 남자의 이름인데, 그는 유대인으로 알제리 출신의 프랑스 철학자이며, 1930년에 태어났다.

더욱 유별난 그의 최근 에세이들 중에서 한 구절을 빌려보면, '이 문장에만 몇 년을 소비할 수 있다.'(Dem 54) 이 문장은 데리다가 하는 작업에 다음과 같은 몇 가지 결정적인 질문을 제기한다.

1. 누군가의 이름이 인용 부호 속에 놓이면 어떤 일이 발생하는가? 인용 부호란 무엇인가? 그것은 어디에서 시작하는가? '인용가능성'의 한계는 어디인가? 어떤 것은 인용 부호 속에 있어야만 하고 어떤 것은 그래서는 안 된다는 것을 어떻게 결정하는가? 앞으로 보겠지만, 데리다의 작업은 '인용 부호의 일반적 사용에 경각심을 고취하는 것'(SST 77)과 관련이 있다. '단어들을 전통에 따라 진지하게 사용하는 것이 더는 불가능하다.'는 말의 의미를 숙고해볼 때, 그의 작업은 '인용 부호를 사용하는 담론과 그것을 사용하지 않는 담론 사이의 대립을 뒤흔드는 일'과 관련돼 있다. 다시 말해서, 그의 관심은 '철학 전체, 이론 전체'(SST 74-5)의 기반을 뒤흔들어놓는 것이다.

2. 이름이란 과연 무엇인가? 그것은 그 이름의 담지자와 어떤 관계에 있는가? 그 사람의 이름은 그 사람 자신인가? 고유명사는 정말로 언제나 고유한 것인가? 예컨대, 데리다가 주장하는 바는, 사람들은 어떤 의미에서는 '(자기) 이름에' 항상 '이방인'이라는 논리에 근거한다. 이 점에 대해서는 AC 427을 보라. 데리다는 '데리다라는 이름을 놓고 이렇게 말한다. '나는 이 이름(데리다)을 좋아한다. 물론 그것은 내 것이 아니다.(어떤 이름을 좋아할 유일한 가능성은 그것이 내 것이 아니라는 데 있다.)'(AI 219)

3. 무엇이 남성인가? 여성에 반대된다는 뜻에서? 아니면 동물이나 기계와 구별된다는 뜻에서? 데리다는 그러한 모든 대립과 구별을 복잡하게 만든다. 예컨대, 그는 '복수의 성차性差'(V 163)와도 관련이 있

는데, 그것은 '여성적/남성적이라는 대립이나, 양성애bisexuality, 그리고 결국에는 같은 것이 되어버리는 동성애와 이성애를 넘어서는'(Cho 108) 사고이다. 데리다는 인간과 동물을 곧이곧대로 구별하는 모든 사고에 도전하는 비판적 사고와도 관계가 있다. 그는 '특정한 동물에게서 고통, 두려움이나 겁먹음, 공포나 경악 등이 발견된다는 것은 아무도 부인할 수 없다.'면서 이렇게 결론짓는다. '동물이 우리를 쳐다보면, 우리는 그 앞에서 발가벗겨진다. 사유는 아마도 거기에서 시작되리라.'(ATA 397) 이와 동시에 기계에 대한 새로운 사유와 관련해서도 데리다는 기계, 반복, 글쓰기와 죽음 사이의 밀접한 연결 고리를 해석해낸다. 그는 기계적 반복 없이는 글쓰기도 기억도 없다고 말한다. 그래서 기계는 죽음이다. '기계의 기원은 죽음과 관계 있다.'고 그는 말한다.(FSW 227)

4. '유대인'이란 무엇을 의미하는가? 그 함의는 무엇인가? 누군가의 정체가 그 사람의 히브리 조상이나 히브리 종교로 파악되었다고 할 때 그 사람에게는 어떤 위험이 따르는가? '기독교인'이 똑같은 취급을 받는다고 상상해보라. 모든 관련 작가, 아니면 소위 공인에 적용해보라. 데리다는 자신이 유대인이기도 하고 아니기도 하며, 기독교인이기도 하고 아니기도 하다고 말해왔다. 정체성 문제에서 종교가 어떻게 일익을 담당할 수 있는가? '신학과의 모든 연관성을 차단하는'(Pos 40) 데 관심을 두는 사상가, 스스로 '종교 없는 메시아주의자'(SM 59)라고 자처하는 사상가를 우리는 어떻게 다룰 것인가?

5. '알제리 출신의 프랑스인'. 출신에 따라, 혹은 그가 속한 하나 이상의 국가에, 특히 알제리와 프랑스처럼 '정체성의 혼란'(MO 14)을 야기할 정도로 왜곡된 역사를 가진 국가들로 어떤 사람의 정체성이 파악된다는 것은 무엇을 의미하는가?

6. '철학자'란 무엇인가? 어떤 사람을 그런 식으로 설명했을 때 어떤 느낌이 드는가? 그것이 '철학자'나 '철학'이라는 말에 인용 부호가 필요하다는 명백한 증거가 된다면? 이때쯤 데리다의 독자 중에서 성급한 사람들은 데리다를 작가로 분류하는 게 적합하다고 여길 것이다. 하지만 만일 '작가'(그리고 관련 용어, '문학')라는 용어에도 인용 부호가 필요하다면? 그가 말했던 것처럼, '나는 어떤 사람이 여전히 전적으로 '작가'라거나 '철학자'일 수 있다는 사실이 놀랍기만 하다. 물론 나는 이런 사람도 저런 사람도 아니다.'(HPH 189)

7. '그는 태어났다', '나는 태어났다'처럼 이렇게 저렇게 태어났다는 말은 무엇을 의미하는가? 혹은 '~았다was'조차 생략된다면? '1930년에 태어남born in 1930'처럼 과거형 be동사가 사라진다면? '태어났다 was born', '태어나 있다is born'. 여기에는 시제와 시간 감각과 관련하여 이상한 무언가가 있다. 프랑스어에서는 그 모호성이 더욱 뚜렷해진다. je suis né(e), '나는 태어나 있다I am born' 그리고/또는 '나는 태어났다I was born'. '태어나born' 있다는 것은 무엇을 의미하는가? 그것은 어떤 의미로 사람들에게 알려지는가? 데리다의 경우, '이 주제에 관한 불안은 결코 추방되지 않는다(될 수 없다).'(MMW 339) 모든

탄생은 '그 세계의 다른 기원, 즉 절대적 시작'이다. 그것은 '회고적 분석조차 거부하는'(DA 543) 경이며, 사건이다.

8. '1930년에 태어남'. 날짜란 무엇인가? 날짜는 단일하고 고유한 것이다. 그것은 '되돌아오지 않는 것, 반복되지 않는 것'(TSICL 42)이다. 날짜는 '한때 순간의 고유성을 보존하려고 새겨진 것이지만, 같은 이유에서 …… 그것을 상실하게 되는 것'이다. '날짜는 항상 지워진다. 그것이 새겨져 있을 때조차도 그것은 지워지고 있다.'(PTP 378-9) '9월 11일'을 생각해보라. 혹은 아무 날짜라도 좋다. 이상한 게 날짜다. 데리다의 말을 빌면, 그것은 '시간과 공간 위에 그물처럼 드리워진 코드의 일종이다. 차이들을 축소하거나 지배하려고, 차이들을 사로잡으려고, 그것들을 규정하려고 말이다.'(AC 419)

9. 마지막으로 '1930년에 태어남'이라는 말로 끝나는 이 문장은 말하지 않은 무언가를, 혹은 말하지 않음으로써 말하는 어떤 바를 남겨둔다. 그것이 일종의 유령적 긍정을, 즉 문제의 그 인물이 생존한 상태임을, 여전히 살았거나 건재하다는 긍정을 만들어낸다. 이것은 무엇을 의미하는가? '살았다' 혹은 '건재하다'는 것은 무엇을 의미하는가? 이러한 유령성幽靈性 · ghostliness이란 무엇인가? 유령이란 무엇인가? 데리다가 제기한 이 질문이 여기서 나의 주제가 될 것이다.

그렇다면 시작하기 전에, 이런 질문을 제기할 수 있다. '왜 데리다인가?'라는 질문 주변에는 이미 어떤 가설, 신념, 사실상의 환영이나 유령이 수작을 부리고, 작업을 진행하는 중이라는 것이다. 그러니 우리는 그 질문을 이렇게 이해해야 할 것만 같다. '데리다에 관한 책이 있어야 되나?' 혹은 '내가 왜 데리다에 관한 책을 읽으려 하고, 그럴 필요가 있나?'라는 질문으로 말이다.

이것은 벌써 매우 다른 두 가지 가능성을 열어놓는다. 첫 질문인 '데리다에 관한 책이 있어야 되나?'는 적어도 독자보다는 저자인 나와 더 밀접한 질문이다. 둘째 질문인 '내가 왜 데리다에 관한 책을 읽으려 하고, 그럴 필요가 있나?'는 아마도 독자에게 해당될 성싶다. 이 질문에 잔존하는 것, 즉 그 어조일 것이라 추정되는 어떤 것을 무시하기도 어렵다. '왜 데리다인가?'라는 말은 추궁이면서 설명의 요청이다. 말해봐, 설명해보라고, 왜 데리다인데? 내가 왜 데리다에 관한 책을 읽으려 하고 그럴 필요가 있냐고? 누구나 흥미를 느껴야만 하는 이유를 설명해보라고.

긴급 대 감속

지금까지 이 책 전체에서 다룰 몇 가지 화제를 제시했다. 특정한 질문이나 진술 혹은 텍스트가 일으킬 수 있고 일으켜야만 하는 차별화된 독해, 즉 응답의 문제, 인간적·성적·인종적·종교적·국가적·정치적·개인적 정체성과 데리다가 말했던 '정체성 혼란의 문제, 말걸기와 어조의 문제, 그리고 설명을 요청받았을 때 어떤 의미에서는 '권위자들의 면전에', 법 앞에 끌려가 있다는 느낌. 만약 데리다에게 접근하는 데 지침이 될 경구가 있다면 이런 게 아닐까. 속도를 늦추

시오. 조심해서, 천천히 읽으시오. '데리다'는 인내를 요구한다. 체코 작가 프란츠 카프카Franz Kafka(1883~1924)가 소설 쓸 때 환기했던 그런 종류의 인내를 말이다. 카프카의 훌륭한 아포리즘에는 이런 구절이 있다. '모든 인간의 과오는 조바심에, 방법적 절차를 성급하게 파기하는 것, 그리고 분명히 문제가 되는 것을 노골적으로 은폐하는 데 있다.'(Kafka, 1994, 3)

카프카와 마찬가지로, 데리다도 철저한 인내와 관계가 있다. 모든 '은폐' 행위에도 불구하고 잔존하는 모든 가설에 일일이 관심을 갖는, 그런 종류의 인내 말이다. 그렇다고 해서 데리다가 잠시라도 정적주의靜寂主義나 복지부동, 의도적인 불간섭주의를 옹호한다는 뜻은 아니다. '연기하고, 거리를 두고, 늑장을 부릴 필요가 있다. 하지만 다급하게 서두를 필요도 있다.'(DA 533)고 그는 적었다. 결정을 내려야만 한다. '절대 긴급'은, 그가 여러 차례 강조했던 것처럼, '결정의 법칙'(PF 79)이다. 저작 어디에서건 결정-내리기의 본성과 이른바 '결정 불가능자의 경험'에 그가 지대한 관심을 보이는 것은 정확히 이런 이유에서다.

결정불가능자

데리다는 '결정불가능자'와 '무규정자'를 조심스럽게 구별한다. 후자는 일종의 '부정성'이나 '무無'의 특성이 있다.(ATED 149) 카프카처럼 데리다는 '결정'이라는 개념에 매료되었다. 특별히 그것은 반드시 결정불가능자, 계산불가능자, 계획불가능자, 즉 배제-불-가능-자의 경험을 동반한다. 그가 말했던 바, 결정불가능자의 경험과 그 실험으로 구성되지 않는 결정이란 없다.(ATED 116) 결정불가능자는 결코 순수하지 않다. '결정불가능자 앞에서는 어떠한 완결성도 있을 수 없다.'(116) 그것은 써먹을 수도 있고 안 써먹을 수도 있는 도구나 방법 같은 것이 아니다. 오히려 그것은 '전체화, 완수, 충만을 모두 불가능하게 만드는'(116) 유령적 성격을 지닌다. '결정불가능자는 결정을 내릴 때마다, 결정이 벌어지는 모든 사건 속에 침입해 있다. 최소한 유령으로라도 — 그것도 반드시 필요한 유령으로 — 잠복해 있다.'(FL 965) 여기에서 특이하게 서로 맞물린 두 가지 질문이 도출된다. '그러한 결정이 발생했다는 것을 누가 보장할 것인가? 더구나 그 결정에 이유나 계산, 규칙이 …… 따르지 않았다고 장담할 수 있는가?'(FL 965)

데리다는 결정의 수수께끼를 강조하고 분석하는 데 관심이 있다. 누군가 내린 결정 혹은 내렸다고 생각되는 결정 전체에 잠재하는 일종의 '알 수 없는 소리mad blip'가 그것이다. 여러 차례 그는 네덜란드의 철학자 쇠렌 키르케고르Søren Kierkegaard(1813~1855)에게서 얻어낸 통찰, 즉 결정의 순간은 광기라는 진술을 상기한다.(예컨대, CHM 31을 보라 ; FL 967) '결정이 내려지는 그 순간은 인지와는 무관한 순간이며'(TS 61), '비非-인지'의 순간이라고 데리다는 말한다. 모든 심사숙고는 종료되었다. 그래서 결정이라는 것은 미칠 것같이 초조한 순간의 '아주 미세한 긴장감'이다.

그 이름값을 하기 위해서라면, 결정은 반드시 계산불가능자와 배제-불-가능-자로 구성되어야만 한다. 데리다의 말로 하자면, 결정이라는 관념은 '능동적인 것'이 아니라 오히려 일종의 '정념passion'으로 간주되어야 한다.(AI 222) 계산해서 '결정을 내리는' 자기동일적 인간의 현전現前·presence에 입각하여, 결정이라는 것을 능동적 행위로서 생각하는, 결정에 대한 그러한 사유를 변경하려는 시도가 그의 일이다. '결정은 성찰과 지식으로 준비되어 있어야 한다. …… 가능하다면 계산불가능자가 출현할 때까지 계산해야만 한다.'(TS 61) '왜 데리다인가?' 이 질문에 답하고자 우리가 내렸던 모든 결정에서도 결정불가능자의 경험이 속출하며, 그 결정이 계산불가능자에 개방되었다는 사실을 염두에 두고 인내하도록 하자. 데리다에서 한 구절을 인용하자면, 어떤 광기가 이 문제를 주시하고 있다.(MMW를 보라.)

건재하다

모르긴 몰라도, '왜 데리다인가?'라는 문장이 지금쯤 약간 이상하고 공허하게 들리기 시작했을 것이다. 처음부터 내가 의도한 바는, 이 말이 가능한 한 매우 뚜렷하면서도 독보적인 반향을 일으키게 하는 것이었다. 그 반응 중에는 화가 난 듯한 말투로, 내심 조바심을 치는 말투로, 그-점에-관해서는-여기서-우리는-모두-소비자에-불과해, 우리에겐-시간이-없단-말이야, 지금-곧-바로-왜-데리다인지-말해주길-바래 따위의, 어쩌면 이보다 훨씬 특이한 경고성 울림도 포함될 것이다. 그 질문은 물론 일종의 협박을 의도한 것은 아니라고 생각한다. 그럼에도 불구하고 이 질문을 이런 식으로 독해할 가능성을 간단히 무시해버리기도 어렵다. '데리다는 왜 존재하는가? 그는

어떤 목적에 종사하는가? 그가 없어도 우리는 충분히 잘 해낼 수 있는 것 아닌가?'

그것은, 눈 하나 깜짝하지 않고, 그 이름에 관한 두 가지 해석 중에서 간단히 결정해버릴 문제인 듯 보인다. 그 이름의 소유자를 가리키는 '데리다'와 그의 텍스트 및 작품을 나타내는 '데리다'. 다시 말해서 '데리다'라는 '비판적 사상가'와 '데리다'라는 비판적 사상, 특히 인쇄된 자료, 모든 저작물(저서 혹은 50여 권의 공저), 그리고 모든 에세이와 인터뷰 기사. 그런데 여기에 수상한 점이 있다. 만약 '왜 데리다인가?'라는 질문이 우선적으로 데리다의 저작들을 가리키는 것이라면, 그래서 이 제목에 잠복한 일종의 협박을 점잖게 무시해버린다면, 어떤 의미에서 우리는 그 협박을 실행에 옮기는 셈이 된다. 이른바 비판적 사상에서부터 그 이름의 소유자인 데리다를 제거할 테니 말이다. 우리가 어떤 방식으로 진행하든지 간에, 분명히 그 이름은 죽음을 운반한다.

그 이름은 죽음을 운반한다. 바로 이것이 데리다의 저작 전체를 관통하는 실마리다. 독일의 철학자 프리드리히 니체Friedrich Wilhelm Nietzsche (1844~1900)를 논하며 데리다가 말했던 것처럼, '당사자와 구별되는 이름이란 언제나 이미 죽은 사람의 이름, 즉 죽음의 이름이다.'(EO 7) 데리다를 열광시킨 문제에는 이름과 그 이름의 해당자 사이의 구별 문제가 포함되었다. 그것은 최소한 어떤 의미에서는 죽음과 삶을 구별하는 문제이기도 하다.

데리다의 저작과 관련하여 가장 널리 알려진 오해 가운데 하나는 이른바 '저자의 죽음'이라는 것과 관련이 있다. '저자의 죽음'이라는 구절의 대중적 명성은 본래 1968년 같은 제목으로 발표된 롤랑 바르트Roland Barthes의 에세이(Barthes 1977)에서 유래했다. 비유적인 의미에서건 이데올로기적 의미에서건 바르트의 에세이는 저자의 죽음을 유쾌한 어조로 선언한다. 저자의 의도라든가 혹은 저자가 이렇게 의도했으리라고 짐작되는 바에 따라서 텍스트를 읽지 말아야 할 시대가 도래했다는 것이다. 의미의 원천이나 텍스트의 권위를 그 저자(아버지로 비유되는 신)로 소급해서 묻지 말아야 한다는 것이 바르트의 주장이다.

이러한 선언은 여러 면에서 데리다와 상반된다. 이후에 분명해질 테지만, 데리다는 항상 저자의 의도라든가 저자가 말하려고 하는 바의 중요성을 극도로 강조한다. 적어도 이미 1976년부터 데리다는 바르트의 주장을 반박하며, '확실하게 그런 경우보다, 너무 지나치게 남발되는 저자의 죽음과 그 누락'(S 22)을 지적한다. 아마도 데리다는 사실상 저자의 삶에 완전히 사로잡혔다고 말하는 편이 더 적절해 보인다. 그러므로 70권이 넘는 그의 저작 전체를 '저자의' 기괴하고도 영적인 '삶'이라 해도 별 무리는 없을 성싶다. 그는 자서전의 수수께끼적 본성에, 즉 자서전의 잔존 문제나 '건재함'의 문제에 홀려 있다. (특히, LO를 보라.)

데리다가 죽음에 대해, 저자의 개념에 대해, 혹은 양자의 접점에 대해 한 마디도 하지 않은 것은 아니다. 그와 반대로, 1995년 한 인터뷰에서 그는 이렇게 말했다. '나는 오로지 죽음만을 생각한다. 그것을 종일토록 생각한다. 죽음이 거기에 있다는 긴박감이 없었던 시간은 단 10초도 되지 않는다.'(TS 88) 그러나 죽음에 사로잡혔으면서도 사후 세계를 믿지 않는다는 것이 그의 특징이다. '나는 사후에도 삶을 유지한다는 것을 믿지 않는다.'(TS 88) 그의 변함없는 초점은 삶에 대립하는 죽음으로서가 아니라 오히려 삶의 심장부에 놓인 어떤 것으로서, 즉 사유와 욕망의 조건 자체로서, 그리고 살아가는 법을 배울 수 있는 조건 자체로서 '죽음'의 이질성 문제에 놓여 있다.(SM xvii~xviii 를 보라.) 그는, 우리의 삶을 구성하는 것이면서, 또한 바로 그것 때문에 죽어가는 이상한 '불신' 상태, 즉 '우리가 죽음도 불멸도 결코 믿지 않는다는 것'(M 21)에 관한 생각에 관심이 있다. 그것은 '생명'이라 불리는 존재 혹은 개념에서 의외로 발견되는 비非-자기동일성과 관련이 있다.(SM 187) 즉, '생명'이란 본질적으로 그 자체-와는-다르다는 뜻이다.(SM 187) 간단히 말해서, 그게 바로 유령의 삶이다.(적당한 시기에 이처럼 아리송한 명제로 돌아와서 분명히 밝히겠다.)

질문에 답함 : 왜 데리다인가?

'왜 데리다인가?' 고백하건대, 이 물음에 대한 최종적 답변을 하지도 않았지만, 앞으로도 할 생각이 없다. 다만 두 가지 예비적 답변을 하고 싶다. 데리다에 관한 책이 꼭 있어야만 되는지, 그리고 그 책이 어떤 도움을 준다는 것인지.

답변 1

왜냐하면 우리가 데리다의 시대에 살기 때문에. 왜냐하면 동시대의 다른 저자나 사상가들의 저작보다도, 데리다의 저작이 언어의 본

알제리 출신의 유대인 프랑스 철학자 자크 데리다
데리다는 언어의 본성과 말과 글, 삶과 죽음, 문화, 윤리, 정치, 종교, 문학, 철학 등등 우리가 삶 전반에 걸친 문제들을 생각하는 방식을 바꿔놓았다. 그는 우리 시대를 정의했다.

성을 비롯해서, 말과 글, 삶과 죽음, 문화, 윤리, 정치, 종교, 문학과 철학 등등에 걸쳐서 그것에 관한 우리의 사고방식을 설명하고 바꿔놓았기 때문이다. 동시대의 다른 작가나 사상가들 이상으로, 자크 데리다는 우리 시대를 한정해놓았다.

'왜 데리다인가'라는 질문은 성립되지 않는다. 웃음이 나올 뿐이다. 거기에는 섬뜩하면서도 동시에 유쾌한 무언가가 있다. 그것은 마치 '왜 문화인가?', '왜 교육인가?', '생각은 왜 하는가?'라고 묻는 것과 같다. 우리가 데리다의 시대에 산다느니, 자크 데리다는 우리 시대의 가장 뛰어난 사상가라느니 하는 나의 과감한 단정에서, '데리다의 시대'와 '우리 시대'라는 구절이 의문에 부쳐지는 것은 당연하다.

하나의 '시대epoch'라는 것은 '거기에서부터 날짜를 셈하게 되는 모종의 위대한 사건으로 고정되었거나 주목할 만하게 만들어진 시점', 즉 '새로운 사태가 출현하게 된 시간', 그리고 '(지질학적, 역사적 따위의) 한 시기'를 가리킨다.(*Chambers Dictionary*) 그것은 '떠받침', '떠 있음'을 의미하는 고대 그리스어 'epoche'에서 유래했다. '데리다의 시대'라는 말은 특정한 시점(특히, 1967년 세 권의 경이로운 저작들인 『그라마톨로지에 관하여*Of Grammatology*』, 『목소리와 현상*Speech and Phenomena*』, 『글쓰기와 차이*Writing and Difference*』의 출간에서 현재까지 계산된 날짜)을 가리키는 것일 뿐 아니라, 시대 자체, 시대성, 시간, 역사, 주기성 등이 데리다의 용어로 착상된 상태를 가리키기도 한다.

만약 1967년 데리다의 3부작이 실제로 이른바 획기적인 것이라면, 그것은 부분적으로 '시대', '시간', '현재', '역사', '날짜'를 비롯한 여러 관련 용어들의 의미를 새롭게 생각하고 이해할 기회가 주어졌기 때문이기도 하다. 만약 데리다를 '우리 시대'의 위대한 사상가라고 한다면, 그것은 그가 '시대'라는 용어나 '우리 시대'라는 구절이 의미할 수 있었고 의미해야만 했던 것들에 관해 문제를 제기하고 재고하는 것과 관련이 있기 때문이다.

그는 때아님the untimely이라는 개념에 관심을 보이는데, 그것은 햄릿의 머리를 집요하게 떠나지 않았던 명제, 즉 '시간은 어긋나 있다 The time is out of joint.'(1.5.196)라는 명제를 풀어보려는 시도이기도 하다. 결국, 데리다는 '시대'나 '우리 시대' 같은 용어에 상당한 혐의를 두고 접근한다. 그러므로 그의 견해에서 키르케고르나 니체 같은 사상가들이 중요한 것도, 그들이야말로 '동시대의 사건이 과거 사건을 계승할 수 있다고 보는 발전적 역사 해석에 의문을 제기한 때아님의 사상가들'(TS 6)이기 때문이다. 데리다가 키르케고르나 니체, 셰익스피어의 햄릿과 공유하는 내용은 '어떤 시간, 즉 우리 시대에 해당되는 모종의 불안감, 다시 말해서 '우리' 시대라고 말하기조차 어렵다는 사실'에 있다. '우리 시대는 아마도 더는 우리 입으로 '우리 시대'라고 말하기가 쉽지 않은 그런 시대이다.'(TS 7) 『그라마톨로지에 관하여』의 한 구절에서 그는 이렇게 말한다. "근접성', '즉각성', '현재'라는 말에 대한 일반인의 이해와 생각을 미궁에 빠뜨리는 것이 …… 이 책의 궁극적 의도이다.'(OG 70)

이 책을 여는 제목 '왜 데리다인가?'는 일종의 서문으로서, 아니면 별도의 서문에 붙는 부록 정도로 읽힐 수 있겠다. 데리다의 말처럼, '저술이 전부 끝난 뒤에 글의 의도를 재창조하는 것'이 서문이다. 책을 써나가는 도중에, 처음으로 되돌아가서 마치 그 책을 아직 쓰지 않은 것처럼, 혹은 내가 쓴 바로 그 텍스트, 그러니까 이미 과거지사가 되어버린 그 텍스트가, 데리다의 말을 빌자면 '현재를 가장한 현상으로' 마치 '미래'가 현재하기라도 하는 것처럼 쓰는 것이 서문이다.(O 7 ; cf. DS 211)

서문이란 그 어떤 것보다도 '반드시 필요한 것이면서도 우스꽝스러운 활동'이라는 것이 데리다의 주장이다. '왜냐하면 글쓰기 자체는 이 모든 시제(현재, 과거 혹은 미래, 사실상 이것들은 전부 변장한 현재에 불과하다.)로 구성되는 것이 아니기 때문이다.'(O 7) 만약 데리다의 저작이 '무결말이라는 이상야릇한 전략을 구성하는 것처럼 느껴진다면, 그것은 글쓰기와 글읽기, 시간이나 텍스트의 시간에 대한 우리의 당위적 사고를 그의 저작이 바꿔놓았기 때문이다.

앞으로 펼쳐질 것들이 '현재를 가장한 현상으로' 나타나 독자에게 말을 거는, 서문이라는 관습적 스타일을 유지한다는 점에 관해 몇 마디 말을 덧붙이고자 한다. 먼저, 나는 서문의 문제를 잊지 않도록 주의하려 한다. 이 책 전체가 결국 '데리다 읽기의 서문'이 아니겠는가. 이 책의 모든 장이 하나의 서문이 될 수 있을 것이다. 독자들이 책을 들고 아무 데나 펼쳐서 읽을 수 있어야만 한다. 이렇게 된다면, 바라건대 방금 말했던 '무결말의 전략의 논리와 맞아떨어질 것이다.

둘째, 뒤에 이어질 내용이 틀림없이 특이하다는 점을 강조해둔다. 가능하다면 데리다의 텍스트를 믿고 신중하게 추종하겠지만, 내 방식대로 하지 않을 수 없다. 이런 견지에서 먼저, '왜 데리다인가?'라는 물음은 데리다와는 전혀 상관없는 불특정 다수의 사람들에게 말을 거는 문제라는 사실을, 비록 지금까지 말하지 않았어도 이해해야 한다. 읽는다는 것은 모두 단독적인 일이며, 그것도 천차만별이다. 이런 맥락에서 데리다의 저작에 대한 나의 설명이 어떤 점에서는 다소 무리가 따르겠지만, 문학이나 문학 연구에 초점을 두게 될 것임을 애초부터 통지하는 바이다.

나는 데리다를 다루되 특별히 철학자로서 대하기보다는 작가나 비판적 사상가로서 설명하려 한다. 이것이 그의 작품에 접근하는 데 전적으로 부적절한 방식이 아니기만을 바랄 뿐이다. '변함없는 나의 관심사는 철학에 흥미를 갖기 이전부터 가능하다면 문학이나 문학적 글쓰기를 향했었다.'(TTP 37)는 1980년 그의 말처럼. 다시 말해서, 나는 이 책이 데리다의 저작에 도입된 철학적 내용에도 충실하기를 바라지만, 그 명시적 내용은 헤겔Georg Wilhelm Friedrich Hegel(1770~1831)이나 후설Edmund Husserl(1859~1938)보다는 셰익스피어William Shakespeare(1564~1616)나 에밀리 브론테Emily Brontë(1818~48)에서 취하기로 한다.

데리다가 보기에 문학은 어떤 경우에도 정치 문제, 민주주의와 책임 문제, 종교 문제, 민족성이나 민족주의, 정체성과 법의 문제와 불가분하게 연결되어 있다. 최근의 다른 작가나 사상가들과 다른, 자크 데리다가 '우리 시대'나 우리들의 '어긋난 시간time out of joint'를 정의하는 방식을 설명하고자 나는 문학을 이용하려 한다.

현재 이 연구의 특이성은 또한 번역 중에 있는, 번역으로서의 언어 문제와 관련되어 있다. '왜?'라는 단어는 'Pourquoi?'를 뜻하지 않는다. 지금 독자가 읽는 이 책은 영어[한글]로 되어 있다. 그것은 데리다의 저작을 영어[한글]라는 언어로 병기하거나 번역하는 일과 관련돼 있다. 필요하다면 데리다 텍스트의 소위 프랑스 '원본' 표기본을 참조할 작정이다. 그러나 나의 초미의 관심사는 영어 안에서, 그리고 영어 위에서 그의 작품이 보여줄 섬뜩한 지진 효과에 있다. 그는 '변형'으로서의 번역이라는 관념을 강조한 바 있다. 1968년 한 인터뷰에서 이렇게 말했다. '번역이라는 관념을 우리는 변형이라는 관념으로 대체해야만 한다. 하나의 언어가 다른 언어로, 하나의 텍스트가 다른 텍스트로 규칙적으로 변형되는 것이므로.'(Pos 20) 번역은 언어를 변경하는 일이다. 변형으로서의 번역이 다음에 이어질 화젯거리가 될 것이다. 나는 데리다의 작품이 천천히, 겸손하면서도, 알게 모르게 영어를 변경하는 일과 관련이 있다는 것을, 그리고 '언어를 변경함으로써, 언어보다 더 많이 바뀌는 것'(TSICL 55)을 이런 식으로 보여주려 한다.

'왜 데리다인가?' 끈질기게 따라붙는 이 질문에 대해 여기에서 하나 더, 마지막으로 예비적인 답변을 제공해본다.

답변 2

나도 모른다. 누군들 알겠는가. 모르는 게 약이다. 서문을 핑계로 전부 아는 것처럼 가장하는 우스꽝스런 일에 비한다면, 데리다를 읽고 그에 관해 글을 쓴다는 것은 계산불가능한 것을 계산하는 일과 같은 문제이다. 이렇게 보면 데리다의 생각은 E. M. 포스터Forster의 생각에 매우 가깝다. 『소설의 양상Aspects of the Novel』(1927)에서, 포스터는 글쓰기 경험에 대해 안성맞춤의 말을 한다. '내가 말하는 것을 눈으로 보기 전에야 내가 무엇을 생각하는지 어찌 알겠는가?'(Forster 1976, 99)

‘왜 데리다인가?’라는 질문에 대해서도 완전히 예측불가능한 것, 미지의 것, 계산불가능한 것 등을 계산에 넣지 않는 한 대답이란 있을 수 없다. 그것은 모든 텍스트, ‘모든 메시지에는 요행수나 우연적 요소들이 …… 작동한다.’(EO 108)는 사실과 관련된 문제이다. ‘왜 데리다인가?’라는 질문은 사실상 독자를 소비자로 간주하는 문제와 연결돼 있다. 그것도, 앞에서 말했던 것처럼, 조바심을 치며 이렇게 말한다. 그-점에-관해서는-여기서-우리는-모두-소비자에-불과해, 아니면 지금-곧-바로-왜-데리다인지-말해주길-바래. 그러나 데리다가 무엇을 하려고 했는지 조금이라도 이해하려 한다면, 그의 저작에 담긴 말투며 어투에서 매우 다른 느낌을 알아차려야 한다. 이것은 간단한데도 도무지 알 수 없는 명제로써 설명될 수 있으리라. 데리다는 최소한 한 번은 그것을 명시적으로 정식화한 적이 있으니 말이다.(MC 1을 보라.) 하지만 어떤 의미에서 그것은 그의 모든 저작에 두루 통하는 것이다. 지금까지 내가 했던 모든 말에 들러붙어 있는 이 명제는 이렇다. ‘내가 누구에게 말하고 있는 건지 모르겠다.’

02

중심 생각들

중심 생각 깨부수기

앞 장에서는 '왜 데리다인가?'라는 질문을 던지고, 그에 대한 몇 가지 예비적 답변을 제공하려 했다. 나는 그 질문에 내재하는 희극적이고 부조리한 차원 못지않게 그 질문이 매우 진지하고도 중요하다는 느낌을 암시하려 애썼다. 여기서는 어째서 똑같은 진지함과 우스꽝스러움이 다시금 '중심 생각들'이라는 말에서도 발견되는지를 설명할 필요가 있겠다. 이 루틀리지 시리즈의 정해진 틀에 따르면, 먼저 '왜 누구누구인가?'라는 제목의 장이 있고, 그 다음으로 '해당 사상가의 중심 생각과 그 맥락, 그리고 전개와 수용을 논하는' 책의 핵심 부분이 뒤따른다. 이미 말했듯이, 나는 이 과업을 최대한 성실하게 수행하되, 내 방식대로, 즉 해당 '비판적 사상가'에게 충실한 방식을 찾아내어 그 방식을 따를 작정이다.

그런데, 데리다의 저작을 파악하는 첫 절차는 바로 이 '중심 생각들'이라는 논법을 분쇄하는 것이다. 데리다에게 핵심 개념 하나가 있다면, 그것은 '중심 생각들'에 의문을 제기하는 것이다. 처음부터 말했듯이 조급하게 마음먹지 말자. 물론 이러저러한 사상가나 텍스트를 요약, 개설, 개관, 해설하고픈 욕망도 있고 그럴 필요도 있다. 하지만 그가 쓴 글도 제대로 읽지 않은 상태에서 그 사상이 중심 생각 몇 개로 정리된다고 착각하는 것, 혹은 순서대로 늘어놓으며 논의하고 요약하는 것처럼 '비판적 사상가' 데리다에 안 어울리는 짓도 없다. 휴, 마침내, 끝났다, 더 이상의 '중심 생각'은 없다, 이게 전부다!

물론 탈구축deconstruction, 디페랑스differance, 흔적the trace, 원-문자arche-writing, 텍스트text, 틈내기spacing, 대리보충the supplement, 산포dissemination, 비결정성undecidability, 히멘the hymen, 파르마콘(독/약)the pharmakon, 반복가능성iterability 등등(그리고 기타 등등. 어디에서 멈춰야 하는가? 어째서? 여기에서는 간단하게 그의 '중심 생각들' 중에는 '그리고'라든가 '기타 등등', '그리고 태초에 그리고가 있었다' 따위가 포함될 수 있음을 주시하는 것으로 충분하다. Etc. 282를 보라.)

데리다 하면 금방 연상되는 개념 몇 가지가 없는 것은 아니다. 그러나 이러한 '용어들'조차도 최종적, 자기만족적, 목적론적 의미를 포함하지 않는다. 왜냐하면 '용어term'라는 단어는 프랑스어로는 terme, 즉 한계limit를 어원으로 하며, 라틴어로는 terminus, 즉 경계에서 파생된 것이기 때문이다. 이처럼 특이하게도, 용어답지 않은(비종결적 non-terminal) 용어term들은 모두 개방된 '대체물들의 연쇄'(Pos 14)라고 데리다가 표현했던 것에 속한다. 1971년 인터뷰에서 강조했던 것처럼, 이러한 '용어들terms'은 '원자들atoms이 아니다.'(Pos 40) 그것들은 따로 분리되어 있는 것처럼 내적으로도 엄청나게 분화되어 있다. 이렇게 말할 수 있다면, 그것들은 모두 비원자적인 소규모 장치의 일종인 것이다.

상자 속의 자크

이번 시리즈의 정해진 틀과 스타일, 모형을 엄격히 적용한다면, 여러 쪽에 걸쳐서 규칙적인 간격으로 상자들(아마도 그런 장치들을 내장한)을 설치해야 한다. 이 시리즈에 속하는 모든 책은 본문 속에 여러 개의 상자를 설치하여, 그 안에 '핵심 용어'의 정의나 지적 운동, 다른 저자에 대한 간략한 해설 등을 제공한다는 것이 암묵적인 편집 방침인 것 같다. 하지만 나는 그렇게 하지 않을 작정이다. 사람에 따라서는 그게 유감스러울 수도, 반가울 수도 있겠다. 여기에 제시된 것이 이 책에 있는 유일한 상자인 셈이다. 이 상자를 포함하는 책(또 다른 상자)의 전체 논리를 집약—하며 폭파—하는 것이 이 상자이다.

상자란 무엇인가? 상자 안의 텍스트는 상자 바깥에 있는 텍스트에서 분리된 것인가? 그것들은 어떻게 연결되는가? 무엇이 경계선이며, 여백이고 틀인가? 상자의 바깥이나 안은 있는가? 우리는 어째서 사각형이나 직사각형, 목관이나 토굴이 아니라 하필 상자를 말하는가? 우리는 무엇을 숨겨두려는 것인가? 또는 여기에 숨겨진 것은 무엇인가? '상자란 무엇인가?'(TP 229)

이것은 인용이다. 데리다의 저서 『회화에서의 진리*The Truth in Painting*』(1978)에서 '중심 생각들' 중 하나를 말해준다고 기술될 만한 질문의 인용이다. '상자 속에 또 상자가 있다는 것은 무엇인가?'(TP 225)라고 그는 묻는다. 언제나 '상자 안에 상자'가 있고, '상자 바깥에 상자가 있다는 것의 그의 생각이 다.(231) 데리다는 제라르 티투스 카르멜Gérard Titus-Carmel의 작품, 「소형 틀링깃 목관과 61개의 연속적 소묘*The Pocket Size Tlingit Coffin and the 61 Ensuing Drawings*」에 대해 말한 것이지만, 지금 이 상자 주변에서도 똑같은 논리를 읽을 수 있다.

데이비드 윌즈David Wills가 말했던 것처럼, '그림틀 안에서 발생하는 것은  무엇이든지 일 련의 틀들, 즉 그 틀 바깥에 놓 인 물리적 틀, 제도적 틀, 담론 적 틀 따위에 포함될 수 있 다.'(Wills 1995, 58) 상자는 오로 지 이러한 이중성 덕택에, 즉 상자의 부분이기도 하고 아니기 도 한 이중성 덕택에 상자일 수 있다. 이것이 데리다가 다른 곳에서 말했던 파레르곤parergon(TP 17-147)의 논리다. 그것은 작품의 *바깥*(para + ergon)이기도 하고, 작품의 일부이기도 한 경계면이나 틀을 말한다. 그것은 단순히 상자의 경계선이나 회화의 액자틀 문제이기도 하지만, 텍스트·제도·국가 및 대륙 사이에 있는 경계선의 문제이기도 하다.

페기 캐머프Peggy Kamuf의 말처럼, 데리다는 '경계 없는 사상가, 혹은 오히려 언제나 분할가능한 경계의 사상가이다.

그 경계는 세계지도를 국가별로 분할하는 국경일 뿐 아니라, 심지어는 대륙의 자연적 경계이기도 하다.'(Kamuf 2002, 2) 데리다가 『아포리아들』에 기록했듯, '경계 가로지르기'는 언제나 '분할불가능한 선'이라는 '제도'를 전제한다.(A 11) '고객, 경찰, 비자나 여권, 승객 신분증, 이 모든 것이 바로 그 제도 위에서 수립된 것이다.' 하지만 이러한 선의 분리불가능성은 그 절충과 불결함으로 인해 내적으로 분열되어 있다. 경계선은 이상하게 문제적이다.(A 11-12를 보라.)

데리다가 그토록 냉혹한 투명성과 인내를 가지고 그의 전 저작에서 탐색하는 것도 이러한 이상함이다. 이것은 문학과 철학 제도의 문제일 뿐 아니라, 훨씬 더 명백하게는 정치, 윤리, 책임의 문제, 혹은 인격적·문화적·민족적 정체성의 문제, 민주주의와 지구화 문제, 환대와 이민 등의 '일상적 문제'이기도 하다.

탈중심화

상자는 열렸는가, 닫혔는가? 잠겼는가, 잠기지 않았는가? 무엇이 열쇠인가? 무엇이 '열쇠'인가? 『챔버스 사전Chambers Dictionary』을 펼쳐 보면 다음과 같이 되어 있다. '열쇠, adj, (연설 따위에서) 근본적으로 중요한 것, 중심 원리의 해명.' 여기에서 '중심적'이라는 단어가 두 차례나 등장한다. '중심 생각들key ideas'이라는 표현은 '중심되는 생각

central ideas'이란 뜻이고, 이러한 '중심되는 생각들'이 그 책의 '중심 부분central section'을 차지하는 것이다. 데리다는 중심center이라는 관념에 특히 주의하도록 독려한다. 중심이라는 개념 없이 어떻게 살겠는가. 모르긴 해도, 데리다의 저작에서 단 하나의 '중심 생각'을 찾으라고 한다면, 그것이 아마 '탈중심화decentring'라는 개념이 아닐까 싶다.

우리가 포스트구조주의poststructuralism와 해체론deconstruction의 취지를 이해할 수 있는 것도 이렇게 매우 일반적인 맥락에서이다. 다른 말로 하자면 그것은 탈중심화에 입각해서, 주체의 탈중심화에서 시작해서, 제도의 탈중심화와 로고스의 탈중심화에까지 미친다. (고대 그리스어에서 '말을 로고스라 했는데, 거기에는 '진리'나 '의미' 따위의 권위가 내포되어 있다. 그것은 '태초에 로고스(혹은 말씀)가 있었다.'는 요한복음의 첫 구절이 말해준다.) 그러므로 탈중심화는 로고스 중심주의logocentrism, 다시 말해서 '언어 중심주의'를 해체하는 문제이기도 하다.(TS 77)

『마르크스의 유령들Specters of Marx』(1993)에서 데리다는 지난 100년 간을 이렇게 요약한다. '지리정치학에 의해, 그리고 존재신학이나 그 유전적 자질을 이어받은 인류에 의해, 다시 말해서 나르시시즘 개념이 그 아포리아로서 해체의 명시적 주제인 에고 코기토에 의해, 지구가 기술과학적으로 효과적으로 탈중심화된 시기.'(SM 98) 데리다에게 이렇게 일반적인 탈중심화, 특히 로고스와 관련한 탈중심화는 긍정의 대상이다. '생략Ellipsis'(1967)이란 제목의 에세이에서 데리다는 이렇게 적었다. '어째서 중심 때문에 슬퍼해야 하는가? 유희도 차이도 모르는 중심이라는 것은 죽음의 다른 이름이 아니던가?'(Ell 297) 데리다의 지속적 관심사는 「인문과학 담론에서 구조, 기호, 유희Structure, Sign, and Play in the Discourse of the Human Sciences」(1966)라는 글의 말미에서 지적한 것처럼, '중심의 상실이라기보다는 비중심을 결단하는 긍정'(SSP 292)에 관련된다.

사람들이 데리다의 저작에서 반복적으로 찾아내는 것이 '섬뜩한 효과uncanny effect'인데, 그것만 가지면 어떤 곳에서건, 어떤 이념에서건, 어떤 말에서건, 쟁점이 되는 어떤 생각에서건 시작하여 전개되는 그의 모든 사유를 감지할 수 있다. '해체'라는 말이 아마도 가장 많이 알려진 단어일 것이다. 이렇게 보면 앞으로 해체를 상세히 설명하려고 골라놓은 그 단어가 벌써 출몰하여 '중심 생각들'을 설명해야 할 당면 과제를 방해한다는 것은 매우 역설적인 일이다. 해체는 이미 벌어지는 중이다. 어떤 의미에서 그 효과는 언제나 이미 진행 중이다. 앞으로 자세히 말하겠지만, 해체는 비중심의 힘을 사유하게 만든다. 그렇다고 중심이라는 개념이 중요하지 않다는 뜻은 아니다. 그 반대로 데리다는 중심의 중요성을 깊이 인지한다. 그의 관심은 중심을 서술하고 변형하는 데 있다. 중심은 구조와 병존한다. 그의 지적처럼, '중심이 결여된 구조라는 관념은 사유불가능자를 표상한다.'(SSP 279) 탈구조화에 종속된 구조 없이 해체론은 아무런 의미도 없다.

'중심 생각들'을 생각하지 않는 법

다음 장의 초점인 '해체'라는 말을 입에 올린 이상, 나는 이미 5장의 초점인 대리보충 비슷한 일을 행한 것이다. 적절한 때에 매우 상세히 알아볼 테지만, 데리다의 모든 저작은 대리보충, 이상하게 겉도는 것, 1장에서 보여주었듯이 서문처럼 추가된 것으로써 곱씹어볼 수 있다. 이 책의 목적은, 어떤 단어나 어떤 구절이든지 데리다 혹은 잠재적으로는 또 다른 '비판적 사상가'에 관련된 '중심 생각'으로 변형시켜버리는 대리보충의 논리를 조명하는 것이다. 동시에, 그 모든 '열쇠'는 항상 꽂혀 있다. '열쇠'에 관해 데리다는 이렇게 적절히 지적한 바 있다. '모든 열쇠가 그러하듯, 그것은 잠그기도 하고 열기도 하며, 개방하기도 하고 폐쇄하기도 한다.'(LO 146) '중심 생각들'이라는 표현의 더욱 명시적 특성과 함축된 뜻을 짧게 요약하면 이렇다.

1. '중심 생각들'이라는 문구는, 마치 정말 간단히 '대충의 생각'을 보여주기라도 하듯, 편리한 모호성과 인상을 풍기는 매력이 있다.
2. 그 문구는 또한 지적 만족감으로 들린다. 마치 데리다의 생각들이, 그것이 중심이든 아니든지 간에, 결국에는 '고작' 생각에 불과한 게 아니냐는 듯이. 자극적이고, 어렵고, 심지어 머리도 아프지만, 이른바 외부 세계와는 아무런 관련성도 없는 게 아니냐는 듯이.
3. '중심 생각들'이라는 문구에는 일종의 별개성이 함축되어 있다. 여기에 하나의 생각이 있고, 저기에 다른 하나가 있는데, 그것들 각자는 마치 작은 상자에 들어 있는 양 자기만족적이다.
4. '중심 생각들'이라는 문구에 강하게 함축된 것은 중심center이라는 것, 그리고 누군가에게, 그의 마음에, 그의 머리에 현재하는 어떤 것의 현전이라는 생각이다.('잠깐! 생각났어!' 혹은 '보라고

문제의 핵심에 도달하는 게 중심 생각이야!')

5. 그 문구는 소유권으로 해석되기 십상이다.('생각났다. 이건 내 거야. 내 생각이라고!')

데리다의 저작은 끊임없이 이러한 모든 특성에 의혹을 제기하며 그것을 교란한다. 그의 저작에는 모호한 구석이나 인상의 나열이 한 군데도 없다. 그의 관심사는 최대한 엄밀하고 명석한 방식으로 텍스트나 상황에 대응하는 것이다. 우리가 그의 '생각들'에 기대서 말하게 된다면, 그것이 중심이든 아니든, 그 생각들은 세상에 속하면서도, 세상을 바꿔놓게 된다. 여러 차례 주장했듯, '해체는 견고한 구조, 즉 '물질적' 제도와도 충돌한다. 충돌은 담론이나 의미생산적 재현물에만 한정되지 않는다.'(TP 19)

대리보충의 법칙에 따르면, 데리다의 저작에서는 어떠한 '중심 생각'도 다른 생각과 명확히 분리될 수 없다. 그러므로 '중심key' 따위는 없다. 그러므로 '대리보충'은 그 자체가 '중심 생각은 없다는 중심 생각'을 말하는 유일한 방식이다. 그것은 맥락에, 그중에서도 텍스트나 상황 등이 분석되는 맥락에 의존한다.

이것은 누구의 생각이었나?

데리다의 표현대로, '모든 것은 컨텍스트에 의존하지만, 컨텍스트는 항상 열려 있고, 항상 불충분하다.'(M 115) 대리보충, 파르마콘, 히멘 혹은 데리다의-작품-에서-그-다음-것에-응답하는-우리-자신을-

발견하게-된-모든-순간은 순전히 현재하는 '생각'이 아니다. 그것들은 현전계the order of presence에 있는 것이 아니다. 그것들을 우리가 소유하고 있다고 해서 그것들이 순전히 우리 것이라 할 수도 없다.

데리다는 프랑스의 소설가이자 철학자 겸 교육 사상가인 장 자크 루소Jean-Jacques Rousseau(1712~78)의 저작을 읽는 과정에서 대리보충 (보충하려고 첨가된 것인 동시에 상실한 것을 대리한다고 생각된 것)이라는 관념을 고안해내었다.(OG 참조) 그리고 고대 그리스 철학자 플라톤Plato(기원전 428~347)을 읽다가 파르마콘('독'과 '약'을 동시에 의미하는 그리스의 '단어') 관념을 고안해 내었다.(PP 참조) 또한 프랑스의 시인 스테판 말라르메Stéphane Mallarmé(1842~98)를 읽는 과정에서 히멘 ('처녀막'과 '결혼'을 동시에 뜻하는 것으로, '욕망과 충족 사이에' 미결정 상태로 있는 것을 비유한다.)을 고안해내었다.(DS 참조 : 특히 DS 212-13)

그리하여 대리보충이라는 관념은 데리다의 것이 아니지만, 그렇다고 순전히 루소의 것이라 할 수도 없다. '파르마콘'도 데리다의 것은 아니지만, 그렇다고 순전히 플라톤의 것이라 할 수도 없다. '히멘'마저도 데리다의 것이 아니지만, 그렇다고 순전히 말라르메의 것이라 할 수도 없다. 물론 데리다가 이 개념들을 운용할 때에도, 그 방식이 반드시 본래 저자인 루소, 플라톤, 말라르메 등의 의도와 맞아떨어지리란 법은 없다. 그렇다고 해서 데리다가 생각하는 '본래 저자의 의도'라는 것이 한쪽으로 밀쳐내거나 그렇게 해야만 하는 대상이라는 뜻은 아니다. 오히려 그와 반대인데, 바라건대 앞으로 이 점이 분명해질 것이다. 컨텍스트에 대해서는 그것이 항상 개방되어 있으며, 항상 불포화 상태에 있다는 것이 정확한 요점이다. 『그라마톨로지에 관하여』(1967)에서 데리다가 강조해 말했던 것처럼, 항상 '그(그녀)가 의미하려는 것보다 많거나, 모자라거나, 다른 것'을 말한다고 이해되는 것이 저자이다.(OG 158)

자신의 텍스트가 읽혀지는 방식을 완전히 통제할 수 있었던 저자는 한 사람도 없었다. 이러한 지적은 '데리다의 중심 생각들' 주변을 재빠르게 개괄하고 싶은 욕망을 가진 분에게 마지막으로 훈계할 말을 생각나게 한다. 『그라마톨로지에 관하여』에서 분석했던 저자의 맹목盲目이라는 논리는, '중심 생각들'을 생각할 때 다음과 같은 점을 고려해야 함을 말해준다. 데리다의 '중심 생각'은, 그 자신에게도 혹은 가장 최근의 어떤 독자에게도 아직 알려진 바 없다는 것을. 만약에 대리보충이라는 것이 루소의 '중심 생각들'(그 말을 쓰는 데 조건부로, 망설임을 동반하여) 가운데 하나라는 사실을 그가 입증하려 애쓴다면, 데리다의 최소한의 '중심 생각들' 몇 가지가 분명히 드러나는 데에는 다음 세기뿐 아니라 수천 년은 족히 걸리겠다는 생각이 드는 건 당연하다.

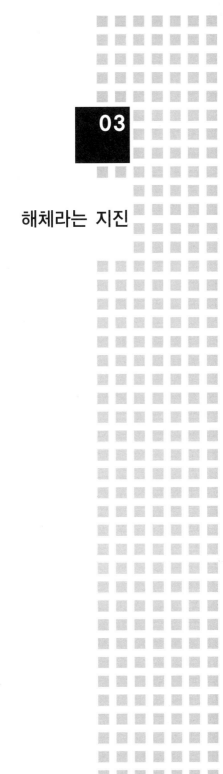

03

해체라는 지진

다시 왜 데리다인가

'왜 데리다인가?'라는 질문에 대한 답변 1을 상기해보자. 현 시대의 다른 작가들과 비교했을 때, 그의 텍스트들이 세계, 인생, 죽음, 문화, 철학, 문학, 정치 등등에 대한 우리의 사고방식을 서술하고 변형시키는 데 더욱 효과적이었음을 밝힌 바 있다. 이제는 '서술하고 변형한다'는 아마도 평범해 보이는 구절을 좀 더 설명해볼 작정이다.

이 말에는 약간 모호한 구석이 있다. 독자도 이상하게 여겼겠지만, 서술한다는 것과 변형한다는 것은 서로 무슨 관계인가? 틀림없이 이 두 가지는 서로 반대되는 것이 아닌가? 무언가를 서술한다는 것은, 인생일 수도 혹은 문학 텍스트나 정치적 정황일 수도 있는 그것에 선재先在하는 서술 방법이 있다고 간주함을 뜻한다. 서술하는 과정에서, 이미 그것들이 존재하는 방식에 대한 진술을 제공하게 된다. 그러나 생각해보면, 변형한다는 것은 아주 다른 일이다. 텍스트들이 무엇이든지 변형할 수 있다고 말한다는 건 이상하게 들린다. 이렇게 질문할 수 있다. 텍스트 하나가 어떻게 변형을 수행할 수 있단 말인가? 텍스트는 살아 있는 것도 아니고, 움직이지도 않으며, 고작 인쇄물에 불과한데 말이다.

서술과 변형

'텍스트'라는 말은 데리다의 저작에서 특별한 의미가 있는 것이지만, 지금 여기에서는 명백히 어울리지 않는 한 쌍, '서술한다는 것'과 '변형한다는 것'에 대해서만 말하려 한다. 이 두 가지는 데리다가 몰두한 심장부로 통하는 길을 안내한다. 그는 소위 '언어행위 이론 speech act theory'〔화행話行이론〕이라는 것에 오랫동안 흥미를 가져왔다. 이러한 흥미가 그의 말과 글 전반에 걸쳐 퍼져 있다고 할 수 있을 정도이다.

이 주제에 뚜렷이 초점을 맞춘 글은, 원래 1971년 8월 몬트리올에서 한 강연문 원고로 씌어진 「서명 사건 문맥Signature Event Context」(SEC)이다. 언어행위 이론은 옥스퍼드 대학의 철학자 J. L. 오스틴 Austin(1911~60)의 저작, 그중에서도 오스틴의 출세작으로 알려진 『말과 행위How To Do Things With Words』(1975[1962])와 가장 긴밀히 연관돼 있다. 오스틴의 저작은 매우 생산적인 개념을 제공하는데, 모든 종류의 언표 혹은 발화 행위는, 쉽게 말해서 우리가 하는 모든 말은, 사실확인적인 것the constative과 행위수행적인 것the performative이라는 두 가지 범주로 나뉜다는 것이다.

'사실확인적인 발언'은 사물의 존재 방식에 대한 진술, 즉 명백한 사실에 대한 진술이다. 그렇다면 우리는 단도직입적으로 서술적 진술을 사실확인적인 것으로 간주할 수 있다. '나는 자크 데리다의 저작에 관한 책을 쓴다' 혹은 '너는 이 글을 읽고 있다'와 같은 표현이 사실확인적 진술의 사례일 것이다.

'행위수행적 진술'이나 발언은 척 보기만 해도 뭔가 괴상하고 골치

'언어행위 이론'의 창시자로 꼽히는 영국 언어철학자 J. L. 오스틴
'화행론'으로도 불리는 이 이론은 데리다의 오랜 관심사였다. 『말과 행위』로 대
표되는 오스틴의 저작은, 우리가 하는 모든 말이 '사실확인적인 것'과 '행위수행
적인 것'이라는 두 가지 범주로 나뉜다고 했다.

아픈 놈인 것 같다. 행위수행적 발언이란 어떤 말을 한다는 것뿐 아니라, 그 말을 함으로써 무언가를 행할 때를 가리킨다. 행위수행적 발언의 예를 들자면 이런 것을 생각할 수 있겠다. 약속, 협박, 기도, 자백, 덕담, 험담, 도전장, 내기, 사랑 고백이나 선전포고, 종교재판이나 성전 선포, 유아세례나 선박 진수식 같은 명명 행위, 독립선언이 법적으로나 역사적으로 미합중국의 탄생을 가능하게 했다는 등의 기조연설 행위 등등을 들 수 있다. 간단히 말해서, 행위수행적 발언은 단지 서술만 하는 것이 아니라, 사태를 변형시키거나, 적어도 그렇게 하려고 애쓴다는 것이다.

복잡하긴 해도 정확성을 자랑하는 특유의 산문으로 오스틴은 이렇게 말했다. 행위수행적 발언의 경우, '그 문장을 발언한다는 것은 (물론 적합한 환경에서라면) 그렇게 행하고 있다고 발언함으로써 진술되어야만 하는 나의 행위를 서술하는 것이 아니다. 실제로 그것을 행하는 것이다.'(Austin 6) 결혼식처럼 특별한 순간, 어떤 질문에 대답해야 하는 경우, 내가 만약 '그렇게 하겠습니다I do'라고 대답한다면, 나는 원칙적으로 검은 머리가 파뿌리가 되도록, 좌우지간 좋은 날이건 궂은 날이건 간에, 삶의 방식이 바뀌는 일에 얽히게 되는 것이다. 만약 어떤 국가가 다른 국가에 선전포고를 한다면, 이것은 행위수행적이다. 이런 행위수행적 발언은 현재 상태를 바꿔놓고, 행위와 대응을 요청한다는 점에서, 양쪽 국가를 변형한다.

데리다의 텍스트들이 우리의 사고방식을 서술하고 변형했다고 말했을 때, 나는 부분적으로 사실확인적인 것과 행위수행적인 것의 구별을 염두에 두었다. 한편으로, 데리다는 분명 짜증나는 일일 텐데도 대단한 인내심을 갖고, 무척 기쁜 마음으로, 특정 텍스트 혹은 특정 상황에서 무슨 일이 벌어지는지를 서술하는 데 착수한다. 그는 엄청 정확하고도 믿음직스런 독자이다. 너무도 차분하여 데리다의 독서 행위는 종종 그 텍스트에 있는 것만 서술하는 듯 보일 수도 있다. 플라톤의 『파에드로스*Phaedrus*』와 관련 서적(PP 참조), 셰익스피어의 『로미오와 줄리엣*Romeo and Juliet*』(1595)(AC 참조), 카프카의 「법 앞에서 Before the Law」(1914)(B 참조), 프로이트의 『쾌락 원칙을 넘어서*Beyond the Pleasure Principle*』(1920)(SF 참조), 혹은 미국 독립선언서(1776)(DI 참조) 등등.

우리가 만약 저 텍스트들에 대한 서술로만 만족할 수 있다면, 이것만으로도 우리가 데리다를 읽어야 할 충분한 이유는 된다. 그는 굉장히 날카롭고 세심한 독자이며, 멋진 텍스트 해설가이기도 하다. 데리다가 '어렵다'는 엄살은 저널이나 교실에서 쓰는 상투어에 불과하다. 하지만 이 문제를 다른 식으로 볼 수도 있다. 언제나 놀랍도록 주의 깊게 정성을 다하는 꼼꼼한 독서 행위로, 데리다는 '어렵기'로 정평이 난 철학이나 다른 텍스트들에 대한 최상의 해설과 설명을 제공한다. 누군들 플라톤, 셰익스피어, 프로이트가 읽기 '쉬운' 척하고 싶지 않겠는가? 데리다는 서양사에서 훌륭한, 어쩌면 다소 덜 훌륭한 텍스트들을 의미 있게 읽도록 도와준다.

그러면서 텍스트를 읽을 때 의무적으로 따르는 독서 방식을 바꿔놓는다. 데리다를 읽고 나면, 발코니에서 '오, 로미오, 로미오, 어찌해서 당신은 로미오란 말입니까? …… 이름이 무슨 죄인가요?'(O[2.1.75-91])라고 했던 줄리엣의 말이 다르게 들린다. 플라톤의 『파에드로스』(PP 참조)

나 프랑시스 퐁쥬Francis Ponge(1899~1988)의 시를 읽을 때(S 참조), 혹은 제임스 조이스James Joyce의 『율리시스*Ulysses*』(1922)를 읽을 때(UG 참조)도 똑같은 현상이 일어난다.

해체론을 정의한다는 것

그렇다. 데리다는 서술하며 변형한다. 서술과 변형의 결합이라는 이 상하고도 모순된 결합 방식은, 데리다의 저작을 가리킬 때 가장 빈번하게 쓰이는 '해체'라는 말을 해명하는 데 도움이 된다. 그런데 데리다 본인은 이 단어를 결코 좋아하지 않았다. 1980년 그가 자신의 테제를 변호하는 과정에서 말했던 바, '(해체라는) 단어를 좋아한 적이 한 번도 없는데, 끔찍하게도 그 단어의 운명이 나를 놀라게 한다.'(TTP 44)

여기서 데리다는 특별히 1970년대 후반에서 1980년대에 걸쳐, 특히 미국에서 해체라는 것이 많은 사람들에게 하나의 비판적 방법이나 도구로 취급되는 과정을 겨냥했다. 사람들은 '예일학파를 해체주의라고 말한다.(이 문제에 대한 비판적 논의로는 아르크Arac, 고드치히Godzich, 마틴Martin 1983 ; 데이비스Davis와 쉴라이퍼Schleifer 1985 참조) '해체론'이 하나의 주의ism로 간주되었던 것이다. 여기에서 당대의 비평가 겸 이론가인 마틴 맥퀼런Martin McQuillan의 충고에 주목하는 게 좋겠다. '해체론은 학파도 아니고 주의도 아니다. '해체주의' 같은 것은 없다. 명칭이만이 이 단어를 사용한다.'(McQuillan 2000, 41)

실제로 '해체'라는 단어를 사용하지 않고도 데리다의 저작에 대한 책을 쓰는 데 전혀 지장이 없다. 하지만 그렇게 하면 독자들이 힘들어할 것이다. 그래서 여기에 사전 형식의 정의 한 쌍을 소개한다. 첫째 것은 옥스퍼드 영어사전 1989년판에 실린 것이다.

해체deconstruction[f. DE + CONSTRUCTION]

a. 한 사물의 구성을 풀어 헤쳐놓는 행위

b. 철학 이론. 문학 이론. 프랑스의 철학자 자크 데리다(1930~)와 관련한 비판적 분석의 전략으로, 철학적 언어와 문학 언어 속에서 당연시되는 형이상학적 가설 및 내적 모순을 폭로하는 쪽에 관심을 둔다.

그리고 이제 더 최신 정의가 있다. 짐작했겠지만, 사전에는 나오지 않는다.

해체. n. 생각지도 못한 것 : 불가능한 것의 경험 : 생각되지 않고 남아 있는 것 : '사물 자체'에서 언제나 이미 작동하는 불안정화의 논리 : 모든 동일성을 그 자신이면서 동시에 그 자신과 다르게 만드는 것 : 이론적 실천적 기생충 혹은 바이러스 : 이른바 사회, 정치, 외교, 경제, 역사적 현실 따위에서 목하 벌어지는 일 : 미래의 열림(Royle 2000, 11)

이런 것들이 생각해볼 만한 정의들이다. 우선은 복수의 정의가 있다는 점에 유념하면 된다. 데리다의 지적처럼, 해체라고 하는 이상한 사건을 가리키는 '단일한 정의'나 '적확한 서술'이란 없다. '단일한 정의가 없다고 해도 '몽매蒙昧주의'는 아니'(ATED 141)라고 하는 데에는 이유가 있는데, 그것은 데리다가 신계몽주의라 했던 것과 관계가 있다. 내친김에 사전 형식의 정의 중에서 첫째 것이 '철학적 언어와 문학적 언어'에 특별히 초점을 맞춘다면, 둘째 것은 철학이나 문학 등 '언어'에만 한정되지 않고 모든 곳에서 해체가 존재한다고 주장한다는 사실에 주목하자.

데리다는 가끔 해체를 '일어나는 것ce qui arrive'이라 말했다. 데리다는 여러 차례에 걸쳐서, 아마도 초기 에세이 「힘과 의미작용Force and Signification」(1963)에서 시작됐을 텐데, 자신의 글쓰기를 진동하게 만들고, '뒤흔들어'놓으며 혹은 '꼬드기는' 것(FS 6)을 말했다. 그는 여러 차례에 걸쳐 언제나 다른 방식으로, 즉 '체계 전체에 산재한 전위적 힘의 생산(FS 20)에 관해, 그리고 '산포de-sedimentation'로서의 해체(OG 10)에 관해, '유전된 질서 전체를 (붕괴시키는)'(Pos 42) 돌출하는 힘에 관해 적었다. 해체는 하나의 지진이다.

지진의 의사소통

지진은 아주 작은 균열, 아주 미세한 진동에서도 찾아볼 수 있다. 해체는 극미한 세부라도 그것에 지진학적인 관심을 가지라고 요청한다. 탐지된 틈이나 균열이 훨씬 더 일반적인 결과를 초래할지라도, 지진은 특정한 컨텍스트에서만 발생한다. 역사적 계보학적 관점에서 만들어낸, 데리다의 야심작 '해체'는 니체(1844~1900), 프로이트Sigmund

Freud(1856~1939), 하이데거Martin Heidegger(1889~1976)의 글쓰기 효과 및 그 중요성과 불가분하게 뒤얽혀 있다.(이 점은 7장에서 자세히 설명할 것이다.)

그러나 사태를 이런 식으로 말하면 이미 오도될 위험에 노출된 것이다. 다른 것은 몰라도, 해체는 고유명사에 대한 깊은 경계심에서 시작되기 때문이다. 예컨대, 『그라마톨로지에 관하여』(1967)에서 데리다는 이렇게 말한다. ' '데카르트', '라이프니츠', '루소', '헤겔' 등등이 저자의 이름이라고 생각하는 사람은 어리석다.' 이것들 하나하나는 처음부터 '문제의 이름'인 것이다.(OG 99)

이는 데리다에 관한 글을 쓰는 작업이 왜 까다로운 일인지를 말해준다. 나는 '데리다의 저작' 혹은 '데리다 일반'을 말하지 않으면 안 된다. 이것이 어떤 의미에서는 매우 비非해체적 행위라는 것도 안다. 그러나 이 행위를 특정한 텍스트와 문맥에 등장하는 '데리다의 저작'을 알아보기 쉽게 만들 목적으로 사용한, 전략적 유용성으로 받아들여줄 것이라 믿는다. 1993년의 한 인터뷰에서 그는 이렇게 말한 적이 있다.

해체는, 즉 그 몸짓과 윤곽선, 분할선을 작동하게 만드는 해체는, (한 저자의) 전집 내부에서만 작동하는 것이 아니라 때에 따라서는 단 한 줄의 문장에서도, 혹은 전집의 미세한 부분에서도 작동한다. 해체는 고유명사를 불신한다. 그렇다고 해서 '하이데거'가 이런저런 말을 했다는 식으로 말하지 않는다는 것은 아니다. 그것은 하이데거 텍스트의 미세한 부분에서 찾아낸 다른 계기들, 다른 용법들, 경쟁적 논리들을 다룬다. 그렇지만 견고한 채로 주어지는 일반성이나 형상은 믿지 않는다. 그것은 일종의 지진이거나, 아무것도 고요하게 내버려두지 않는 전면적 진동에 가깝다. 내가 연구하는 것은 전집이나 완결된 한 권의 책이 아니며, 단순한 진술조차도 분열을 피할 수는 없다.(TS 9)

심지어 가장 명백하고 단순한 듯한 진술조차도 분열이나 균열을 피할 수 없다. 이것이 언제나 이미 그 내부에서 작동하는 탈안정화 destabilization로서의 해체이다. 가장 간결하면서도 가장 차분하게, 지하에서 들려오는 폭탄선언에서 데리다는 이렇게 말한다. '원자〔더 이상 나눌 수 없는 것〕는 없다.'(Dia 137) 모든 것은 분할가능하다. 통일성, 일관성, 일의성 등은 분할과 분할가능성에서 파생된 결과물이다. 그래서 디페랑스, 반복가능성, 흔적, 대리보충 등의 용어에 공을 들이는 것이다. 적당한 때에 이것들을 하나하나 검토해보자.

그래서 데리다의 저작은 지진 현상이나 '지진 활동seismisms〔혹은 지진주의〕'에 가깝다. 에세이 제목치고 가장 긴 것 중에 '신로그주의, 신新주의, 포스트주의, 기생주의, 기타 소규모 지진 활동〔주의〕에 대한 몇 가지 뻔한 진술Some Statements and Truisms about Neo-Logisms, Newisms,Postisms, Parasitisms, and other Small Seismisms'(SST)이라는 것이 있다. 이 지진 활동이 하는 일은 언어적 · 개념적 · 심리적 · 텍스트적 · 미적 · 역사적 · 윤리적 · 사회적 · 정치적 · 종교적 풍경을 흔들어놓고, 위치를 이탈시키며 변형하는 것이다. 그것의 관심사는 교란하기, 침전물 헤쳐놓기, 해체하기다.

하지만 이러한 지진학적 변형은 언제나 이미 읽고 있는 텍스트 속에 결정적인 방식으로 존재한다. 어떤 의미에서 그의 작업은 셰익스피어의 한 구절, 플라톤의 대화 한 편, 카프카의 단편 하나를 읽어가는 과정에서 벌어지는 일을 서술하는 것에 불과하다. 그래서 서술하기와 변형하기라는 이상한 관념이 가능한 것이다. 데리다는 이렇게 말했다. '셰익스피어 속에 …… 플라톤 속에 …… 카프카 속에 모든 것이 들어 있다.'(TSICL 67) 어떤 의미에서, 그것은 우리가 서술하는 순간에도 발생한다. 이렇게 되면 지나치게 형식주의적으로 들릴지 모르겠다. 마치 데리다가 하는 일인 해체라는 것이 단지 기법이나 방법에 불과하다는 식으로 말이다. 경우가 다르다는 걸 이해해주면 좋겠다. 내가 하고 싶었던 말은 '서술'과 '변형'의 관계가 기괴하다는 것이다. 해체는 기괴uncanny하다.(해체와 기괴함의 관계에 대한 더 풍부한 설명은 Royle 2003을 보라.)

이상한 현상은 무엇보다도 '서술과 변형'에서 '과and'와 관계가 있다. 데리다는 어떤 에세이에서 '과/그리고and'라는 말에 이렇게 주석을 달았다. "과'의 존재 방식에 대한 놀라움, 즉 과는 의미가 있으면서도 없고, 무언가를 행하면서도 행하지 않는다는 것에 대한 놀라움은 …… 모든 해체의 영원한 숙제다.'(Etc. 285) '과'의 해체적 효과에 주목한다는 것은 다른 방식으로 대리보충의 논리를 말하기 시작했다는 것이며, 서술과 변형의 구별, 혹은 사실확인적인 것과 행위수행적인 것의 구별이 결코 확고하지 않다는 사실의 중요성을 계산한다는 뜻이다. 데리다는 미국 독립선언서을 분석하는 자리에서, '행위수행적 구조와 사실확인적 구조 …… 사이의 결정불가능성'(DI 9)을 언급한 적이 있다. 제퍼슨이 초안을 작성하고 '미연방 의회 내의 합중국 대표들이 …… 인민의 이름과 권위를 빌어서' 서명한 독립선언서와 관련하여, 데리다는 '독립이라는 것이 천명되는 것인지, 아니면 이런 식의 발언으로 독립이 이루어진 것인지 여부는 …… 아무도 결정할 수 없다.'(DI 9)는 사실에 관심이 있다. 데리다의 텍스트도 이런 관점으로 읽혀야 한다. 그를 추동하는 욕망은 다음과 같다.

더 이상 이론적 지식으로만 이루어지지 않는 글쓰기 행위 형식 속에서, 즉 새로운 사실확인적 진술 속에서 새로운 무언가를 창조하려고 한다면, 적어도 약속이나 명령, 혹은 구성 행위나 입법 행위에 비견할 만한 시적·문학적 행위수행성에 몰입해야 한다. 그것은 언어를 바꾸는 문제 이상으로 언어를 변경하는 과정에서 언어 이상의 것을 변경하게 한다.(TSICL 55)

이는 서술과 변형 사이에서 결정불가능한 욕망이며, 새로운 담론, 새로운 행위, 새로운 제도 등을 실행하고픈 욕망이다. 그러한 서술과 변형은 언어와 '언어 이상'에 관련되어 있다. 바로 이것이 데리다가 시험 삼아 '해체론'을 정의했던 방식의 하나다. 그것은 '언어 이상의 것plus d'une langue, 즉 언어 이상의 것이면서 동시에 특정한a 언어를 넘지 않는 것'(M 15)이다.

텍스트의 말 혹은 저자의 하고픈 말, 그/그녀가 말한다고 생각하는 것과 텍스트의 행위 사이에는 언제나 차이, 긴장, 역설이 존재한다. 특히 말과 행위에 대한 오스틴의 설명을 두고 데리다는, 오스틴의 분석이 '그 견해를 이해하기보다는 그 곤경을 인식하는 게 훨씬 더 생산적'(SEC 14)이라는 통찰의 책략을 사용한다. 특별히 오스틴을 읽으며 그가 도출해낸 것은 "순수하게' 행위수행적인 것은 없다.'(SEC 17)는 사실의 깨달음이다.

행위수행적인 것은 언제나 좌절될 수 있다. 약속을 살펴보는 게 가장 쉬울 것이다. 만약 적당한 때가 되면 데리다의 저작에서 '문학', '선물', '서명', '법', '비밀', '약물' 등과 관련한 설명을 제공하겠다고 약속한다고 하자. 그러나 이 약속은 언제나 지켜지지 않을 가능성이 있다. 약속할 당시 내가 진지하지 못했다거나 거짓말을 했을 가능성도 배제할 수 없다. 이 책을 마치기 전에 내가 죽을 수도 있고, 독자가 이 책을 읽기 전에 죽을 수도 있으며, 나의 약속이 농담일 수도 있고, 약속하는 것처럼 가장할 수도 있다…… 데리다가 보기에, 약속이 성취되지 못할 가능성은 우발적인 것도 아니며, '논점 이탈'도 아니다. 오히려 필연적 가능성이다.

재미있는 놀잇감

약속이 약속일 수 있으려면 그것은 반드시 성취되지 않을 수 있어야 한다. 약속이 실현되지 않을 수 있는 가능성은 구조적으로 필연적이다. 그래서 '순수하게' 행위수행적인 것은 없다고 주장한 것이다. 행위수행적 발언의 심장부에 놓인 이러한 '좌절'은 앞으로 발생할지도 모르는 우연한 일이라기보다는, 오히려 모든 행위수행적인 발언의 필수 조건이다. 행위수행적인 것은 사실은 생각할 수도 없는 것unthink-able의 악몽에 시달린다. '죽음'이 가장 빠르고도 가장 신비로운 사례가 될 것이다. 그러므로 데리다는 다른 곳에서 '약속이라는 행위 구조 자체에 내재하는' '치유불가능한 교란 혹은 전복'을 언급한 적이 있다. 동시에, 그는 이렇게 내면에 존재하는 전복의 느낌이 '모든 약속의 믿지 못할 측면, 즉 희극적 측면'(M 94)을 설명해준다고 말한다.

그렇기 때문에 '엄청나게 신중하며 엄청나게 진지하고' 싶어도, 데리다는 또한 매우 재미있는 작가인 것이다. 그 점이 몇몇 사람들이 그에게 격분하는 이유 중 하나이다. 그가 말을 가지고 이상한 짓을 한다고 느끼지 않을 사람은 없다. 언어는 매우 재미있는 놀잇감처럼 보일 수 있다. 그의 정신분석 에세이에 자주 등장하는 정식을 빌려본다면, '어떤 이질적인 것이 지금 우리의 일상 언어에서 작동한다.'(F xxv)라고 느끼는 것은 당연하다.

데리다가 오스틴의 말과 행위 설명에서 찾아낸 것은, 오스틴을 귀찮게 괴롭히는 '진지하지 못한 것'(Austin 22, SEC 16)의 존재이다. 꼬집어 말해서 '진지하지 못한 것'이 존재한다는 필연적 가능성이다. 놀랍게도 이렇게 '진지하지 못한 것'이 오스틴에게는 문학과 거의 동일시된다. 그것은 흔히 허구물, 연기 행위, 혹은 가장 이상한 발상이지만 한 편의 시의 형식을 취한다. 그래서 내가 '~를 약속합니다'라고 말할 때 발생하는 일에 관해 오스틴은 이렇게 적는다.

'진지하게' 취급받으려면 반드시 그 말이 '진지하게' 발설된 것이어야만 한다. 모호하긴 해도, 이것이 일반적으로 충분히 타당하다. 모든 발언의 취지를 논의하는 데 그것은 중요한 상식에 속한다. 나는 틀림없이 농담을 하는 것이 아니다. 예를 들어서 시를 쓰는 것이 아니다.(Austin 9)

오스틴이 설명에서 배제하려 작정했을 법한 것, 즉 시적인 것 혹은 '진지하지 못한 것'을 골라냄으로써, 데리다는 어떤 중요한 의미에서 오스틴의 말이 이미 수행하는 것을 그대로 수행할 뿐이다. 비록 오스틴은 기를 쓰고 그렇지 않다고 주장하겠지만 말이다.

데리다는 오스틴을 제물로 삼아서 골려주는 데는 흥미가 없다. 그는 오스틴이 매혹적이며 심오한 진짜배기 철학자이며, 자신과 마찬가지로 여러 가지 측면에서 매우 재치 넘치는 저자라는 사실을 안다. 데리다가 기본적으로 흥미를 보이는 부분은 언어 행위 자체의 성공이나 승리에 있다. 언어행위 이론에 관심을 갖는 것도 실패, 결함, 부적합, 혹은 미리 배제시킨 것이나 '부적당한 것' 등의 경험과 관계가 있다. 데리다는 '때로는 화를 낼 수 없는 가장 허약한 것'(TSICL 59 ; TS 64 참조)이 가장 강력한 것이라는 생각에 매혹되어 있다. 만약 행위수행적인 발언이 좌절될 수 있는 필연적 가능성이 있는 것이라면, 이러한 좌절감과 교란 혹은 전복에 시달리지 않는 행위수행적 발언은 없을 것이다. 데리다가 '전복수행적인 것perverformative'(이 사례는 E 136을 보라.)이라는 개념을 환기시켜서 행위수행적인 것performative이라는 '전통적' 관념을 서술하고 변형하려 했던 것도 바로 이런 까닭에서이다. 언어행위 이론이 일종의 '철학 내부의 혁명'(Austin 3)이라는 점에는 데리다도 오스틴에 동의하는 바이지만, 데리다에게 그것은 전복수행적 혁명일 수도 있다.

모든 행위수행적인 발언에는 스파이와 전복 세력이 있으며, 사유 불가능자 혹은 '죽음'이 끈질기게 따라붙는다. 데리다의 관심은 행위수행적 발언에 대한 새로운 이론과 실천을 제시하는 것이다. 그것은

'행위수행적인 것에 언제나 첨부된 현전 개념에서 분리된'(LO 146) 상태에서 사유하는 방법이기도 하다. 앞으로 자세히 살펴보겠지만, 해체라는 지진 효과가 유령적인 동시에and 실제적인 이유가 여기에 있다.

04

멋대로 해라

Jacques Derrida

기상천외한 혁명을 향한 욕망

쉽게 눈에 띄는 벽면에 씌어진 낙서 한 줄을 상상해보자. '멋대로 해라BE FREE.' 이 두 개의 단어는 데리다의 '이중 구속'(TNOF 203)이라는 표현의 인상적인 사례를 제공한다. 명령문 '멋대로 해라'는 이 명령에 복종하는 데 어떠한 예외도 있을 수 없다고 말한다. '멋대로 해라'는 명령에 복종하면 멋대로 하는 것이 아니다. 나에게 명령에 불복할 자유가 없음을 받아들인다는 조건으로만 나는 무엇이든 멋대로 할 수 있다. 자, 멋대로 해봐. 이것도 명령인가? 여기에서 명령하는 '나'는 누구인가? 그리고 상상으로 만들어낸 벽면에 씌어진 한 줄 낙서의 독자나 수취인은 누구란 말인가? 문법적으로 따져서, '멋대로 해라'는 말은 명령문에 속한다. 그러나 오스틴이 『말과 행위』에서 지적했듯이, "명령문에는 명령, 허가, 요구, 요청, 애원, 암시, 추천, 경고 등등이 속하며, …… 조건이나 용인, 혹은 제한 등이 표현될 수 있다.'(Austin 76-7)

'멋대로 해라.' 이 책을 언젠가 다 읽게 될 텐데, 그렇게 되면 멋대로 할 수 있을까? 아니, 어떻게 생각해보면, 지금 이 책을 읽고 있는 것도 그만큼 멋대로 한다는 것은 아닌가? '멋대로 해라.' 데리다에게도 중심 생각이라는 것이 있다면, 그중 하나로 이 문제를 생각해봐도 좋을 것이다. 그 자체만으로, 그것은 일종의 '책임 있는 아나키'에 참여하는 문제와 통한다. 여기에 참여한다는 것은 책임이라는 개념을, 그리고 '아나키anarchy'('지도자 부재 상태' 혹은 '무법 상태'를 뜻하는 고대 그리스어 anarchia에서 파생된 단어)의 의미를 생각할 기회를 주는 법이나 법률에 대한 '끝없는' 추궁을 수반하게 된다.(이에 대해서는 DO 120-1을 보라.) 데리다의 저작을 추동하는 힘은 중차대한 혁명적 변화, 심지어 '기상천외한 혁명'(SM 82)을 향한 욕망이다. 그가 '밤에 쓴 에세이'라고 한 『마르크스의 유령들』(1993)에서 줄곧 강조했듯, '세상은 아주 비참해지고 있다.'(SM 77-8)

세상은 완전히 달라질 수 있다. 정치, 윤리, 종교, 문학, 철학, 문화, 사회, 정체성과 주체성, 민족주의와 국제주의 등등 모든 것을 다시 생각해볼 수 있다. 모두에게 자유가 주어져 있다. 모두, '멋대로 해라'. 이것이 '도래할 민주주의'(TSICL 38, OH 78), '신계몽주의'(ATED 141, DA 37), '새로운 인터내셔널'(SM 85-6)이라는 관념으로 도달되는 세계이다.

명백한 역설이겠지만, 그와 동시에 '사물들을 간수하고' 기억을 보존하기를 바란다는 의미에서 데리다 또한 공공연한 보수적 사상가이다. 그는 역사를 사랑한다. 뿐만 아니라 전통을, 이른바 서양의 문학과 철학적 정전 등을 깊이 존경한다. 문제는 이중적 태도에 있다. 한편에는 '해방, 반역, 아이러니'가 있는가 하면, 다른 한편에는 '철저한 충심'(TS 43)이 있다. 그의 말을 들어보자. '나의 해방감에 해방 이전에 대한 기억이 보존된 때가 가장 기분 좋다. 이렇게 학문적 유산과 전통 일반에 대해 존경과 불경의 감정이 혼재한다는 사실이 내가 하는 모든 일에서 읽혀지길 바란다.'(TS 43) 존경과 불경, 충성과 반역, 보수와 해방, 서술과 변형 등의 이러한 이중적 태도는 데리다의 저작 전체에 만연한다.

재창조의 유희

'멋대로 해라'. 이 구절에서 우리는 이른바 '자유로운 유희' 개념을 환기하게 된다. 데리다는 종종 '자유로운 언어유희'에 내재하는 '전복적 효과'를 입증하는 뜻에서 '숙련공의 현란한 텍스트 퍼포먼스'를 펼쳐 보인다. 여기에서는 1980년대에 데리다를 다룬 영어권 학술 논문에서 유행했던 지루한 상투적 표현 몇 개를 상기하는 수준에서 이 기억을 떠올려보자.

'자유로운 언어유희'라는 말은 데리다의 것이 아니다. 순수한 자유나 유희는 없다는 것, 그리고 언어적인 것과 비언어적인 것의 구별은 전통적으로 생각해온 것보다 훨씬 더 복잡하고 기묘하다는 것이 전반적인 그의 논점이다. 내가 밝히고 싶은 바는 이렇다. 언어의 본성과 가능성에 대한 지속적이고도 깊은 관심에도 불구하고, 데리다의 이 관심에는 항상 선입견처럼 동반되는 것이 있다. 그것은 다양한 방식으로 환기되는 '언어의 타자'(FS 27), 즉 '언어를 넘어서 있으면서 언어를 소환해내는 것'(DO 123)으로서의 타자라는 관념이다.

그렇다고 해서 데리다의 글쓰기가 독창적이지 못하다는 뜻은 아니다. 오히려 그의 글쓰기는 '독창성을 재창조'(PIO 60)한다고 말할 정도로 지나치게 독창적이다. 그의 글쓰기는 '형식', '스타일', '내용' 전

멋대로 해라!

데리다는 '자유로운 언어유희'로 언어의 전복적 효과를 입증한, '현란한 텍스트 퍼포먼스 숙련공'이다. 실제로 그의 글쓰기는 그 형식과 스타일, 내용 전반에 걸쳐 아주 유별난 데가 있다. 데리다는 '규칙을 따르거나 규칙을 위반하며, 객체를 조작하는 주체의 활동을 넘어서는' '발본적인 방식의 유희를 생각'했다.

반에 걸쳐 아주 유별난 데가 있다. 이 세 가지는 데리다의 텍스트가 이 개념들의 이해 가능성과 이것들이 차지하는 지위에 체계적으로 의문을 제기하고 교란하는 용어들이다. 데리다의 '유희'는 결코 '단순한 놀이'(EO 69)가 아니다. 유희는 아이들의 장난을 넘어선다. 그 놀이의 방식을 아이들은 이해할 수 없으며, '상당한 위험성'이 내포되어 있다는 뜻이다. 데리다는 '발본적인 방식의 유희를 생각'하는 것이다. 그 방식은 '규칙을 따르거나 규칙을 위반하며, 객체를 조작하는 주체의 활동을 넘어서는 것'이다.(EO 69) 그 저작의 독창성은 언어를 '단지' 인간의 것으로만 생각하지 않을 것, 그리고 '인간과 동물의 선험적 이항 대립 위에 독창성의 가치를 두지' 않을 것을 요청한다.(PIO 64 ; 또한 ATED 134를 보라.)

프랑스어를 영어로 옮기면 그 이상의 뜻을 내포할 때가 있는데, '유희'와 '주다' 두 가지 의미를 모두 포함하는 프랑스어 단어 jeu가 바로 그런 경우이다. 데리다의 '유희' 개념을 이해하려면, 우선 다음과 같은 점을 염두에 두어야 한다.

그것은 단순한 놀이의 의미로서만이 아니라, 어떤 기계장치의 부품들 사이에서처럼 구동과 절합, 다시 말해서 잘된 것이든 못된 것이든지 간에, 역사를 허용하는 놀이의 의미가 들어 있다. 이러한 유희는 때로는 기계가 정상적으로 작동하게 만들기도 하지만, 때로는 똑같은 단어임에도 불구하고 그것이 너무 느슨하고, 엄격하지도 않으며, 변칙 혹은 병리적 기능장애의 원인이 되는 절합을 지칭하기도 한다.(TSICL 64)

데리다가 출세작이 된 「인문과학 담론에서 구조, 기호, 유희」 (1966)의 말미에서 언급했던 것처럼, '유희'는 '현전의 붕괴이다.' '안전장치가 없는 것'(SSP 292)이 유희이다. 그래서 만약 '언어를 가지고 유희하는' 데리다의 모습을 생각하고 싶다면, 명백하게 확연히 낯선 방식으로서 그것을 이해해야 한다. '언어를 가지고 유희한다'는 것은 결코 단순히 '언어를 가지고 유희한다'는 것이 아니다.(LO 80) 『그라마톨로지에 관하여』에서, 데리다는 이렇게 주장한다. '(로고스 중심주의는) 항상 괄호 속에, 지연된 채로, 본질적 근거 때문에 은폐된 채로, 글쓰기의 기원과 지위에 대한 모든 자유로운 성찰 속에 자리한다.'(OG 43) 그렇게 함으로써, 그는 그러한 '자유로운 성찰이 어떻게 보이는지의 문제를 제기한다. 우리가 '멋대로 해라'는 말을 열심히 읽고 있을 때에도 그럴까?

데리다의 가장 큰 관심사는, 그의 말마따나, 변형하는 것, 즉 '(프랑스) 언어에 어떤 일이 일어나게 만드는 것'(MO 51)이다. 그렇다면, 번역이라든가 그 저작의 영어권 수용 및 독해라는 것은 영어에 어떤 일이 일어나게 만드는 일과 관계가 있다. 데리다의 저작은 '언어를 바꿈으로써, 언어 이상의 것을 바꾸는'(TSICL 55) 텍스트들을 읽고 싶게 만들며, 그런 텍스트를 쓰고 싶다는 혁명적 욕망을 구현하고 소통시킨다. 그러나 동시에 기억과 전통을 보존하고 싶은 욕망을 구현하고 소통시키기도 한다. 그러므로 '자유로운 언어유희'를 기대하며 데리다의 저작에 접근하는 사람의 한편에는, 그 반대의 경우도 있다는 사실을 명심해야 한다. 데리다는 '나는 문법적 오류를 혐오한다.'(TS 43)고 과감히 주장하는 사람이다. 어떤 면에서는 가장 '언어적 유희로 충만한' 것처럼 보이는 저작인 『조종弔鐘·Glas』에 대해서 조차 거기에 '단 하나의 말장난pun도'(Pro 17) 포함되지 않다고 주장 하는 사람이 데리다이다. 진심으로 프랑스어의 후견인이 되기를, 또 한 '최후의 상속인이자, 최종적 변호인이며 범례 제공자'(MO 47)가 되기를 꿈꾸는 사람이 데리다인 것이다.

신계몽주의

데리다의 저작을 배경으로 보면, '멋대로 해라'는 말은 민주주의에 대 한 사유와 연결될 수 있다.(혹은 프랑스어에서 libere라는 말은 약간은 추 문에 가까운 서술로서, '너 자신과 다른 사람들을 자유롭게 해줘'라는 뜻이 있다. OH 60을 보라.) 짐작했을 테지만, '멋대로 해라'라는 말은 법에 관계됐을 때에만 의미가 있다. 역설적이고 해체적 관계일지라도 말이 다. 저작을 추진하는 데리다의 욕망은 '철학을 공적인 '원인'에 결부 시킨다는 점에서, 정치학의 용어로 보편화된 모델인 공화제적 민주정 치'를 향한다.(FK 8)

데리다의 표현에 따르자면, 자신은 신계몽주의와 연관된 사람으로 유럽의 계몽주의와 철학자 칸트Immanuel Kant(1724~1804)와의 관련성 을 망각하지 않는다는 것이다. 그럼에도 보폭이나 걸음걸이가 칸트와 구별되기 때문에, 그 운동이나 과정, '행동거지bearing'(데리다의 표현으 로는 술책démarche : AT 60을 보라.) 또한 다르다는 것을 인정해야 한다. 데리다의 글쓰기에는, 그 논조며 '어조'에 묵시록적인 데가 있다. 더 자세히 말해서, 데리다의 묵시주의는 이른바 묵시적 담론 구조에서 언제나 이미 발생했던 어긋남을 폭로하는 데 목적을 둔다. 더 구체적인 사례로는 프랜시스 후쿠야마Francis Fukuyama의 저서 『역사의 종말 The End of History』(1992)을 꼼꼼하게 읽는, 『마르크스의 유령들』(SM)을 생각해볼 수 있다.

몽매주의가 문제인 것이 아니라, 왜 그런지는 알 수 없지만 더욱 밝은 빛이 문제이다. 1980년에 강의한 내용을 담은 유명한 에세이 「묵시록의 어조에 관하여Of and Apocalyptic Tone」에서 데리다는 다음과 같이 적는다.

오늘날에 비춰 봤을 때 이러한 〔영화의 시조인〕 뤼미에르(예컨대 칸트 따위)의 후예가 되지 않기는 정말 어렵다. 계몽 없이는 살 수도 없고 견디지도 못한다. 이게 우리의 숙명이고 법이다. 다시 말해서 계몽이란 깨어 있음을 향한, 그것도 아주 또렷한 각성을 향한 알 수 없는 욕망이며, 설명하고 비판하고 진리를 밝히는 것을 향한 욕망이다. 하지만 동시에 그 진리에는 약간의 묵시적 욕망이 포함되어 있다. 모든 신비를 제거하려는, 혹은 묵시적 담론 자체를 해체하려는 욕망이 투명함과 까발림을 향한 이 시대의 욕망으로 표현된 것이다. 그와 함께 생각할 수 있는 모든 것이 가시화된다. 종말이, 신의 현현이, 예수의 재림parousia('현전' 혹은 '도착'이라는 뜻의 고대 그리스어, 특히 예수의 재림 혹은 2차 강림을 뜻한다.)이, 최후의 심판이 임박한 것이다.(AT 51)

데리다는 이런 식으로 '계몽적 스타일의 단순무식한 진보주의적 탈신비화'(AT 60)에서 해체론을 떼어내어 구별하려 한다. 그는 고정되고 한정된 목표나 목적을 동반하는 '진보'라는 목적론적 관념, 즉 '종말' '목표' '목적'을 뜻하는 고대 그리스어인 텔로스telos를 향하는 모든 종류의 사유에 의문을 제기하며, 이 관념을 교란하고자 한다. 그가 다른 데서도 말했듯이, '목적론Teleology이란 아직 오지 않은 것으로 간주되어야 할 형식을 앞질러 알게 되는 방식이므로, 근본적으로 미래를 부정하는 생각이다.'(TS 20)

해체론에 대한 신앙

해체론은 이와 반대로 '종말을 전제하지 않는 이상한 전략(O 7)을 구사한다. 그것은 현전의 본성에 대해, 그리고 '끝'이 의미하는 바에 대해 독단적 가설을 만들어내는 모든 종류의 종교적 · 정치적 담론에 비판적으로 문제를 제기하라고 독려한다. 데리다가 관계하는 신계몽주의는 그러므로, 범인의 것도 속세의 것도 아닌 '예컨대 종교적 독단론이나 정통 혹은 권위, 다시 말해서 신앙이 아니라 억견臆見 · doxa이나 신념의 통제를 받는 모든 외적인 권력에서 해방된, 공적 공간의 계몽된 미덕'에 대한 긍정이다.(FK 8)

데리다의 관심은 신앙에 대한 발본적 사유에 있지만, '신앙이라고 해서 언제나 종교나 신학과 동일시되는 것은 아니(FK 8)'라고 강조한다. 특이하게도 그는 스스로 '언어에 대한 신앙'(MO 85)이라 했던 것의 본성과 그 효과에 관심이 많다. 이처럼 기묘한 충성심은 '위증, 거짓말 혹은 배신'을 다루는 경우에조차 전제되어 있다. 그의 말처럼, '언어를 믿지 않고는, 그것을 믿게 만들지 않고는 거짓말도 불가능하다.'(MO 85)(거짓말, 위증 등등의 개념의 중요성에 대해서는 Dem이나 WA를 보라.)

진실을 말하든 거짓을 말하든지 간에, 언어는 이미 그 사람에 대한 믿음을 보증한다. 우리가 말하는 모든 것에는 끈질기게 따라붙는 신앙이, 그 기묘한 약속의 구조가 있다. 언제나 그랬듯이 데리다에게 그것은 '언어란 말하는 존재(혹은 주체)의 통제를 받는 도구가 아니'(M 96)라는 사실을 계산에 넣어야 하는 문제이다. 우리가 약속을 하는 것이 아니라 오히려 약속이 '우리'를 만든다. 그는 '우리가 입을 여는 순간부터 약속은 불가피하다.'(M 98)는 생각에 사로잡혀 있다. 다시 말해서 '약속을 하지 않는 발언은 없다는 것, '미래에 대한 투신'(M 97)을 수반하지 않는 발언은 없다는 것이다. 이 약속이라는 관념은 모든 전통적인 정치나 종교를 앞지르며 초과하는 새로운 자유 사상과 관계가 있다. 그것은 '반란을 꾀하는 긍정의 힘', 즉 '해방이라는 말' 자체에서의 해방에 대한 약속이다. 이때 '해방이라는 말' 자체는 "인격', '자아', 심지어 자기동일성을 지칭하는 '육체' 등의 가치에 지배되는, 이른바 정치적 의미로 등재된 내용'을 가리킨다.(V 163)

'멋대로 해라.' 데리다의 저작을 압축하는 경구처럼 보이는 이 말은, 독특한 관점의 묵시록적이며 메시아적인 측면에 대한 사유를 포함한다. 그의 저작은 묵시록적이다. 여기에서 '묵시록apocalypse'의 어원을 상기해야 한다. 고대 그리스어에서 그것은 '가면 벗기기' 혹은 '계시'라는 뜻이다. 하지만 데리다의 저작은 종말이나 목표, 목적 등에 의문을 제기한다는 점에서 묵시록주의apocalypticism이며, 어떠한 최종적 계시에도 경계를 늦추지 않는 묵시록주의이다. 사실상 그것은 '베일에 가려진 형상에, 아니 베일이라는 형상 자체와 영원히 부합하지 않는'(MO 73) 묵시록주의이다. 나중에 서술하겠지만, 여기에는 비밀이나 은밀 개념에 대한 색다른 생각이 담겨 있다.

이와 관련하여 데리다의 저작은 메시아적이긴 하지만, 그것은 '종교 없는 메시아주의, 심지어 메시아주의 없어도 메시아적인 것'(SM 59)이다. 이러한 메시아적 성격은 약속에, 즉 만사를 돋보이게 하는 '긍정의 전복적 힘'과 관계있다. 그것은 마르크스주의는 물론 마르크스주의가 비판하는 종교까지도 모두 한꺼번에 '추월하고' '선행하는' '형식적 약속의 구조'와 관련된다.(SM 59) 여기에서 이러한 약속이라는 관념이 해체적인 것은 아니라는 데 주목해야 한다. 오히려 그것은 해체를 가능하게 만든다. 데리다의 진술처럼, '어떠한 해체로도 환원되지 않는 것, 해체의 가능성만 있고 해체불가능한 채로 남아 있는 것, 그것이 아마도 해방의 약속에 대한 확실한 경험일 것이다.'(SM 59)

여기서 '해방'이라는 말은 강탈을 의미하는 단어의 어원적 위력과 함께 이해되는 게 좋다. 영어 단어 '해방'emancipation의 라틴어 어원은 ēmancipāre인데, ē는 '~에서부터'라는 뜻이고, mancipāre는 '소유물을 옮기다'라는 뜻이다. 그러한 약속에 선행하는 사람, 즉 약속하는 사람이나 약속을 받는 사람, 다시 말해 주체나 메시아는 없다. 이러한 약속은 말하자면 모든 소유 행위나 절도 행위에 앞선 해방을 드러낸다.

온다

해체론은, 그 어조에서, 아니면 그 어조를 주의 깊게 들어보면 다른 '계몽적 사유'와 구별된다는 것을 알 수 있다. 데리다의 모든 저작 중에서 가장 놀라운 구절은, 묵시록적 어조에 관해 쓴 에세이 말미(AT 62-7)에 있는 '온다come'이라는 단어에 대한 숙고 속에 있다. 여기서 그는 세례요한의 계시록에 나오는 '온다'라는 단어의 의미를 탐색한다. 성서의 마지막 권에서 '온다'라는 단어는 '오고 있다'는 뜻을 유지하며, 동시에 '들어오다' '돌아오다'라는 뜻을 포함한다. 왜 그런가? 우리는 그것을 어떻게 경청하고 이해해야만 하는가?

'이 모든 것을 말씀하신 분께서 선언하십니다. 내가 속히 가겠다 come quickly. 아멘. 주 예수여, 오소서come.'(계시록, 22 : 20, AT 64 참조) '온다'는 단어에 대한 데리다의 논의는 '만약 그것이 말이라고 한다면'(AT 62), 데리다의 지속적이고 근본적인 관심사인 목소리에 내재하는 유령성의 증거를 포함한다.

데리다를 평생 글writing에만 매달린 사람으로 간주하는 비평가나 독자들이 많다. 여기에는 광범위하게 유포되었지만 사실상 잘못된 관념이 개입되어 있다. 말하자면 데리다가 말을 글의 반대 의미로 사용한다는 관념이 그것이다. '음성 중심주의voice-centredness', 문자 그대로 목소리 중심, 목소리 중심주의 혹은 말 중심주의에 대한 온갖 호들갑은 결국 목소리와 말의 특권, 즉 글을 희생하여 발생한 '형이상학의 역사 전체'(SP 16)를 통해 일어났던 말의 특권에 대한 공격으로 귀결되는 것이 아닌가?

예컨대 『목소리와 현상』과 『그라마톨로지에 관하여』에서 데리다가장 자크 루소, 페르디낭 드 소쉬르Ferdinand de Saussure(1857~1913), 에드문트 후설, 클로드 레비 스트로스Claude Lévi-Strauss(1908~) 등의 음성 중심주의적 측면을 읽는 해체론적 독법을 제시한 것은 사실이다. 그는 '음성 중심주의라는 것이 존재 일반의 의미를 현재로 규정하는 역사적 유래와 합류'하게 되는 수많은 방식에 초점을 맞춘다.(OG 12) 그러나 데리다의 관심은 적어도 말이 글의 대립물이 아니라는 점에 있는 것이 아니다. 오히려 그는 '현재'의 '수수께끼적 측면'에 강조점을 둔다.(OG 70을 보라.) 그가 매혹된 곳은 오히려 '말과 글 사이에 있는 …… 이상한 공간인데, 그것은 '양자가 별개라고 믿는 우리들의 착각'(Diff 5), 그 '평온한 친숙성 저편에' 놓여 있다.

실제로 세미나와 강의나 원탁 토론 등에서 데리다의 말을 들었던 사람들은 잘 알겠지만, 데리다는 말하기를 즐기는 사람이다. 인터뷰에서도 그는 '글쓰기에서는 별 재미를' 느끼지 못하였으며, 심지어 '글쓰기에 대한 약간의 직접적 혐오감'이 있다고 고백한 적도 있다.(TNON 196) 그리고 이렇게 말한 적도 있다. '내가 글에만 관심이 있고 목소리에는 아무런 흥미도 느끼지 못한다고 성급하게 단정해버리는 사람들이 몇 있다. 분명히 말하건대, 그것은 사실이 아니다. 나는 목소리 속에 있는 글에, 즉 차이를 낳는 떨림differential vibration으로서의 목소리에 흥미가 있다.'(Dia 140)

묵시록적 어조에 관한 에세이 말미에 나오는 '온다'에 대한 숙고는 '차이를 낳는 떨림으로서의 목소리'라는 관념과 제대로 연관된다. '온다'라는 단어는 영어에서도 그렇지만 프랑스어 Viens에서도 성적인 분위기를 함축한다. 여기서 데리다가 성적인 희열 혹은 열락jouissance

의 특성을 '차이를 낳는 떨림'으로 나타낸다는 점을 상기하라. '이러한 '차이를 낳는 떨림'은 나에게 욕망에 반응하는 유일한 형식이며, 유일한 희열의 형식이다. …… 복수로 존재하지 않는, 차이를 낳지 않는 생생한 기쁨은 상상할 수조차 없다.'(Dia 137)

여기서 1985년 프랑스에서 처음 출간된 마리 프랑수아 플리사르 Marie-Françoise Plissart의 에로틱한 사진소설집 『시선의 권리Right of Inspection』에 관한 에세이에서 데리다가 환기한 도래coming와 그 약속 사이의 연관성을 상기할 수 있겠다. '즐거움이 비할 데 없는 정점에 도달하겠죠. 당신은 약속을 한 적come on a promise이 없나요? 다른 것을 즐겨본 적이 있나요?'(RI, n.p.)

이러한 관점에서 셰익스피어의 『안토니와 클레오파트라Anthony and Cleopatra』(1606~7)라든가 에밀리 브론테의 『폭풍의 언덕Wuthering Heights』(1847)처럼, 영어권에서 가장 낭만적이라고 꼽히는 텍스트들에서 '온다'라는 단어가 얼마나 강력하게 그리고 자주 등장하는지를 발견하는 것은 놀랄 일이 아니다. 예를 들어, 브론테의 작품에서 록우드가 목격했던 장면, 즉 죽은 것으로 추정되는 자신의 연인을 히스클리프가 불러내는 그 섬뜩한 장면을 생각해보라.

(히스클리프는) 침대로 올라가서 창을 비틀어 열고, 격정을 주체할 수 없었는지, 그만 울음을 터뜨렸다.

'들어와요Come in! 들어와come in!' 그는 흐느꼈다. '캐시, 제발 들어와요 do come, 아, 제발, 한 번만 더! 아! 그리운 그대, 이번만은 내 말을 들어 주오……!'(Brontë 1990, 23)

이 '온다'라는 단어는 시작부터 끝까지, 혹은 이렇게 말해도 좋다면, 시작도 하기 전부터, 그 유명한 영국 가수 케이트 부시Kate Bush의 노래에서 '돌아와come home'라는 추억의 억양이 더욱 자주 등장하는 것만큼이나 이 소설에 자주 등장한다. 사실상 이 소설은 거기에서 유래하는 것이다. 이 소설은 '온다'에 대한 응답인 것이다.

셰익스피어와 불가능의 경험

셰익스피어의 작품에서 '온다'라는 단어를 찾는 것은 별도의 책이 필요할 정도이다. 안토니와 클레오파트라가 삶의 종점에서 보이는 특유의 긍정에서도 그 소리를 들을 수 있을 것이다. '그러면 자Come then', '마치 사랑하는 이의 침대 곁으로 다가가듯이'(4. 15. 101) 자신의 칼 끝으로 달려들며 안토니는 최후를 맞을 준비를 한다. 조금 전에 그는 이렇게 말했다. '내가 가리라 come, 여왕이여 …… 나를 기다려주오/영혼들이 꽃밭에 누워 있는 그곳에서 우리 손을 맞잡고/흥겨운 피난처로 혼령들의 눈총을 받도록 합시다.'(4. 15. 50-2)

『노튼 셰익스피어The Norton Shakespeare』의 편집자들은 '흥겨운 피난처Sprightly port'라는 멋진 구절을 그냥 투박하고도 간단하게 '명랑한 자세cheerful stance'라고 번역했다. '흥겨운 피난처'라는 구절은 오래 머물 수 없는 그런 구절이다. 적어도 그것이 그 걸음걸이며 발걸음에서, 유령적인 면과 긍정적인 면을 다양하게 환기한다는 점은 조금 전에 언급했던 해체론의 '걸음걸이', '발걸음' 혹은 '거동'과는 물론이려니와, 『폭풍의 언덕』 전반에서 그 흔적을 찾아볼 수 있는 유령적

'걸음'과 명백한 친연성이 있다.

또한 클레오파트라는 자살을 준비하며 이렇게 말한다. '들리는 듯하구나,/안토니 장군께서 부르는 소리가, 그분이 몸을 일으키시는 것이 보이는 듯하구나,/나의 고귀한 행위를 칭찬해주시려고 …… /여보, 제가 갑니다 come.'(5. 2. 274-8) 그리고 독 오른 뱀을 들어 올려 키스하려는 순간, 그녀는 이렇게 말한다. '그래, 다 마쳤느냐?/그러면 와서Come then 내 입술에 남은 마지막 온기를 받아가거라'(5. 2. 281-2) 이 모든 경우에서 '오는 것come'은, 누구의 것도 아니며, 흥겹고도 유령적인 '온다라는 말을 걸더라도 아무도 아닌 사람에게, 혹은 그 장면에 없는 것은 아니지만 죽었다고 믿어지는 사람에게 말을 걸때 등장한다.

우리는 여기에서 셰익스피어와 데리다가 분명 '불가능'의 모티프를, 혹은 데리다가 『로미오와 줄리엣』에 관한 에세이에서 말했던 '불가능의 극장'을 서로 공유한다는 매혹적인 사실에 주목할 수 있다. 그것이 두 쌍의 연인들에게 다가올 때, 그것은 '결투'의 문제가 된다. '절대적으로 확실한 점은 …… 타자 앞에서 누군가 죽어야만 한다는 것이다.' 데리다는 말한다. '우리가 타자보다 더 오래 살아남는 것은 …… 불가능하다. 그것이 결투, 즉 모든 결투의 원칙이다. 그 장면이 타자와 우리의 관계에 대해 말할 수 있는 최대한의 공통점이면서 최소한의 진술 혹은 최대한 금지된 것이다'.

『로미오와 줄리엣』에 데리다가 흥미를 보이는 것은, 이 연극 속에서, 즉 '로미오와 줄리엣의 경험 속에서' '불가능한 일이 일어난다.'(AC 422)는 사실과 무관하지 않다. 『안토니와 클레오파트라』또한

1700년 무렵, 이탈리아 화가 피에트로 리치Pietro Ricci가 그린 〈클레오
파트라의 자살〉
셰익스피어의 작품에서 안토니와 클레오파트라는 삶의 종점에서도 특유의 긍정
을 드러낸다. 셰익스피어와 데리다는 '불가능'의 모티프를, 데리다의 표현대로
'불가능의 극장'을 공유한다. '절대적으로 확실한 점은 …… 타자 앞에서 누군가
죽어야만 한다는 것이다. 우리가 타자보다 더 오래 살아남는 것은 …… 불가능
하다. 그것이 결투, 모든 결투의 원칙이다.'

'두 사람이 모두 상대 타자보다 더 오래 살아남는'(422) 그런 연극이다. 그것은 '불가능의 경험'을 보여준다. 앞 장에서 정리했던 해체론의 정의를 떠올려보라. 〔불가능한 것의 경험!〕 여기에서 우리는 해체론과 문학 사이의 몇 가지 친연 관계를, 특히 해체론이 살모사 입과 같은 문학작품에 '적용'될 어떤 것이 아니라는 결정적 생각을 알아볼 차례이다. 유독성 치료제가 이미 문학작품 내부에서부터 작동하고 있다. 데리다가 말한 멋진 경구적 정식대로, '해체는 …… 문학과 잘 어울린다.'(Dec 9)

브론테와 불가능의 경험

묘하게 다르긴 해도, 이와 유사한 '경험'이 브론테의 『폭풍의 언덕』에서도 문제가 되는 것 같다. 그것은 아마도 서사적 시간의 혼란스런 뒤얽힘과 회고적 방식 때문일 것이다. 소설은 히스클리프를 처음 대면하고 '지금 막 돌아온' 록우드가, 히스클리프에 대한 직접적 인상을 현재 시제로 회상하며 시작된다. 하지만 이와 '동일한' 서사가 '아직도 새' 묘석으로 남은 히스클리프의 묘지를 록우드가 방문했다는 것을 과거 시제로 회상하며 끝난다.(Brontë 256)

만약 브론테의 소설이 불가능의 경험을 그린 것이라면, 그것은 이 소설이 지닌 몇 가지 특성과 관계있다. 서사 구조에서 드러나는 복잡하게 뒤얽힌 반복과 이름의 중복(텍스트 안쪽에서부터의 균열, 한쪽 캐서린의 죽음은 다른 캐서린의 탄생과 일치한다.), 캐서린과 히스클리프가 유령이나 망령(문자 그대로 '돌아온 자들')으로 살아가며 상대방보다 서로 더 오래 산다는 것이 그것이다. '시작'(이 말은 데리다의 용법에서 모든 시작이 그러하듯이, 이제 시작한다는 뜻이 아니라 자주 출몰해왔다는 뜻이다.)부터 이미 히스클리프는 일종의 유령인 것이다. 이 작품이 유발하는 오싹한 시간적 관점이나 전망에 비추어 볼 때, 그는 유령인 것이다. 힐리스 밀러J. Jillis Miller의 말마따나 이 소설을 읽는다는 것은 '무덤을 열고 유령이 일어서는, 다양한 부활 장면'에 참여하는 것이다.(Brontë 392 ; Miller 1982, 71을 보라.) 히스클리프는 그 이름 자체가 망령이라는 사실, 즉 '그것은 어려서 죽은 아들의 이름이었다.'(29)는 사실에 비춰 보아도 유령이다. 죽어서 매장된 이후에도 '마을 사람들은 …… 맹세코 그가 돌아다닌다고 말해'(255)는 것을 보더라도 그는 유령이다.

캐서린이 다른 남자인 에드거 린튼에게 청혼하는 것을 엿듣고, 히드클리프는 몇 년 동안 종적을 감춘다. 아무도 그가 어디 출신인지 아는 것 같지도 않은데, 그는 다시 지구상에서 확실히 사라진 것이다. 그런데 마치 죽은 사람이 살아나듯, 그는 다시 돌아온다. '반가움'보다는 '무서운 재앙'을 암시하는 얼굴로, 캐서린은 남편인 에드거에게 이렇게 말한다. '히스클리프가 돌아왔어요. 그가 말이에요!'(73) 연인 가운데 한 사람은 다른 사람보다 더 오래 산다. 히스클리프는 이미 자신보다 명백히 더 오래 산 캐서린보다 더 오래 살게 된다. 죽음에 직면해서, '정신착란'으로 극히 광적인 상태에서도, 캐서린은 알고 있었다. '도래coming'가 문제라는 것을. 다시 말해서 문제는 유령을 불러낸다는 것, 그리고 자신이 유령이 된다는 것이다. 그녀는 드러시크로스 저택에서 자기 방의 창문을 열어젖히고, 황야를 가로질러 히드클리프가 있다고 믿어지는 집을 향해 '안개 자욱한 어둠'을 응시하고 있었다. 그녀의 '광기'는 이를 증언하는 서술자 넬리 딘에 의해서 정신적으로 기재되고, 기록되고, 생명력을 얻는다. 이런 점에서 우리는 이미 브론테의 소설에서도 데리다가 말하는 '목소리 속의 글', 즉 '차이를 낳는 떨림'의 파괴적 효과를 목격할 수 있다. '불러들임call to come'은 데리다가 다른 곳에서 말하듯이 '복수의 목소리들 사이에서만 발생한다.'(PIO 62)

이 모든 일은 미친 듯한 서술 대본에서 발생한다. 이상하게 부재하면서도 유령적으로 생존하는 에밀리 브론테의 목소리 안에, 그것도 록우드의 일기장 속에 있는, 죽은 캐서린의 목소리를 전달하는 넬리 딘의 목소리에는 목소리들의 광란이 들어 있다. 캐서린의 광기는 워더링 하이츠에서 하인 조지프의 다락방 창문으로 촛불이 '비치는' 환각을 낳게 된다.

'저기 봐!' 하고 그녀는 열에 들떠 외쳤습니다. '…… 조지프는 언제나 늦게까지 깨어 있지? 그는 내가 돌아오면 대문을 잠그려고 기다리고 있는 거야. 그를 좀 더 기다리게 하지 뭐. 길은 험하고, 그 길을 걸어가노라면 슬픈 생각이 들어. 게다가 그 길을 가려면 기머튼 교회를 지나가지 않으면 안 되지. 우리는 툭하면 유령 같은 것은 무섭지 않다고, 그곳의 무덤 한가운데에 서서 유령을 불러내보지 않겠느냐고 말했었지. 그런데 히스클리프, 지금 내가 해보라고 요구하면 당신은 해낼 수 있겠어? 당신이 간다면 나도 같이 가겠어. 나 혼자 여기 누워 있는 건 정말 싫어. 열 두 자 깊이에 나를 묻고 교회를 그 위에 얹어준대도 당신이 옆에 오기 전까지는

나는 편안히 잠들지 못할 거야.'

그녀는 잠시 말을 끊었다가 이상스러운 웃음을 띠고 계속 말했습니다. '그는 이렇게 생각하고 있을 거야. 내가 와줬으면 좋겠다고! 그렇다면 저 교회를 통하지 않고 가는 길을 찾아봐요.'(Brontë 98)

브론테의 소설은 유희한다. 이것은 가장 진지한 유희, 즉 앞서 말한 '주다give'의 의미를 포함하는 유희다. 그것은 저자나 주인공의 의도에 초점을 맞추라고 요구하지 않는 유희며, 글을 쓰고 말을 하는 주체를 매개하지 않고, 오히려 그보다 선행하는 언어의 구조에 '속하는' 유희 혹은 자유이다. 특별히 여기에서 우리는 그 소설이 다가오는 '모험venture'(라틴어 동사 venīre에서 유래)의 어원으로 유희를 한다고 말할 수 있다. 모험은 다가오는 것이지만, 무엇보다도 그것은 과감히, 감히 오거나 가며, 위험을 감수하는 것이다. 모험을 한다는 것은 위험('모험'의 옛 의미의 하나로는 '위험' 혹은 '우연'이 있다.)의 의미와, 그리고 수행의 의미와 불가결하게 결부되어 있다. 도전하고 감행한다는 것은, 앞서 했던 논의를 상기하자면, 이른바 행위수행적 언어행위의 사례이다. '그런데 히스클리프, 지금 내가 해보라고 요구하면 당신은 해낼 수 있겠어?' 캐서린의 말은 그 자체가 모험이다. 그것은 그 자체로 일종의 광기 수행적 모험이다. 당신이 내게 올 것인가 아니면 내가 당신에게 갈 것인가? 이러한 감행의 수신자는 명백히 현전하지 않는다. 그것은 유령적 수행이며, 집도 없는, 어둠 속에서의 수행이다.

그러나 우리가 생각하게 되는 것, 즉 '내가 와줬으면 좋겠다고!' 히

로렌스 올리비에와 멜르 오베론이 주연을 맡아 고전의 반열에 오른 윌리엄 와일러 감독의 1939년작 〈폭풍의 언덕〉

그는 이렇게 생각하고 있을 거야. 내가 와줬으면 좋겠다고! 그렇다면 저 교회를 통하지 않고 가는 길을 찾아봐요."

『폭풍의 언덕』과 『안토니와 클레오파트라』에는 둘 다 '온다come'라는 일종의 유령의 글 혹은 유령 문자가 있다. 이 '온다'는 최소한 두 겹의 목소리로 된 육체가 없는 '온다'이다. 그래서 그 원천은 히스클리프와 클레오파트라가 아닌 캐서린과 안토니의 입이 된다.

드클리프가 생각한다는 캐서린의 생각은, 그녀가 말을 끊었다가 다시 계속하고, 게다가 '이상스러운 웃음'을 띠는 것으로 보아서 미친 상태에서 나온 것이다. '온다는 것come' 이 말은 무슨 뜻일까? 우리는 이 말을 어떻게 읽고 어떻게 들어야 하는가? 애초부터 '오는 것'이란 없다는 것을, 유령이 없으면 '오는 것'도 없다는 것을 아는데, 그 유령이 지나다니지 않는 길을 찾아보라니. 이 소설은 모험하는 것처럼 보인다. 왜냐하면 이 소설 자체가 유령이며, 통째로 유령의 도래이기 때문이다. 데리다의 말처럼, '유령을 소환하는 것, 예컨대 그에게 호소하는 것은 틀림없이 가능하다. …… 모든 "꾀어 들임come hither"의 근원 혹은 결말에는 어떤 망령이, 회귀하는 어떤 것이 있을 수 있다.'(DA 535)

『폭풍의 언덕』에서 이 구절의 광기를 부분적으로 우리는 '텔레파시'라고도 한다. 캐서린의 '이상스러운 미소'는 무언가를 안다는 것 같다. 그녀는 분명 자신이 생각하고, 소망하고, 청원하고, 명령하는 바를 '들을' 수 있다. 이 '오는 것come'이 어디에서 오는 것인지, 그리고 어느 것이 소망이고 어느 것이 명령인지, 비록 그것이 (데리다의 용어로) '현재 소통하는 의미로의 인용'(AT 65)인지 어떤지는 말할 도리가 없지만, 하여간 그것은 '오는 것come'을 작동시킨다. 그러나 이러한 '불가능의 경험'(텔레파시의 '옴')은 이 소설과 관계있다. 알다시피, 불가능은 일어난다. "'들어와요Come in! 들어와come in!'" 그는 흐느꼈다. "캐시, 제발 들어와요do come, 아, 제발—한 번만 더! 아! 그리운 그대, 이번만은 내 말을 들어주오……!'"(23) '들어오라', '한 번만 더' 오라. 이 '오는 것'은 어디에서 오는 것이고 어디에 머무는가?

겁먹음

『폭풍의 언덕』과 『안토니와 클레오파트라』 양쪽 다 '온다come'라고 하는 일종의 유령의 글 혹은 유령 문자가 있는 것 같다. 어떤 '온다는 타자를 불러낸다. 타자의 죽음을 분명히 알면서도 타자의 옴을 요구하는 것이다. 그 '온다는 최소한 두 겹의 목소리로 되어 있으며, 일종의 차이를 내포하며, 육체가 없는 '온다라서, 그 원천은 더 이상 히스클리프의 입이 아니라 캐서린의 입(또는 셰익스피어의 연극에서는 더이상 클레오파트라의 입이 아니라 안토니의 입)이 된다.

데리다가 '당연하게도 철학적인, 교수법상의 혹은 교육상의 논증이라는 척도에 맞지도 않고, 혹은 그 처분에도 맡길 수도 없는 어조의 유령 문자, 혹은 그 어조의 변화라고 설명하는 것이 있다. 복수의 목소리라든가 목소리-내-차이(여기에서는 유령성과 활기, 서사적 착란과 텔레파시로써 그것을 환기하려 했다.)가 내는 특이한 효과 중에서도, 이러한 문학작품들이 데리다가 묵시록적 어조에 관한 에세이 말미에서 찾아낸, 혹은 도움을 받으려 하는, 어떤 것을 들을 수 있게 해준다.

데리다는 '오는 것'이 긍정적이라고 말한다.

> 이러한 긍정적 어조로 본다면, '오는 것'은 표기 그 자체이지 욕망도 명령도 아니며, 기원이나 청원도 아니다. 더 정확히 말해서, '오는 것'을 결정하는 문법적·언어학적·의미론적 범주들은 바로 그 '오는 것'의 저항을 받는다.(AT 65)

'오는 것'이란 '앞질러서 사건을 불러내는' 것, 즉 '모든 사건이 비롯하는 출발 지점'(64)이다. 그것은 '묵시록 중의 묵시록'(66)을 공표한다는 점에서 묵시록적이다. '복수성 그 자체' 그리고 '그 자체로', '오는 것'은 '메시지도 없이, 목적지도 없이 전달된다.'(66) 이러한 유령적 '옴'은 공포의 대상인 동시에 욕망의 대상이며, 죽음이며 열락이기도 하다. 그것은 범주화에 저항하며, 정착을 모른다. 데리다의 진술을 들어보자.

　　'오는 것'은 모든 명령 혹은 욕망 그 자체에 '앞서기'보다는, 그것도 일단은 명령·욕망·요구 등이기에 오히려 모든 논리적·문법적 명령이라든가 욕망의 범주들에 '앞서는' 것이다. 그것들은 서양의 문법과 논리로 결정되어온 것이며, 따라서 이렇게 말할 수 있다. 이러한 범주(들 중 하나에 속하는) '오는 것'은 …… 이러한 범주화에 저항하는 '오는 것'이다. 이 말은 '오는 것'이 욕망이나 명령에 낯설다는 뜻이 아니다. 욕망, 명령, 강요, 요구, 필요 등은 '오는 것'에 관련하여 부당하게 도출된 개념적 대립자들이다.(Dia 150)

데리다의 '오는 것'이 환기하는 것 가운데서 가장 놀라운 것은, 1983년의 한 인터뷰에서 말했던 것처럼, '모든 것은 열려 있으며, 아직도 사유 중이다.'는 의미다. 그것은 '아주 단순한 문장 하나, 단어 하나, 음색 하나까지 진동하게 만들' 수 있는 것과 관련되어 있다.(U 131) 멋대로 해라. 멋대로 하라는 것, 존재의 자유는 '존재 저편에서' 오는 것이다. 『폭풍의 언덕』에서 캐서린은 또 다른 구절에서 '오는 것'에 대해서 말했는데, 그것은 '비할 데 없는 저편'이다.(Brontë 124를 보라.)

묵시록적 어조에 관한 에세이에서 말했듯이, '오는 것'이란 데리다가 다른 데에서 말했던 '그래yes'에 상응한다. 제임스 조이스의 『율리시스』(1922)에 관한 에세이에서, 그는 '그래yes의 문제'를 언급한다. 그것은 '자신이 생각하고, 쓰고, 가르치고, 읽고자 하는 모든 것을 동원하고(있으며) 관통하(고 있)는 그런 것'(UG 287)이다. 그래, 멋대로 하라고. 이 에세이에서 데리다는 조이스의 작품에서 '그래'라는 것의 '차이를 낳는 떨림'에 대한 확장된 분석을 제공한다. 이 분석은 '오는 것'과 마찬가지로 일종의 긍정인 '그래'의 관념을 상세히 설명한 것으로, 이 분석에 따르면 그래라는 것은 "본질"에 대한 질문보다 더 '오래된' 것이며, 지식보다 더 오래된 것'(UG 296)이다.

정치와 문학

이제 정치와 문학에 관련된 간략한 진술로 이 장을 마치려 한다. 이 장에서 나는 두 가지 화제 혹은 질문의 연결점을 탐색하고자 했다. 데리다의 작업은 또한 그가 말하는 도래할 민주주의에 열정적으로 참여하는 것이다. 많고 많은 정치인들의 상투적 진술에도 불구하고, 민주주의는 언제나 하나의 약속이다. 완전히 최종적으로 도달해야 할 목적지는 없다. 데리다가 보기에 그 점을 이해하지 못한 것이 마르크스주의의, 혹은 적어도 어떤 마르크스주의의 치명적 실수이다. 사실 데리다는 마르크스주의에서 간단히 단절되지 않았다. 오히려 그의 저서 『마르크스의 유령들』은 '새로운 인터내셔널'에 대한 색다른 요청이다. 그는 '마르크스의 저서 『자본*Capital*』뿐 아니라, 자본 일반을 읽고 분석하는 또 다른 방식을 만들어내는 새로운 문화의 필요성'(OH 56)을 긍정한다.

데리다의 관점에서, 마르크스주의의 잘못은 '약속the promise을 존중해야만 하는 해방의 종말론을 특정한 약속a promise의 성취와 정령 숭배적으로 합체시킨 데'(SM 105) 있다. 데리다는 약속이라는 것을 민주주의 및 정의와 동일시하는데, 이는 '모든 현재적 삶을 넘어서, 이미 '나, 지금'이라고 말할 수 있는 모든 살아 있는 존재를 넘어서'(DA 546) 있는 미래에 참여하는 것이다. '무한한 약속'이 그것이다.(TSICL 38)(해체론, 민주주의, 정의의 연관성은 9장에서 충분히 논의된다.)

도래할 민주주의의 약속은 그래yes의 경험, 즉 '긍정의 반항적 힘', '멋대로 해라', '오는 것'의 경험과 긴밀하게 얽혀 있다. 그것은 또한 내가 해명하려 했던 문학의 문제, 특히 '불가능의 경험'과 연관된 문제와 밀접하게 관계있다. '문학이라 불리는 이상한 제도'(데리다의 구절. TSICL을 보라.)는 '멋대로 해라'처럼 법과 자유 양쪽의 구속을 모두 받는다. 그의 말마따나 '문학의 가능성은 사회에 관련된 혐의나 공포를 완화하고자 사회가 문학에 부여한 정당화로서, 문학은 정치적으로는 모든 독단론을 불신하고, 모든 전제를, 심지어 책임의 윤리나 책임의 정치에 깔려 있는 전제조차 분석하여 어떠한 문제라도 제기할 수 있는 무제한의 권리를 부여받는다.'(POO 23) 문학은 '말의 자유' 및 '생각의 자유'와 불가분하게 연결되어 있다.(OH 50 참조) 살만 루시디Salman Rushdie는 이렇게 말했다. '문학은 어떤 사회에서든지 내 머릿속의 비밀 장소 안에서 있을 수 있는 모든 가능한 방식으로 무엇이든지 말하는 목소리를 들을 수 있는 유일한 장소이다.'(Rushdie 1991, 429) 루시디가 다른 사람보다 더 잘 알겠지만, 이처럼 멋대로 할 가능성, 멋대로 무엇이든 말할 수 있는 가능성과 밀접하게 관련된 것은 위반, 다시 말해서 '규칙에서 도망치고' 혹은 '규칙에 반항하고' 싶은 욕망이나 경향, 혹은 그러한 능력이다.(TSICL 36-7을 보라.) 데리다는 이를 다음과 같이 묘사한다.

서양에서 문학이라는 제도는, 특히 근대적 형식의 경우, 모든 것을 말할 권리의 부여와 연결되어 있으며, 그것은 또한 의심할 바 없이 근대 민주주의의 이념에 근접한 것이다. 그것은 장소의 민주주의에 의존하는 것뿐 아니라, 나로서는 최대한 열린 민주주의라는 (의심할 바 없이 도래할) 의미에서 민주주의의 요청과도 분리될 수 없는 것 같다.(TSICL 37)

루시디는 문학의 특징으로 '장소'를 말한다. 나는 그렇게 생각하지 않는다. 차라리 문학은 모든 '장소' 감각을 문제 삼는, 어떤 장소 이탈의 경험이라고 생각하는 것이 더욱 정확할 것 같다. 이것이 내가 '오는 것'과 관련하여 환기시키려고 애썼던 것, 즉 '오는 것'에는 '근원'도 없으며, '발신자나 결정적인 수신자'(AT 66)의 정체도 없다는 점이다. 문학에는 한정된 의미나 정착 지점이 없다. 특별히 비평적 방식이나 생산적 방식에 한해서 '한정된 의미'와 '정착 지점'의 탐색을 허용하긴 하지만 말이다. 문학작품에는 결코 휴식이 없다. 그것은 소속도 없다. 문학에는 돌아갈 집이 없다. 그것은 이상한 방랑자, 이상한 자유인이다.

05

대리보충

저 위험천만한 대리보충이…

데리다에게는 중심 개념이 없다, 아니 핵심 개념만 있다. 이것이 우리의 출발점 가운데 하나였다. 이러한 역설은 대리보충 개념에서 가장 명확히 예시될 수 있을 것이다. 대리보충 개념은 그의 저작 전반에 걸쳐 명확히 드러나지만, 그 유명한 장 자크 루소의 저작을 독해한 부분에서 가장 간단명료하게 명시된다.

특히 『그라마톨로지에 관하여』에서 '… 저 위험천만한 대리보충이 That Dangerous Supplement…'라는 제목을 붙인 절(OG 141-64)에서. 앞으로 나는 『그라마톨로지에 관하여』의 바로 이 절에 초점을 맞출 텐데, 그것은 대리보충 개념을 간략히 소개하고, 문학이나 기타 영역에서 대리보충이 작동하는 몇 가지 방식을 암시하기 위해서다.

점 세 개

『그라마톨로지에 관하여』에서 이 절의 이른바 '본토' 프랑스어판 제목은 "ce dangereux supplément…"이다. '저That'라는 말은 대리보충을 저만치, 거리를 두고 놓아둔다. '이this'라는 것은 대리보충을 집 가까이로 데려온다. 집에서 대리보충은 사실상 그 외지성이나 무소속에 속해 있는 것이다. 대리보충은 지금 여기에, 바로 이 문장 속에, 바로 이 구절 속에 존재한다. 제목 구절, 즉 '저 위험천만한 대리보충이'는 물론 인용 부호 속에 존재한다. 이 대목은 루소의 저작에서 인용되었다. 다시 이 제목의 형식을 보면, 이것은 대리보충 '자체'의 흥미로운 특성에 대한 몇 가지 사전 경고를 제시한다. 데리다의 에세이는 다른 사람이나 다른 텍스트에서 끌어온 제목으로 제 자신을 보충한다. 앞으로 더 분명해지기를 바라지만, 언제나 제목이 일종의 대리보충으로 기능한다.

이때 말줄임표인 점 세 개…는 외견상 아무런 문제도 없는 것처럼 보인다. 프랑스어판본에서는 제목의 끝에 점 세 개가 붙어 있다.(ce dangereux supplément…) 영어 번역본에는 첫 부분에도 세 개의 점이 똑같이 찍혀 있다.(…That Dangerous Supplement…) 첫 부분에 점 세 개(혹은 말줄임표)를 덧붙임으로써, 영어판본 번역자 스피박Gayatri Chakravorty Spivak은 프랑스어판본을 보충하고 있는 것이다. 이런 식으로 스피박은 화려함이 덜한 프랑스어판본이 이미 암시하는 것, 즉 '… 저 위험천만한 대리보충이…'라는 제목의 에세이가 더 큰 텍스트의 일부분이라는 사실, 또한 그 앞에 뭔가(보충하고 있는 어떤 것)가 있을 뿐 아니라, 그 뒤에도 뭔가(보충을 필요로 하는 어떤 것)가 더 있다는 사실의 암시를 효과적으로 강조한다. 충직하면서도 불경스런 스피박의 번역은, 말줄임표의 의미 파악이나 가독성 여부가 문맥에 따라 결정될 뿐 아니라, 동시에 텍스트나 담론들 사이의 경계 지점의 넓이 문제에 달렸음을 강조한다.

이러한 불확실성은 관습적으로 정의되는 '말줄임표'(혹은 '점 세 개')의 이중적 의미 속에 새겨진 결정불가능성이나 모호성에서 분명해진다. 사전에서는 말줄임표를, '말은 빠져 있고 단지 내포만 된 통사적 수사법(문법) ; 말줄임을 표시하는 부호(인쇄 부호)'라고 정의한다.(*Chambers Dictionary*) '말줄임ellipsis'이라는 말은 데리다가 다른 문맥에서 명명했던 '생략된elliptical 본질'(ELL 296)을 포함한다. 말은 '빠져 있는' 것일까, 아닐까? '빠져 있다'는 것은 '단지 내포만 되어 있다는 것과 같은 뜻인가? '빠져 있는' 것이 어떻게 '부호'가 될 수 있단 말인가? 무엇이 말줄임표나 '점 세 개'인가? 어떻게 보면 단일 에세이치고 가장 유명한 데리다의 에세이 혹은 책의 발췌문이라 할 수 있는 「… 저 위험천만한 대리보충이 …」가 무엇보다도 점 세 개의 중요성과 그 효과에 관한 심오한 고찰이 아닐까 싶다. 점 세 개(묘하게도 단수이면서 복수인 명사)는 언제나 대리보충의 논리를 의미한다.

대리보충이란 무엇인가?

대리보충이란 보완을 위해 어떤 것이 부가된 것, 그리고 단지 '외부적인extra'('바깥'을 나타내는 라틴어) 것이 첨가되어 있는 것을 동시에 의미한다. 그것은 '어떤 충만성에 다른 충만성이 보완된 것, 즉 잉여'라는 뜻, 그리고 채워지려면 비워져야 하는 것처럼 결여를 만들어낸다는 뜻을 동시에 포함한다. 즉, '그것은 단지 현전의 확실성에 첨가된 것일 뿐만이 아니라, …… 그 구조 속에서 비어 있음의 장소를 표시한다.'(OG 144-5)

데리다는 대리보충 안에서 이 두 의미작용의 이상하지만 필요한

'공존'(144)을 탐색한다. 두 가지 경우 모두 대리보충은 외적인 것으로, '외부적인 것'으로 간주된다. 하지만 대리보충에는 일종의 기묘한 논리가 뒤따르게 된다. 그것은 내부자도 아니고 외부자도 아니면서, 그리고 / 또는 그것은 동시에 내부자이면서 외부자이기도 하다. 그것은 일부분이 되지 않으면서도 일부분을 형성하며, 속하지도 않으며 속해 있다. 데리다는 이렇게 말한다. '대리보충은 미치게 만든다. 그것은 현전도 부재도 아니기 때문이다.'(154)

「…저 위험천만한 대리보충이…」에서 루소를 독해하여, 데리다는 '대리보충'이라는 말에 대한 우리의 통상적인 이해를 서술하며 변형한다. 대리보충이라는 개념에 우리는 매우 익숙한 것처럼 보인다. 대부분 신문이나 사전의 부록, 혹은 편지의 추신을 떠올릴 것이다. 이 점이 데리다 저작의 특성이다. 그는 이와 같은 모든 친숙성을 애써 제거하며, 우리가 '근원적' 개념이라고 생각해온 것들을 토론에 부쳐서 그것들을 근본적으로 변형시키거나 '기형'을 만들어냄으로써, '정상'으로 보이는 것을 낯설게 만든다. 그는 이러한 전략을 1980년 자신의 테제를 방어하는 자리에서 매우 잘 묘사했다.

모든 개념적인 해명은, 단어와 개념 사이에, 그리고 비유와 확고부동한 일차적 의미, 고유한, 문자 그대로의 현행 용법이라 간주되는 것에 대해 일반인들이 지닌 모든 흥미 사이에 있는 모든 공식적·공인된 관계에 변형과 기형을 낳게 된다.(TTP 40-1)

이러한 전략, 데리다의 표현에 따르면 '목적도 없는 이상한 전략이

'텍스트', '흔적', '글쓰기', '파르마콘', '히멘' 등 무수히 많은 다른 컨텍스트에서 작동한다는 것을 알아보기는 쉽다. 그러한 모든 '개념적 해명'은 데리다가 '해방된 일반화'(TTP 40)라고 한 것을 도출한다.

대리보충이 모든 곳에, 혹은 모든 곳이면서 동시에 아무 곳도 아닌 곳에 있을 수 있음이 판명되었다. 왜냐하면 데리다는, 대리보충이 어떤 의미에서는 '아무것도 아니라는 것'(OG 244)을 강조하기 때문이다. 『그라마톨로지에 관하여』가 끝나가는 부분에서 그는 다음과 이렇게 말한다.

> 본질을 갖고 있지 않다는 것이 대리보충의 이상한 본질이다. 그것은 언제나 아무런 장소도 차지하지 않는다. 심지어 글자 그대도 어떠한 장소도 결코 차지해본 적이 없다. 그것은 결코 지금 여기에 현재하지 않는다. 만약 현재한다면, 그것은 더 이상 대리보충이 아닐 것이다. …… 결과를 놓고 판단하자면, 그것은 무無보다는 적고, 무無보다는 훨씬 많다. 대리보충은 현재도 부재도 아니다. 어떠한 존재론도 그 작동 방식을 사유할 수 없다.(OG 314)

대리보충은 존재(그리스어로 'ontos') 개념에 초점을 맞춘 철학인 존재론ontology의 이름 아래서는 사유될 수 없다. 오히려 후기 저작인 『마르크스의 유령들』(1993)에서 데리다가 '유령학hauntology'이라 명명했던 것의 문제일 수도 있다. 대리보충은 출몰한다. 그것은 유령적이다. 그 자체로는 현전도 부재도 아니며 흔적으로 남는 효과를 묘사한다는 것, 그것이 그 지형을 변형시키는 것이다. 이것이 해체를 구축하는 방식이다.

우리는 결코 대리보충의 '효과'를 소진할 수조차 없는데, 데리다가 루소의 『고백록The Confessions』에서 인용한 구절로 표현하자면 그것은 '거의 이성으로 생각할 수 없기 때문'(OG 149)이다. 여기에 데리다는 이렇게 덧붙인다. '단순한 비합리성, 즉 이성의 대립물은 고전적 논리를 곤란하게 만들지도, 논박하지도 않는다.'(OG 154) 대리보충은 고전적 논리를 '미치게 만드는 것'일 뿐이다.

대리보충은 바이러스와 같다. 그것은 모든 것을 전염시킨다. 데리다에 따르면, '이 개념은 사로잡을 수도, 길들일 수도, 교화할 수도 없을 정도로 그 독성이 매우 강하다.'(OG 157) '독성virulence'이라는 영어 단어는 '독액'이나 '독극물'을 뜻하는 라틴어 vīrus에서 유래한 것이다. 이처럼 탁월한 대리보충의 독성이 바로 바이러스의 논리인 것이다. 바이러스는 자신을 덧보탠다는 점에서 대리보충이다. 데리다는 다른 곳에서 이렇게 말한다. '바이러스가 내 연구의 유일한 대상이 되어 있을 것이다.'(C91-2)(해체론의 바이러스적 본성을 특별히 에이즈에 연결짓는 칭찬받을 만한 노력에 대해서는, Düttmann 1996을 보라.)

이른바 '원본'이 되는 루소와 데리다의 프랑스어판본에서는 이러한 바이러스의 이상한 활동을 목격하기가 더 수월하다. 프랑스어로는 대리보충 혹은 대리보충적인 것supplément · supplémentaire, 그리고 대체 suppléant 혹은 '대체적 대리보충suppléance' 사이에 전환이 가능하기 때문이다. suppléer라는 프랑스어 동사에는 '결여된 것을 덧보탠다, 필요한 잉여를 제공한다'는 뜻이 있다. 데리다는 이것을 '이 단어의 몽유병자 같은 이상한 논리에 관한' 사전적(이 경우는 Littré) 정의 사례로 인용한다.(FSW 212를 보라.)

영어로 'to supplement'는 'to supply'라는 동사의 옛 표현이다. 대리보충이라는 데리다의 핵심 개념은 '옛 표현'을 다시 돌아보게 만든다. 이런 식의 중첩은 이른바 '최신 영어'에서도 다양하게 눈에 띈다. 'to supply'라는 동사는 '결여된 단어들을 채운다…'(다시, 점 세 개)는 의미에서, '채우다, (대신) 차지하다'를 의미한다.(『*Chambers Dictionary*』) 대리보충supplement과 대체substitute의 연관 관계는 특히 '임시 교사supply teacher'(영국식) 또는 '대체 교사substitute teacher'(미국식)에서 명백히 드러난다. 이러한 교육학적 맥락이 단순한 우연은 아닐 것이다.

루소의 경우 '모든 교육이 …… 대리보충의 체계로 서술되거나 제시된다.'(OG 145)는 것이 데리다의 주장이다. 모든 교육은 '원래' 임시 교육이거나 대체 교육이다. 루소의 글에서 교육은 일관되게 '자연'을 대신하는 것으로, 즉 '자연'을 만들어내는 것으로 그려진다. 루소에게 '자연 자체는 전혀 스스로 대리보충을 하지 않는다.'(145) 그러나 데리다에게 대리보충의 논리 이전에는 아무것도 없다. 혹은 『그라마톨로지에 관하여』에서 말했던 것처럼, '사람들은 대리보충에서 다시 근원으로 되돌아가고 싶어한다. 하지만 근원 자리에 대리보충이 있다는 것을 알아야만 한다.'(OG 304) 데리다의 저작 전체는 대리보충의 가르침, 즉 임시 가르침 또는 대체 가르침의 관념에 싸여 있다.

말과 글

데리다의 루소 독해를 다시 설명한다 해도 데리다의 실물을 대체하기는 어렵다. 「'… 저 위험천만한 대리보충이…」를 읽어보면, 데리다의 꼼꼼한 분석에서 나타나는 섬뜩하게 이상한 어떤 점을 경험하게 될 것이다. 루소의 글에서 대리보충이나 보충, 대체 등이 언급되는 수많은 장면을 연결하고 분석하는 가운데 인용에 재인용을 더해가며, 데리다는 루소를 루소 자신에게조차 낯선 사람으로 만들어버린다. 데리다의 분석과 루소의 글 중에서 어느 것이 '실물'이란 말인가?

데리다는 『에밀Emile』(1762)과 『고백록』(1765년에 완성, 1781년 초판)은 물론이려니와, 잘 알려져 있지 않은 짧은 글들을 모아 사후에 출간된 '발음Pronunciation'(AL 83, 각주 6을 보라.)이라는 제목의 책자에 이르기까지 무수히 많은 루소의 저술들을 가로지른다. 데리다는 루소의 텍스트들이 의지하는 대리보충 개념의 일관성을, 결정적으로는 글쓰기와 자위행위에 관련된 일관성을 탐구한다. 데리다는 루소의 텍스트에서 몇 가지 관점에서 매우 익숙해 보이고 공감할 만한 진술을 인용한다.

언어는 말하기 위해 만들어진 것이며, 글은 말을 보충하는 역할을 한다. …… 말은 관습적인 기호로써 생각을 표상하며, 글은 말과 똑같은 것을 표상한다. 따라서 글쓰기 기술은 생각을 매개하는 표상 이외에 아무것도 아니다.(「발음」, OG 144에서 인용)

데리다는 여기에서 위험을 감지하고 그 위험을 다음과 같이 서술한다.

표상에 불과한 것이 현전을 자처하며 사물 그 자체의 기호이기를 요구하는 바로 그 순간에 글은 위험해진다. 그러나 그것은 기호의 기능 속에 새겨진 치명적인 필연성인지 모른다. 대체물에 지나지 않는 글이 대리자로서의 제 자신의 기능을 망각하고, 말의 결핍과 약점을 대리보충한다는 이유로 스스로 말의 충만함을 가장하게 되니 말이다.(OG 144)

그렇다고 해서 단지 루소가 글을 불신했다는 말은 아니다. 데리다의 명쾌한 설명에 따르면, 오히려 루소는 '글의 가치를 높이 평가해주는가 하면 동시에 평가절하하기도 한다. …… 루소는 글이 현전의 파괴자이자 말의 질병이라고 저주한다. 루소는 글에게 빼앗긴 것을 말이 재전유한다는 약속을 전제로 글의 명예를 회복해준다.'(141-2)

데리다는 루소의 처지에서 이것을 두 가지 욕망의 형식으로 본다. 글에 대한 저주와 평가절하하는 그의 '언어 이론'에 해당되며, 글에 대한 가치 부여와 명예 회복은 그의 '작가(로서의) 경험'(142)에 속한다. 『고백록』 서두 문장의 한 구절을 상기해서 말하자면, 루소는 '자연에 충실'하고자 자신의 글에 부재해야만 한다. 데리다는 장 스타로뱅스키Jean Starobinski가 『고백록』에서 인용한 대목을 다시 인용한다.

내가 만약 나에게 불리한 면뿐만 아니라 나 자신의 완전히 다른 모습까지도 나 자신에게 보여준다는 확신이 없다면, 다른 사람과 마찬가지로 나도 사회를 사랑하는 것이리라. 글을 쓰면서 나 자신을 숨기는 것이 나에게는 안성맞춤이다. 내가 만약 현전해 있다면, 사람들은 있는 그대로의 과거 나 자신을 결코 알 수 없을 테니 말이다.(OG 142에서 인용)

루소의 말에서, 글이란 한낱 '말의 대리보충'에 지나지 않는다. 글의 특성은 부재와 부차성에 있다. 하지만 그것은 다른 방식으로 주변에서 작동한다고 볼 수도 있다. 글이 체현하는 현재와 '가치'의 우선권은 '사회' 안에서는 불가능하다. 숨김을 통해서, 즉 자신의 부재 상태를 만들어넘음으로써 글쓰기 전반에 걸쳐서 루소가 노렸던 바는, 데리다가 말했던 것, 즉 '최대한 현전을 상징적으로 재전유하기'(143)였다.

데리다의 설명에서 가장 특이한 것이라면, 이미 앞서 지적했던 '해방된 일반화'의 운동과 관련된 것이리라. 대리보충으로서의 '글'은 변형되어 있다. 그것은 더 이상 단지 말에 대립할 수 있는 것이 아니며, '한낱' 말의 대리보충도 아니다. 저자(혹은 화자)의 사망에도 불구하고 의미를 생산할 수 있다는 가능성으로, '글'은 섬뜩한 새 의미를 부여받는다. 데리다는 언어도 아니고 담론도 아니면서 언어와 담론을 가능하게 하는 어떤 것을 명명하고자 잠정적으로 이 '글'이라는 단어를 사용한다. 여기서 문제는 비록 데리다의 저작이 '역사라는 영역을 개시'(OG 27)하는 데에서 글의 중요성을 찾는 등 전통적 의미(서구적 의미에서 알파벳)의 '글'의 본성과 깊이 관련돼 있긴 해도, 그와 동시에 비알파벳적이고non-alphabetic, 비서구적이며, 전언어적인pre-linguistic, 심지어 인간에게 고유하지 않은 어떤 것으로서 글을 사유하는 것과 더 깊숙이 관계됐다는 사실이다. 논점 이탈처럼 보이겠지만, 자위행위의 본성과 관련하여 이 어려운 문제를 명료하게 해보자.

자위행위

문제는 여전히 대리보충 또는 '자연을 대리보충하기'라는 것에 있다. 말들이 자연이라면, 글은 자연의 대리보충이다. 성교가 자연이라면, 자위행위는 자연의 대리보충이다. 하지만 자연은 언제나 이미 대리보충되게 되어 있다. 이것이 대리보충의 본성(안에 있는 것)이다. 당대의 비평가이자 이론가인 레오 베르자니Leo Bersani는 이렇게 묻는다. '자위행위가 진행될 때 당신은 누구인가?'(Bersani 1995, 103) 답변 : 그럴 때 당신은 베르자니가 '환상'이라 한 것(103), 혹은 데리다가 '상상계'(OG 151)라 했던 것에 있다. 데리다는 이렇게 썼다.

> 루소는 자신을 책망하면서도 수음手淫에 의지하는 것을 결코 그만두지 못할 것이다. 수음은 루소가 부재하는 미인을 소환하고, 현전하게 하도록 자신을 충동질하게 만들기 때문이다. 그가 보기에 수음은 악덕과 타락의 모형일 것이다. 또 다른 현전으로 자신을 추동함으로써, 자기가 자기 자신을 타락시키는(자신을 타자로 만드는) 것이다. 루소는 이러한 변질이 단지 자신에게서는 일어나지 않는다고는 생각하고 싶지도 않았지만 생각할 수도 없었다. 하물며 자위가 자기 자신의 근원 그 자체라고 생각했겠는가. (OG 153)

수음, 자위행위 혹은 우리 선조들이 '자기 남용self-abuse'이라고 말했던 것은 환상과 상상계의 영역에 속할지는 몰라도, 그렇다고 해서 이른바 현실 세계를 전혀 상대하지 않는다는 뜻은 아니다. 여기에서는 '자아'와 '세계'에 대한 우리의 감각이 문제다. 자위행위에는 이상

장 자크 루소

「'…저 위험천만한 대리보충이…'」에서 데리다는 루소를 루소 자신에게조차 낯선 사람으로 만든다. 데리다는 루소의 텍스트들이 의지하는 대리보충 개념의 일관성을, 결정적으로 글쓰기와 자위행위에 관련된 일관성을 탐구한다.

루소는 자신을 책망하면서도 수음에 의지하는 것을 결코 그만두지 못할 것이다. 수음은 루소가 부재하는 미인을 소환하고, 현전하게 하도록 자신을 충동질하게 만들기 때문이다. ……

한 점이 있다. 루소는 그것을 '위험한 대리보충', '치명적 이득'(OG 150-1에서 인용) 등으로 표현했다. 비평가 겸 이론가인 바버라 존슨 Barbara Johnson은 이렇게 주석을 단다. 자위행위는 '주체와 객체가 실질적으로 한 몸이라는 점에서 통일 이념의 상징적 형식이면서, 또한 자기 자신을 다른 사람과의 어떠한 접촉에서도 근본적으로 소외시키는 일이다.'(D viii를 보라.)

'자기를 추동하기'는 데리다가 다른 곳에서 자기 촉발로 언급했던 것이다. '자기 촉발auto-affection'이란 표현은 다른 맥락에서 '자기 현전'과 '나르시시즘'으로 알려진 표현들을 한데 모아준다. 자기 촉발의 가장 순수한 형식은 '자신의 말을 듣기'다.(SP 79) 이 주제에 대한 데리다의 설명은 현상학적 담론과 그 사유, 특히 에드문트 후설의 사유를 매우 세밀히 비평하는 과정에 나온 것이다.(해체론과 현상학에 대해서는, 특히 『에드문트 후설의 '기하학의 기원' 입문Edmund Husserl's O'rigin of Geometry』(1962, 1974년 개정판)[OGI]과 『목소리와 현상』(1967)[SP], 『그라마톨로지에 관하여』(1967)[OG]에서 찾아볼 수 있다.)

자신의 말을 듣는다는 것, 말하자면 침묵하며 자기 내면의 소리에 귀를 기울인다는 것, 자신의 생각을 듣고자 귀를 쫑긋 세우는 것은 아마도 세상에서 가장 자연스런 일일 것이다. 만약 그것이 '세상에서 가장 자연스런 일'이라면, 자신의 말을 듣는다는 일이 조금이라도 세상에 '진짜로' 존재하는 것이 아니라는 것쯤은 우리도 안다, 아니 안다고 생각한다. 어떤 식으로든 우리는 자신의 말을 듣는 것이 "자기 소유'의 영역 바깥으로 빠져나가야(SP 78) 하는 것을 포함하지 않는다고, 그렇게 믿고 싶어 하며 그렇게 느끼고 싶어 할 뿐이다. 그러나 자신의 목소리를 녹음 테이프로 들어본 사람이라면 또한 '알' 것이다. 사태가 그렇게 단순한 것도, 달콤한 것도 아니라는 것을 말이다. '진짜로' 자신의 말을 듣는다는 것이 종종 매우 공포스런 경험이라고 느끼는 사람이 나만은 아닐 테니까. '진짜로 저게 나란 말인가? 내 목소리는 저렇지 않아! 저건 테이프일 뿐이야! 닭살 돋는다. 귀신 같아, 역겹다.' 등등.

『그라마톨로지에 관하여』,『목소리와 현상』, 그리고 「고통의 원천 Qual Quelle」(1971)이라는 탁월한 에세이에서 데리다는 이렇게 주장한다. 자신의 말을 듣는다는 것은, 우리는 그렇다고 생각하고 싶겠지만, 그렇게 즉각적·직접적·자발적 사태는 아니라고 말이다. 우리가 관계하는 자기 촉발의 형식이 무엇이든지 간에, 거기에는 대리보충의 논리·보충·대체 작업이 언제나 진행 중이다. 처음부터 대리보충이 있었다. 그것이 바로 데리다가 말하는 '근원의 대리보충'(SP 87ff를 보라.)의 문제이다.『그라마톨로지에 관하여』에서는 이렇게 말한다. '직접적인 것은 파생된 것이다.' 따라서 '사물 자체, 직접적 현전, 근원적 지각이라는 신기루'에 대해서 말할 필요가 있다.(OG 157)

「고통의 원천」에서 데리다는, 시인 폴 발레리Paul Valéry(1871~1945)가 후설이나 헤겔 혹은 '어떠한 전통적 철학자'보다도 '자기의 말을 듣는다는 것'의 기괴함을 더 잘 이해한다고 주장한다.(QQ 287) 만약 목소리의 원천을 찾는 사람이 있다면, 그 사람은 발레리의 말처럼 '근원은 …… 상상의 산물'(QQ 297, 각주 25번에서 재인용)이라는 사실을 계산에 넣어야만 한다. 그렇다면 우리는 적어도 철학처럼 명쾌한 시詩 작품이라면 저 괴상한 대리보충성의 의미를 우리에게 제공해줄 것이라 가정해도 좋을 것이다. 나중에 콜리지Samuel Taylor Coleridge의 『쿠블라 칸Kubla Khan』를 독해하며 이를 탐색할 작정이다.

데리다가 말하는 '신기루'의 닮은꼴이 발레리에 관한 에세이에 등장한다. 데리다의 말처럼, 우리는 '정상적 환각의 '지배''(QQ 297)를 받으며 살아간다. 그는 말한다. '자신의 말을 듣는다는 것은 가장 정상적이면서도 가장 불가능한 경험이다.'(QQ 297) 우리는 데리다의 모든 저작이 '(자신의) 몸에서'(Ja 49) 불가능한 일을 경험하고자 하는, 이와 같은 욕망으로 추동된 것이라 말할 수 있다. 어쩌면 이러한 맥락에서 우리는 데리다가 말했던 해체론에 대한 '볼품없는 빈약한 정의'를, 즉 '불가능의 경험'(Aft 200)이라는 정의를 떠올리고 싶으리라.

지금까지 말했던 것이 논점 이탈처럼 들릴지도 모르겠다. 자신의 말을 듣는다는 것이 자위행위와 정확히 일치하는 것은 아니다. 하지만 데리다의 루소 독해는 무엇보다도 자위행위의 '본성'에 대한 재고를 부추긴다. 데리다는 이렇게 선언한다. '일반적인 생각으로 시작되지도 끝나지도 않는 성적인 자기 촉발, 즉 자기 촉발 일반은 자위행위라는 이름으로 포괄될 수 있다.'(OG 154-5) 이렇게 '위험천만한 대리보충'보다 더한 것이 인생에는, 자기 촉발에도 촉발되는 능력에도 많다는 것을 데리다는 암시한다.

그와 동시에, 그는 '자위행위'가 무엇을 이름하는 것인지, 그리고 그 이름이 얼마나 포괄적인 것일 수 있으며 그것으로 얼마나 포괄되어야 하는지, 그 한계의 문제를 열어 둔다. 자위행위와 문자 사이에는 어떤 관계가 있는가? 또는 실질적으로 자위행위와, 데리다가 제임스 조이스의 『율리시스』와 관련하여 '정신적 텔레파시'(UG 272)라 말했던 것 사이에는 어떤 관계가 있는가? 물론 표면적으로는 루소가 직접 말했던 것, 즉 '한 손으로만 읽힐 수 있기에 요조숙녀는 불편하게 생각할 위험한 책들'(OG 340, 각주 8번)로 언급한 경우가 있다. 하지만 데리다는 특히 문학이라고 하는 '상상' 세계의 문제를 문맥으로 할 때, 자위행위에 훨씬 더 복잡한 의미가 내재한다는 것을 주의 깊게 암시한다.

나는 이 문제를 독자의 더 깊은 숙고에 맡기려 한다. 토머스 하디 Thomas Hardy라든가 존 파울즈John Fowles의 소설들을 곱씹어보기 바란다. 소설가 존 파울즈가 '단순한 진리'라고 했던 것, 즉 '소설적 글쓰기는 수음이며, 금기에 시달리는 추적'(Fowles 1999, 160)이라 했던 것은 토머스 하디의 『가장 사랑하는 여인The Well-Beloved』(1898)(아름답지만 이상하게도 무시되었던 최후작으로서, 대리보충의 논리에 합치하는 것으로 언제나 사랑받는 사람에 대한 것)에 대한 논의를 맥락으로 한다.

유령적 결론

이제 대리보충 개념 논의에 결론을 내리고 싶지만, 나로서는 불가능한 일이다. 대리보충 논리는 우리가 '처음'과는 달리, '마지막에 이르러 이해하게 되었다고 생각하는 바를 곧바로 전복해버린다. 현전도 부재도 아닌 그것은 유령적이며, 미치게 만드는 것으로서, 우리가 끝장을 볼 수 있는 대상이 아니다. 하지만 허락된다면 나는, 대리보충에 대한 데리다의 사유에 포함된 것으로서 문학적 혹은 철학적 텍스트를 대하는 법이라든가, 영화와 같은 이른바 '매체'에 대한 사유에 훨씬 더 적합할지 모르는 몇 가지 방식을 간략히 소개하고자 한다.

(대리보충성 논리의 간섭과 개입이 없는 상태에서는 재현이나 녹음 기록, 전달 경로나 발신이 있을 수 없다. 그 점이 바로 데리다가 텔레비전, 라디오, 테이프 녹음, 인터넷, 영화, 비디오 등의 특성을 들어 유령적이라고 말했던 이유이다. 이 점에 대한 더 자세한 사항은, 예컨대 버나드 스티글러Bernard Stiegler와 함께 한『텔레비전 통신기록』(ET), 혹은 영화〈고스트댄스〉(제작 켄 맥멀런Ken McMullen, 1983)를 보라.)

대리보충에 대한 다음 다섯 가지 진술은 대리보충의 타당성에 관한 것이다. 모든 진술은 서로서로 대리보충하고 침투하며 대변한다.

1. 「'… 저 위험천만한 대리보충이…'」에서, 데리다는 대리보충에 대한 맹목이 작가들의 법칙이라고 주장한다. '대리보충이란 개념은 루소의 텍스트에서 일종의 맹점'(OG 163)이라는 것이 그의 주장이다. 데리다가 독해로 밝히려고 하는 대리보충의 특별한 이상성은 루소의 저서에 명료하게 표현되어 있으면서도 그렇지 않은 어떤 것이다. 이 문제는 데리다가 루소보다 한 수 위에 있다는 것이 아니라, 데리다가 강조했던 말, 즉 '대리보충에 대한 맹목은 법칙'(OG 149)이라는 생각을 따져보자는 것이다. 데리다의 관심은 그러므로 대리보충의 논리로써 저자(장 자크 루소뿐 아니라 자크 데리다, 그리고 당신이나 나)는 언제나 '그가 의도한 것(혹은 말하고자 하는 바 : voudrait dire)보다는 더 적게, 혹은 더 많이 말할 수밖에 없다.'(OG 158)는 점에 있다. 데리다가 '저자의 의도'에 관심이 없다는 것은 아니다. 그렇기는커녕, 저자의 의도를 해명하려 노력하는 것이 모든 비판적 독해에서 결정적인 요소

라고 그는 주장한다. 그러나 대리보충의 논리가 구술하는 것은('구술'에서 느껴지는 섬뜩함) 작가가 항상 경악하기 쉬운 것들이다. 작가는 결코 자신의 글을 완벽히 통제하지도 지배하지도 못한다. 독자 또한 마찬가지다. 데리다가 말하는 '비판적 독해'는 이러한 '초과'에 부합하며, 이처럼 이상한 논리의 효과를 '산출'(158, 데리다의 강조)하려는 시도이다.

2. 대리보충 개념에 대한 데리다의 주의 집중은 '정상적', '관습적' 의미에서 대리보충이라 불리는 항간의 의미를 더욱 주의 깊게 숙고하게 만든다. 여기에서 우리는 대리보충이라는 개념이 온갖 종류의 주변 텍스트들, 예컨대 서문, 머리말, 서론, 결론, 헌사, 감사의 글, 발문, 후기, 각주, 첨부, 괄호, 여담 등을 컨텍스트로 해서 어떻게 작동하는지 생각할 수 있다. 대리보충, 대리보충성, 대체의 괴상함을 성찰하는 것은 불가피하게 우리가 전에는 비대리보충적이라고 생각했던 것들을 재고하게 한다. 이런 점에서 데리다의 작업이 의심할 바 없이 처음부터 한 작가의 작품에서 명백히 '아주 작은' 요소들을 탐색하기로 작심하고 강제하는 특성이 있는 것은 결코 우연이 아니다. 이 요소들에는 해당 저자의 대표작(예컨대 『그라마톨로지에 관하여』에서는 루소의 『고백록』이나 『에밀』)을 기준으로 했을 때는 잉여적이고 대리보충적이라고 판단되는 텍스트(루소의 「언어의 기원에 대한 에세이Essay on the Origin of Languages」처럼)인 경우, 혹은 서문이나 각주 따위처럼 작가의 작품에서 소위 '본문'에는 포함되지 않는 잉여적이고 대리보충적인 요소들처럼 보이는 것들이 포함된다. 가장 유명한 사례는 데

리다의 「우시아와 그람Ousia and Grammē」(O&G)으로서, 그것은 하이데거의 『존재와 시간Being and Time』(1927)에 있는 '각주에 대한 각주'로만 35쪽을 채웠다. 물론 데리다가 읽어낸 작품이 갖는 의미뿐 아니라, 데리다가 연구해낸 의미를 획득하는 데 왜 '중심 생각'이라는 것이 오해를 불러일으키는지는 또 다른 문제이다.

3. 이 장에서는 한 번 이상 데리다와 루소의 '원본' 프랑스어 텍스트를 가리킬 때 인용 부호를 사용해야 할 필요를 느꼈다. 분명 상식에 따라, 우리는 프랑스어본 텍스트를 원본으로, 영역본 텍스트를 2차적인 것으로 생각한다. 그러나 데리다는 번역이 2차적인 것이 아니라, 오히려 원본의 조건이라고 주장한다. 유대계 독일인 작가 발터 벤야민Walter Benjamin(1892~1940)의 유명한 에세이 「번역가의 과제 The Task of the Translator」를 따라, 데리다는 '원본'이 되려면 텍스트가 번역이 가능해야만 한다고 제안한다. '원본의 구조는 번역되어야 한다는 요청으로 표시되어 있다.'(DTB 184) 데리다는 다른 곳에서 '번역은 원본을 논박하고 변형한다.'(EO 122)고 말한다. 번역의 이러한 '변형' 작용은 대리보충적인 동시에 필수적이다.

4. 대리보충은 비판적 담론 혹은 메타언어metalanguage(즉, 다른 언어를 거론하는 데 사용되는 언어)를 생각하는 방법을 제공한다. 예를 들어, 문학비평이나 이론은 어떤 점에서는 분명히 그 대상이 되는 문학 작품에 대해 대리보충적이다. 우리는 소설이나 시 등 1차적 텍스트와 비평적 에세이와 학술 논문 등 2차적 텍스트를 구별해서 말하지만,

그러나 1차적인 것과 2차적인 것의 이러한 구별은 대리보충의 사유로 전복되며, 근본적으로 교란된다. 우리는 모두 메타언어에, 즉 다른 언어에 대해서 혹은 다른 언어 위에만 존재할 수 있다는 관념에 의지하는 것이다. 메타언어는 비판적인 글 일반(모든 비판적인 글은 추측컨대 그 문학적 '대상'에 대해서는 메타언어적인 메타담론일 것이다.)의 영역에서부터 지금 이 문장처럼 미세한 사례에 이르기까지, 어디에서나 작동한다. 저 문장으로 이어지는 과정에 있는 '이 문장'을 가리키는 것 자체가 메타언어적 행위인데, 이는 저 문장의 언어를 대상으로 추정하고 간주한다는 의미에서 언어학에서 널리 쓰이는 지시어에 해당된다. 메타언어 없이는 일상생활이 불가능하다. 하지만 메타언어라는 관념은 대리보충의 논리를 동반한다. 그 관념에 대해서는 '미치게 만드는' 어떤 것이 있다. 간단히 말해서, 메타언어는 필요한 것이면서 불가능한 것이라는 양면이 있다. 우리는 그것 없이 살아갈 수 없지만, 어떠한 메타언어도 낱낱의 언어는 아니다. 그것은 이른바 대상 언어의 일부이고, 아니기도 하다. 어떤 사람이 열을 내며 다른 사람과 벌이는 언쟁과 같은 일상의 사례를 생각해보자. '우리가 이렇게 대화하다니 믿을 수 없다!' 이러한 의혹을 담은 진술은 대화의 일부이면서 또한 아니기도 하다. 크게 보아 이와 유사한 방식으로, 데리다의 루소 독해는 루소의 텍스트 없이는 생각조차 할 수 없는 일이다. 데리다의 루소 텍스트 해설은 직접적으로 루소의 글에서 분리될 수 없는 것이다. 메타언어는, 오염의 논리에서 분리될 수 없는, 기생물이다. 하지만 이 기생물과 오염, 즉 독성은(앞 장에서 이 말의 데리다적 용법을 상기해보라.) '언어'와 '메타언어'에 동시에 영향을 미친다. 특정 텍스트를 해체한다는 것은 메타언어의 필요성과 불가능성이 동시에 이루어지는 방식을 해명하려는 시도이다. 그것은 데리다가 말하는 일종의 '근본적 메타언어학, 즉 '그 안에 …… 메타언어의 불가능성을 포함하는' 메타언어학(SST 76)을 수반한다.(8장에서 특히 문학을 컨텍스트로 메타언어학의 문제로 되돌아올 것이다.)

　5. 데리다는 대리보충이 '자아의 근원 자체'(OG 153)라고 제안한다. 자아, 에고 혹은 '나'는 언제나 이미 대리보충성의 운동에 사로잡혀 있다. 『타자의 단일언어주의*Monolingualism of the Other*』(1996)에서 말했듯이, 나라는 것은 '발견되지 않는 상황이라는 장소를, 즉 언제나 다른 곳, 다른 어떤 것, 다른 언어, 타자 일반을 가리키는 장소'(MO 29)를 차지하는 것으로 그려져야만 한다. 어떤 인터뷰에서 데리다는, "나에게도 '나의 비밀'(Dia 134)이 있다고 말했다. 그의 주장에 의하면, 이것이 '정체성의 문제'에 대해서, 마치 그것이 해결될 수 있다는 듯이, '어리석음'이 반복되는(MO 10) 이유이다. 데리다가 보기에 '정체성의 혼란'(MO 14)이 없는 정체성은 없다. 특별히 『타자의 단일언어주의』에서 데리다의 관심은, '정체성(동일성)은 결코 주어지는 것도, 수용되는 것도, 달성되는 것도 아니며, 오로지 부단히 무한정 지속되는 정체화(동일화)의 환각적 과정이 있을 뿐'(MO 28)이라고 주장하는 데 있다. 다른 곳에서는 더욱 정곡을 찌르는 말로, '정체성(동일성)은 없다. 정체화(동일화)가 있을 뿐'(TS 28)이라고 말한다. 정체화(동일화)는 불가결하게 그리고 부단하게 대리보충성, 환각성, 혹은 상상적인 것과 결부되어 있다. 정체화는 언제나 덧붙이기, 보충하기, 대체하기의 논

리를 수반한다. 이것이 해체론의 핵심을 이루는 긍정으로 이어진다. 데리다는 「프시케 : 타자의 날조Psyche : Inventions of the Other」(원래는 1984년에 한 두 차례의 강연이다.)라는 에세이에서 이렇게 말한다. '우리는 (언제나) (아직도) 날조되는 중이다.'(PIO 61)

06

텍스트

컨텍스트, 모든 논의의 출발점

만약 대리보충이 데리다의 '중심 이념들' 중 하나라고 말할 수 있다면, 그것은 경계선의 해체, 내부/외부의 구별 불가, 누수나 범람 등과 같은 누출의 논리, 다시 말해서 모든 '중심 이념'의 탈안정화에 한해서만 타당하다. 이제부터는 그러한 주장이 '텍스트'라는 개념과 관련해서도 타당하다는 점을 입증하려 한다.

데리다는 루소를 세심하게 독해하여 대리보충이라는 개념을 만들어냈지만, '대리보충이라는 이상한 경제'(OG 154)는, 그의 설명에 따르면 어떤 컨텍스트에서도 적용된다. 따라서 데리다의 루소 독해는, 그가 다른 곳에서, 암시적으로는 그의 저작 어디에서나 제시했던 명제를 따른다. 즉, '어떠한 의미도 컨텍스트 바깥에서는 결정될 수 없지만, 어떠한 컨텍스트도 충족시킬 수는 없다.'(LO 81)

데리다는 항상 특정한 컨텍스트에서 시작한다. 말하자면 그는 독서 중인 특정 텍스트나 특정 대목을 가지고 씨름한다. 이렇게 말하면 불가피하게도 데리다를 '텍스트 비평가'나 '언어철학자', 아니면 '언어주의자'로 오해할 소지가 있다. 만약 이러한 표현들이 끔찍하게 들린다면 유감이다. 하지만 그 표현들은 내가 고른 것이 아니다. 나는 다만 이제부터 그런 표현들이 어째서 잘못된 것이며 오해를 유발하는

지를 최대한 간결하게 설명할 작정이다.

텍스트 바깥에는 아무것도 없다

「…저 위험천만한 대리보충이…」(OG 141-64)에 포함된 다음 진술이 아마 데리다의 진술 중에서 가장 유명할 것이다. '텍스트의 바깥에는 아무것도 없다.il n'y a pas de hors-texts'(OG 158)고 단정하며, 데리다는 이 단어들의 명백한 위반 행위를 놓치기라도 할까봐 강조까지 한다. 데리다는 이 구절이 '(그) 에세이의 중추적 명제'(163)라고 주장한다. '해체'라는 말과 네 마디로 이루어진 이 문장은 지금껏 비판적 오해 의 원천이 되었으며, 앞으로도 이 오해는 계속될 것이다. 1994년, 데 리다는 모리지오 페래리스Maurizio Ferraris와의 인터뷰에서 이렇게 말 했다.

> 내가 제안했던 해체라는 명칭에 입문할 때 제일 먼저 해야 할 일은 언 어학이라는 로고스 중심주의의 권위를 의심하는 것이다. 결국 이것은 구 조주의의 이름으로 이미 진행 중인 '언어학적 선회'에 저항하자는 것이다. …… 해체가 사실상 언어학에 맞서는 저항이었다면, 해체는 이미 '언어학 적 선회' 속에 각인되어 있었다!(TS 76)

실제로 데리다는 언제나 언어보다 앞서는 것 혹은 언어를 초과하는 것에 과도할 정도로 사로잡혀 있었다. 때때로 그는 그것을 '힘Force' 이라고 하는데, 이는 초창기 에세이 「힘과 의미작용」(1963)에 등장하는 내용과 다르지 않다. 이 에세이에서 데리다는 이렇게 쓴다. '힘이란 그것이 없다면 언어가 언어일 수 없는 언어의 타자이다.'(FS 27) 이 '언어의 타자'에 대한 관심이야말로 그의 저작 전체를 특징짓는 것이다. 그는 1981년의 인터뷰에서 언어의 타자를 이렇게 요약했다. '해체는 항상 언어의 '타자'에 깊이 관련되어 있다. …… 로고스 중심주의에 대한 비판은 결국 '타자' 및 '언어의 타자'에 대한 탐구이다.'(DO 123)

데리다가 언어보다는 표시mark를 통한 사유에 관심을 갖는 것도 이런 맥락에서 이해해야 한다. 1994년 페레리스와의 인터뷰는 이렇게 이어진다.

나는 언어적·수사적인 문제에 관심이 많은데, 그럴 만한 가치가 있다고 생각한다. 하지만 수사학이나 언어학, 심지어 논증조차도 최종 판결권을 행사하지 못하는 지점이 있게 마련이다. 나는 언어학적 선회의 한계를 표시mark하고자 흔적이라든가 텍스트라는 개념을 도입하였다. 이것이 …… 내가 언어보다 '표시'를 즐겨 언급하는 이유이다. 먼저 표시라는 것은 인류학적 개념이 아니며, 언어보다 앞서는 어떤 것을 가리킨다. 표시는 언어의 가능성이며, 다른 물건과의 관계 혹은 타자와의 관계가 존재하는 모든 곳을 일컫는다. 그러한 관계 때문에 표시는 언어를 필요로 하지 않는다.(TS 76)

언어를 넘어서는 혹은 언어보다 앞서서 존재하는 것으로서 데리다가 '최종 판결권'을 언급할 때, 그것은 어디에선가 그가 말했던 것, 즉 판결을 내리는 순간의 '비인지'로서 '법 앞에' 있다는 느낌에 대한 진술과 연결된다.(이는 8장에서 다시 언급될 것이다. 우리가 결코 내팽개치지 않았다는 것을 확인하기 위해서라도.)

하지만, 표시 개념을 강조하는 것은 동물과 동물성의 문제를 화제로 삼게 한다. 데리다의 관심은 '자연과 법의 고전적 대립, 혹은 언어가 없다고 간주되는 동물과 발화 행위의 주체이자 법과 관계 맺을 수 있다는 인간 사이의 고전적 대립'(ATED 134)에 문제를 제기하고 이를 재고하는 데 있다. 표시의 논리는 '모든 인간적 발화 행위 너머에'(ATED 134) 존재한다. 표시는 본래부터 인간적인 것이 아니다. 표시는 그 단어의 관용적 의미에서 보더라도 반드시 '언어적'일 필요도 없다. 그것은 예컨대 터널 속에 두더지가 몰래 뿌려놓은 소변 자국일 수도 있다. 데리다는 이렇게 말한다.

> 족보 표시, 회계, 고문서 따위의 문자 없는 사회는 없다. 심지어 소위 말하는 동물 사회라 할지라도 영역 표시가 없는 경우는 없다. 이렇게 본다면, 특정한 문자 모델(말하자면 통상 서구적 의미의 알파벳)을 특권화하는 것을 폐기할 필요가 있다.('ANU' 84)

여기에서 관건은 과연 데리다가 "정치적'이라는 개념의 훨씬 심각한 변형'으로서 무엇을 언급했느냐에 달렸다. 그것은 '타자와의 일종의 비'자연적' 관계 유형'으로서, 단적으로 말해, '인간만이 유독 정치적 동물은 아니'라고 생각하게 만드는 것이다.

초과

데리다가 '평범한' 의미에서 '텍스트'(혹은 '문자')라는 단어를 사용하지 않았던 것은 아니다. 다만 그 의미가 처음부터 보완되고 대체되었을 뿐이다. 이는 발터 벤야민의 작품 중에서 번역의 본질과 '원본 텍스트'의 이념과 관련한 몇 마디 진술에서 확인된다. 데리다의 주석은 이렇다.

> 텍스트가 원본적이라는 것은, 그것이 유기체나 물리적 물체와 혼동되지 않고, 말하자면 정신적인 것으로서 저자의 사망 이후 혹은 그의 서명이 사라진 이후에도 살아남아 텍스트의 물리적 성질을 능가했을 때를 말한다. 원본적 텍스트의 구조는 생존이다.(EO 121)

'텍스트'는 죽음과 생존(혹은 '연명')의 유령적 논리에 따라 표시되는, 흔적과 잔여의 효과를 뜻한다. 여기서 데리다가 '유기체 혹은 물리적 물체' 이상의 것으로서의 텍스트에 생각을 집중한다는 것은, 그가 다른 곳에서 언급한 시와 시적인 것을 이해하는 데 특히 시사적이다.(11장을 보라.)

그러므로 데리다의 '텍스트' 개념은 그 말의 고유한 의미나 관용적 의미에 대한 대체와 초과를 포함한다. 『그라마톨로지에 관하여』(1967)에서 이미 단 네 마디로 멋지게 선언했던 대체는 지속된다. 「연명Living on」(1979)에서 그는 이렇게 말한다. '텍스트의 문제는 최근 12년 사이에 정교해지고 변형되었다.'(LO 83) 「연명」은 데리다의 글 중에서도 가장 정신없고, 숨가쁘고, 폭발적인 에세이로서, 퍼시 비시 셸리Percy Bysshe Shelley(1792~1822)와 모리스 블랑쇼Maurice Blanchot (1907~2003)의 글 중에서도 가장 정신없는 몇 가지 글에 초점을 맞추었다. 이 에세이의 부제는 '국경선'인데, 매 쪽 바닥에 추가적인 '전보電報' 조각이 깔려 있어서, 테두리와 테두리선을 만들며 「연명」 밑으로 새거나 위로 넘쳐난다.(LO/BL을 보라.) 「연명」이라는 에세이에서 우리는 텍스트 개념에 관한 한 가장 서정적이며 종말론적인 선언을 만나게 된다.

'텍스트'는 그러므로 완결된 글 뭉치도 아니고, 한 권의 책이나 그 여백에 밀폐된 어떤 내용도 아니며, 오히려 자기 자신보다는 다른 것들을, 즉 다른 차이의 흔적들을 부단히 지시하는 흔적들의 직조물, 한 마디로 차이의 네트워크다. 따라서 텍스트는 여태까지 자신에게 할당된 모든 한계를 초과한다. (그 한계를 무차별적 동질성 속에 빠뜨리고 밀어넣는 것이 아니라, 오히려 그 한계를 더욱 복잡하게, 즉 주름과 선들을 잘게 나누고 겹치게 만든다.) 말, 삶, 세계, 실재, 역사 따위, 그리고 모든 참조 영역, 즉 육체나 정신, 의식이나 무의식, 정치, 경제 등등 글쓰기에 대립한다는 모든 것의 한계를 말이다.(LO 84)

이 인용은 데리다의 '텍스트' 개념이 '책'과 무관하다는 것을 강조한다. '텍스트'는 제프리 베닝턴Geoffrey Bennington이 정의했던 것처럼 '모든 표시, 흔적, 참조의 체계'로 정의된다.(Bennington 2000, 217) 두 번째 문장은 통사론적 한계를 초과하면서까지, 텍스트라는 것이 '말, 삶, 세계, 실재, 역사 따위'의 다른 여타의 것들에 대립한다는 의미에서의 '글쓰기' 문제가 아니라, 오히려 '말, 삶, 세계, 실재, 역사 따위'가 일반화된 글쓰기 개념 속에 사로잡히게 되는 방식의 문제라는 것을 성급하게 강조한다.

여기서의 쟁점은 '더는 삭제에 저항하지 않는 글'이라는 '텍스트 개념'이다.(ATED 137) 이러한 '새로운' 개념은 '텍스트'와 '글'에 관한 한 '공인된, 지배적 개념'(LO 83)의 연장으로서, 우리가 일찍이 주목했던 '해방된 일반화'(TTP 40)를 동반한다. 이는 정확히 말해 '모든 것이 글쓰기일 뿐'이라거나, 혹은 '실재는 단지 하나의 텍스트에 지나지 않는다' 등등의 결론을 내릴 수 있음을 뜻하지 않는다. 오히려 그와 반대로, 사태는 더욱 복잡하다. 사태의 복잡성은 우리가 '한계'를, 그리고 잉여, 액자틀, 경계, 경계선 등을 새롭고도 색다른 방식으로 생각해야만 한다는 데 있다.

데리다는 우리가 '지시 효과를 재고re-think'(Dec 19)해야 한다고 주장한다. 이는 '지시 대상은 없다'는 주장이 아니라, 오히려 '지시 대상은 텍스트적'(Dec 19)임을 뜻한다. 지시 대상에 대한 사유는 모두 불가결하게 「연명」에서 환기했던 '흔적들의 직조물', '차이의 네트워크' 논리에 사로잡혀 있다. 우리는 '텍스트는 현재가 아니다'(ATED 137)라는 이념까지 고려해야만 한다. 텍스트는 결정적으로 언제나 '지각 불가능'(PP 63)하다. 데리다는, 그의 말마따나, '현존하는 한계나 지각 가능한 한계가 없는 텍스트, 즉 존재하는 모든 한계를 배제하는 텍스트 개념을 재구성'(BBOL 167)하려는 것이다.

컨텍스트 바깥에는 아무것도 없다

'텍스트 바깥에는 아무것도 없다.' 데리다가 말했던 것처럼 이 구절은 '어느새 해체론의 슬로건이 되었지만, 불행하게도 그만큼 오해되고 있다.'(ATED 136) 그는 오독이나 혼동의 우려가 덜한 대안적 정식을 제시한 바 있다. '컨텍스트 바깥에는 아무것도 없다.'(ATED 136) 아니면, 더 흠잡을 데 없는 놈으로, '컨텍스트밖에 없다.'(Bio 873) 여기에서 '컨텍스트'란 '말, 삶, 세계, 실재, 역사 따위'일 수 있다. 이 경우에 데리다에 의하면, '해체론이란 이처럼 무한정한 컨텍스트를 고려하고자 하는 노력, 즉 가능하다면 컨텍스트에 가장 예민하게 그리고 광범위하게 주의를 기울이려는 노력, 따라서 부단한 재문맥화 운동을 향한 노력일지도 모른다.'(ATED 136)

여기서 우리는 다시 한 번 '가장 예민하게' 그리고 '가장 광범위한 주의 집중이라는 이중의 동작을 취한다. 다시 말해서 미세한 세부와 무한한 초과의 중요성을 동시에 긍정하는 것이다. '컨텍스트 바깥에서는 어떠한 의미도 규정될 수 없다. 하지만 어떠한 컨텍스트도 모든 것을 충족시키진 못한다.' 이는 데리다의 텍스트가 방식은 다를지라도 항상 긍정을 유지함을 뜻한다.

그렇다면 어떤 구조가 '컨텍스트 바깥에서는 어떠한 의미도 규정될 수 없지만 어떠한 컨텍스트도 모든 것을 충족시키진 못한다는 사실을 설명하는가? 데리다는 이를 때로는 '텍스트'라고 했다가, 때로는 '글쓰기'라고 했다가, 어떤 때는 '흔적' '대리보충' '디페랑스' '잉여' '반복가능성' '표시'라고 하기도 한다. 그러나 이러한 '비동의어의 대체'(Diff 12) 연쇄망의 요점은 우리가 호명한 저 구조들이 결정적으로 부차적이라는 데 있다. 「연명」에서 데리다는 이렇게 말한다. '내가 이 구조에 여러 …… 이름들을 붙이긴 했지만, 여기서 문제는 명명된 것들의 부차성이다. 명명 행위는 중요하다. 하지만 명명 행위라는 것도 통제할 수 없는 과정 속에 끊임없이 사로잡혀 있다.'(LO 81)

데리다의 저작에서는 언제나 그렇듯이, 표시 혹은 텍스트나 글 따위를 가능하게 만드는 것은 이상하고도 유령적인 힘의 문제이다. 그는 이를 「유한책임회사abc…Limited Inc a b c…」에서 매우 잘 서술했다.

> 만약에 글(및 표시 일반)이 송신자, 수신자, 생산 맥락 등등의 부재 속에서도 기능할 수 있어야 한다는 사실을 받아들인다면, 글에는 이러한 능력이, 이러한 할 수 있음이, 이러한 가능성이 항상 새겨져 있다는 것을, 따라서 표시의 기능 구조 혹은 기능화에는 반드시 가능성으로 새겨져 있다는 것이 내포되어 있다. …… 이러한 가능성은 글쓰기 구조의 필수적 부분이다.(LI 48)

세월이 지나면 모든 것이 사라진다는 것은 의심할 바 없다. 어떤 표시들은 다른 표시들보다 훨씬 더 오래 지속된다. 실제로 규범적 텍스트나 문학·철학·음악·영화에 상관없이 '위대한 작품'의 지속성 자질을, 다시 말해 그것들이 '노화에 저항'하는 능력을 가늠하고자 할 때 데리다가 추천하는 한 가지 방식은 그것을 핵폐기물과 비교하는 것이다. 그는 '핵폐기물과 '걸작' …… 사이의 정체불명의 친화성'(Bio 845)을 언급한다.

오늘 아침 일찍 친구에게 전송한 이메일이 토머스 하디의 작품보다 덜 지속적이라는 것은 의심할 바가 없지만, 그 둘은 똑같은 구조의 지배를 받는다. 표시로서 기능하려면 표시는 반드시 수신자의 부재 가능성으로 앞질러 표시되어야만 하기 때문이다. 데리다는 이처럼 표시의 '앞선' 새겨짐이나 표시 행위를 '재표시re-mark'라 부른다. 이러한 유령적 '진술(재표시)remark'이 '표시 자체의 부분을 구성한다.'(LI 50)고 데리다는 말한다.

반복가능성

여기서 살펴볼 것은 '반복가능성의 구조' 혹은 데리다의 용어로 '반복가능성iterability'(48)이다. 표시는 설사 그 표시의 저자가 사라졌다고 해도 반드시 반복해서 읽힐 수 있어야만 한다. 표시의 구조는 그것이 '반복가능'(47)하다는 사실로 구성된다. 「서명 사건 문맥」(1971)이라는 에세이에서 데리다는, '반복가능성'이라는 단어가 라틴어 iter('다시')와 산스크리트어 itara('다른')에서 동시에 도출된 것으로서 '반복을 이질성에 결합시키는 논리'임을 암시한다. 예컨대 내가 보낸 이메일 메시지를 친구가 읽기도 전에 내가 죽을 수 있겠지만, 그러나 여전히 내가 보낸 메시지는 읽힐 수 있다.

데리다가 여기서 말하고자 하는 바는 전통적인 의미에서, 즉 명백히 통상적인 의미에서의 '글'이나 '텍스트'라는 것에만 적용되지 않는다. 그것은 또한 말들에도 적용된다. 데리다가 다른 곳에서 '목소리 속의 글'(Dia 140을 보라.)이라 불렀던 것이 그것이다. 여기서 우리는 끔찍한 사례 하나를 생각할 수 있다. 2001년 9월 11일, 세계무역센터

건물로 비행기가 돌진했을 때 비행기 탑승자 중 몇몇이 연인의 음성 메모함에 메시지를 남겼다. 전화기와 녹음 기술이란 것은 의미작용의 구조 속에서 언제나 이미 작동하는 것을 다만 더욱 선명하게, 더욱 눈에 선하게graphic(이 단어를 사용해도 된다면) 만들 뿐이다. 이 필수적 가능성을 '죽음'이라 명명할 수 있을 것이다.(SEC 8을 보라.) 지명 행위는 부차적이다. 그것은 '흔적'이라든가 '현재하지 않는 잉여restance'라고 할 수도 있다. 그것은 괴기스럽다. '필수적 가능성'은 현재하지도 부재하지도 않으며, 출몰하는 것이다. 데리다는 이렇게 말한다.

> 글이 글일 수 있으려면 그것은, 글의 저자라는 작자가, 자신이 쓴 것에 대해서, 즉 자신이 서명한 것에 대해서, 일시적 부재 때문에, 혹은 죽어서, 더 일반적으로는, 의도한 것을 말하려는 충실한 욕망이라든가, 절대적으로 실제 현재하는 의도나 주지를 뚜렷이 내세우지 않았기 때문에, 그가 더 이상 응수할 수 없다 할지라도 반드시 계속해서 '작동'하며 읽힐 수 있어야 한다. '그의 이름으로' 씌어졌다는 것을 유지하려면 말이다.(SEC 8)

이러한 글 개념에는 섬뜩한 왜곡이나 비꼼으로 보일 법한 것이 있다. 말하자면 데리다가 말하는 '충족', 즉 '절대적으로 실제 현재하는 의도나 주지', 그리고 순수 현재의 충족성이란 모두 죽음을 가리킨다. 우리의 욕망에는 목적이 있기 마련이다. 이 친구는 언제 요점을 말할 것인가? 언제 집에 갈 것인가? 언제 술집에 들러 한 잔 할 것인가?

애석하게도, 우리는 목적론의 세계teleological(여기서 우리는 텔로스 telos가 고대 그리스어에서 '목표' '표적' '목적'이었다는 걸 상기할 수 있다.)

에 흠뻑 빠져 있다. 우리는 텔로스라는 지워지지 않는 상표를 단 욕망에 끌려 다닌다. 이 때문에 이중 구속의 상태가 발생하는데, 데리다는 이를 다음과 같이 간명하게 정식화했다. '충족이 종점the end(목적)이지만, 그러나 그것이 달성되면, 종점the end(죽음)이 기다린다.' (ATED 129)

이는 또한 인간과 기계가 연결되는 지점이기도 하다. '글을 쓴다는 것은 표시 하나를 생산하는 것과 같다. 이번에는 그 표시가 다시 생산적인 기계를 구성하게 된다. 그리고 나의 미래가 소멸된다 해도 그 사실이 표시라는 기계의 작동을 방해할 수는 없다.'(SEC 8) 이 표시는 유일성을 유지하면서도, 마치 기계와 같은 반복 혹은 반복가능성을 띠게 된다. 어떤 의미에서 텍스트는 동일한 상태를 유지한다 하더라도 컨텍스트는 영구적으로 변하는 법이다. 읽을 수 있는 것이라면 무엇이든지 간에, 그것이 '멋대로 해라' 따위의 화장실의 낙서 조각이든, 아니면 '우산을 잊어버렸다'라는 구문이든 간에, 그것은 반드시 '구조적으로 모든 살아 있는 의미에서 해방되어'(Sp 131) 있음이 틀림없다.

단어 하나에서도 틀림없이 반복은 가능하다고 데리다는 주장한다. 말하자면, 표시라는 것은 틀림없이 원칙적으로 온갖 컨텍스트에서 재삼재사 반복될 수 있는 능력을 보유하면서도('어떠한 컨텍스트도 충족시킬 수 없다.'), 다른 한편으로는 어떤 의미에서 매 순간마다 유일성으로 존재한다는 것도 틀림없는 일이다.('어떠한 의미도 컨텍스트 바깥에서는 결정될 수 없다') 반복가능성은 그러므로 '반복'(동일성)과 '변모'(차이)를 동시에 동반하는 현상이다.

순식간에 요약하기

이 장을 시작하며 나는 데리다가 언어철학자도 아니고 텍스트 중심 비평가도 아니라고 주장했다. 비록 그가 언어의 문제, 언어학, 수사학, 텍스트, 언어행위 이론 등등에 깊은 관심을 보였다고 할지라도 말이다. 찬사의 대상이지만, 다른 한편으로는 악명 높은 그의 주장, 즉 '텍스트 바깥에는 아무것도 없다'는 말은 더욱 일반적인 텍스트 개념으로 이해돼야 한다. 다시 말해서 '텍스트'라는 것을 '해방된 일반화' (TTP 40)로 생각해야 한다.

텍스트는 '현재하지 않는 잉여' 논리의 지배를 받는 '흔적들의 직조물'이다. 그 잉여로 인해 순수 현재의 불가능성이, 절대적 의미 충만이나 의도 충만의 불가능성이 구성된다. 데리다의 사유 작업을 이해하는 데는 전통적인, 좁은 의미에서의 '텍스트'나 '글'을 통하기보다는 표시에 입각해 생각하는 것이 여러모로 도움이 된다. 데리다의 사례를 들면, '내가 좋아하는 음악을 들으며 나는 누군가에게 눈짓을 보낸다.'(LI 50)고 했을 때처럼, 표시는 하나의 눈짓인지도 모른다. 현재하지 않는 잉여의 논리가 법을 구성한다. 그 법이 '글'뿐 아니라 말에도, 몸짓언어에도, 그리고 경험 일반에까지 영향을 미친다. '만약 어떠한 경험도 순수 현재로 이루어지는 것이 아니라 오로지 차이를 만드는 표시들의 연쇄로 이루어졌다는 데 동의해준다면, 나는 그 법을 모든 '경험' 일반에까지 확장시키려 한다.'(SEC 10)

07

디페랑스 혹은 차연

언어와 의미의 조건, 디페랑스

최대한 유창하게 이 단어를 발음해본다. '디페랑스differance.' 즉, 'a'가 들어 있는 '디퍼런스difference'를 말이다. 데리다는 프랑스어에서 'difference'와 'defferance'의 차이점이 '들리지 않는다'(Diff 3)는 사실을 강조한다. 영어에서도 마찬가지다. 아무리 발음해보려고 해도 그것은 'difference'의 동음이의어로 들릴 뿐이다. 프랑스어로는 'e'에 악센트를 넣어서 différance라고 해야 하지만, 여기서는 최대한 '영어식'으로 번역했다.

　데리다의 작품에서는, 페이지나 컴퓨터 화면의 여백에서는 물론이려니와 목소리에서조차 자주 문젯거리가 발생한다. 디페랑스는, 앞서 말했듯이 '비동의어non-synonymous 대체'(Diff 12)의 무한 연쇄 중에 있는 또 다른 명칭에 지나지 않는다. 이 말은 데리다의 신조어인 것이다. 그러나 이미 나는 그것을 가리켜 하나의 명칭이나 단어인 것처럼 오해하게 만들었다. 가장 농축된 자세한 설명은 「디페랑스Differance」라는 1968년의 에세이에서 찾아볼 수 있다. 이 에세이는 『그라마톨로지에 관하여』(1967)(OG), 『목소리와 현상』(1967)(SP) 및 기타 초기 저작들에서 발견되는 논거들을 압축해서 전시한 것이라 할 수 있다.

　「디페랑스」(1968)에서 한 데리다의 선언에 따르면, 디페랑스는 '단어도 아니고 개념도 아니다.'(Diff 7) 디페랑스는 '이름도 아니다.'(26) 디페랑스의 문제를 무엇인가의 견지에서 접근하는 것은 잘못이다. 디페랑스는 현재를 가능하게 만들어주지만, 반면에 그와 동시에 현재를 그 자체와는 달라지게 만드는 것'이다. 만약 이 말이 심란하게 들린다면, 앞으로 최대한 명료하게 만들겠다고 약속하겠다. 하지만 디페랑스라는 것이 무슨 짓을 해도 여전히 심란한 것임은 첨언해둔다.

여기, 아마도 끔찍한 두 개의 해방된 문장에, 디페랑스가 서술되어 있다.

디페랑스는 의미작용이라는 운동을 가능하게 만드는 것으로서, 소위 '현재적' 요인이라는 것들이, 즉 현재라는 장에 등장하는 개개의 요인들이, 자기 아닌 다른 것, 말하자면 그 안에 과거적 요인의 표시를 품고 있으면서, 또한 이미 미래적 요인에 관련된 표시에 오염된 것, 하지만 과거라는 것에 관련되기보다는 차라리 미래라는 것에 더 많이 관계된, 흔적과 관계를 맺는 것인데, 바로 이 흔적이 말하자면 존재하지 않는 것, 절대로 존재하지 않는 것, 다시 말해 심지어 변형된 현재로서의 과거나 미래조차도 아닌 것과의 관계를 통해 현재라고 하는 것을 구성하는 것이다. 현재가 현재이기 위해서는, 어떤 간극이 현재를 현재 아닌 것에서 구별해줘야 하는데, 그러나 현재를 구성하는 이 간극이, 같은 이유에서, 현재를 즉자적인 것과 대자적인 것으로 구별해야만 하는데, 따라서 현재 주변에서는, 현재에 기초한다고 생각되는 모든 것이, 말하자면 형이상학의 언어로 하면, 모든 존재, 특별히 실체나 주체가 분열된다.(Diff 13 ; SP 142-3 참조)

다음에서 나는 이 끔찍하게 난해한 구절을, 일상적인 쇼핑 목록 쓰기 혹은 읽기와 관련된 두 개의 사례를 들어 설명할 작정이다. 데리다의 견해에서, 물론 다른 사람들의 경우에서도, 사례는 결정적이다. 데리다의 말마따나, '사례는 언제나 그것 이상을 말해준다. 그렇기 때문에 사례에서 증언의 차원이 열리는 것이다. 사례는 무엇보다 먼저 다른 사람들을 위한 것이므로, 자신을 초과하는 것이다.'(SM 34)

이제 내가 제시할 사례가(비록 내 것은 아니지만) 디페랑스에 대한 일종의 해제가 되길 희망한다. 그러나 이러한 예비적 단계에서 강조해둘 바는, 그렇다고 해서 이것이 '봐, 여기, 디페랑스가 있잖아! 알아볼 수 있어?'라고 말할 문제는 아니라는 점이다. 디페랑스는 사례를 가능하게 하는 조건이다. 진정으로, 디페랑스는 언어와 의미의 조건이며, '시간의 공간되기becoming-space 혹은 공간의 시간되기becoming time'(Diff 13)의 조건이다.

국제 탁구 심판되기

당대의 비평가 프랭크 커모드Frank Kermode는 그의 명저 『종말 의식 The Sense of an Ending』(1967)을 회고하는 에세이 「종말, 그 후Endings, Continued」(1989)에서 데리다의 『그라마톨로지에 관하여』를 두고 '놀라운 지적 공훈'이라 했다. 그런데 그 도입부에 선뜻 믿지 못할 단도직입적인 대목이 제시되어 있다.

어느 정도 교수 '직'을 의식하고 작성한 듯, 커모드는 데리다의 '기량이 때로는 같은 전문가들 사이에서뿐 아니라, 같은 인간들 사이에서도 공감을 얻기에 참으로 난감하다는 느낌을 받을 때가 있다.'고 밝힌다. 이어서 '차이의 작동을 계속 주시한다는 것은 …… 인간적으로 지지받기 힘들 것'이라고 말한다. 그러므로 커모드는 '설사 실제로는 그렇다 할지라도, 대부분의 사람들은 여전히 마치 그렇지 않은 것처럼 행동할 것'임을 암시한다.(Kermode 72-3)

커모드는 여기에서 정신분석학적 용어로는 '부인否認'에 해당되는, 매우 중대한 어떤 사실을 지적한다. 이를 번역하면 이렇게 된다. '나는 데리다의 서술이 참이라는 것을 안다. 하지만 나는 내 인생을 마치 그렇지 않은 것처럼 살아갈 작정이다.'

(정신분석, 그중에서도 특히 프로이트 저작이 데리다를 이해하는 데 결정적으로 중요하다는 점을 강조하기에는 이 지점이 적합한 것 같다. 데리다는 정신분석학의 강점과 약점을 승인하고 그것을 정교하게 하려고 꾸준히 노력해왔다. 그것이 부인否認의 맥락에서인지는 알 수 없지만 더 일반적으로 글쓰기와 기억, 제도로서의 정신분석학, 무의식, 의미나 결과의 지연, 고백과 자서전, 이성, 진리와 거짓말, 욕망, 저항, 문학, 우연과 미신, 텔레파시와 섬뜩함 등등이 여기에 해당된다. 특히 FSW, T, SF, FV, F, MPI, GARW, MC, AF, RP, PS. 등을 보라.)

그러나 데리다가 묘사하는 '디페랑스의 작동'이란 것이 커모드의 주장처럼 겁날 정도로 어려운 것도 아니다. 물론 '놀라운 지적 공헌'을 독자에게 요구하는 바가 없다는 뜻은 아니다. 누구라도 『그라마톨로지에 관하여』라는 책을 비롯한 데리다의 다른 저작들을 누워서 떡 먹듯이 가볍게 생각할 수는 없다. 널리 알리고 싶은 비유는 아니지만, 아무튼 데리다를 떡 한 덩이에 비유하면, 우리는 프리드리히 엥겔스Friedrich Engeles(1820~95)가 헤겔을 두고 한 말을 상기해야 한다. '그 친구를 소화하는 데는 시간이 걸린다.'(Pos 76)

철학에서든 문학에서든 아니면 다른 무엇에서든지 간에, 위대한 작품의 등장은 변함없이 어느 정도의 몰이해와 당황, 망설임을 유발하기 마련이다. 위대한 작품에 대한 수용의 맥락이 바뀌는 데는 시간이 걸리는 법이다. 어떤 점에서 보면 우리는 아직도 플라톤을 소화하는 중이라 말할 수 있다. 예컨대 그의 '파르마콘'이 과연 독인지 약인지, 얼마만큼이나 독이면서 약인지 확신할 수 없다는 것이다.(PP 70ff를 보라.) 데리다의 진술에 따르면, 플라톤은 아직도 '꾸준히 읽히는 중이다. 플라톤의 서명은 아직도 종결되지 않았다.'(EO 87)

'차이의 작동을 계속 주시한다.'는 커모드의 진술은 약간 기괴하다. 이 말은 마치 사람들이, 예를 들자면 무의식이나 상대성 이론을, 혹은 특정 사태나 특정 인물을 '계속 주시'한다는 것처럼 들린다. 예전에 에릭 아이들Eric Idle이 출연했던 텔레비전 코미디 시리즈물 '몬티 파이튼Monty Python' 중에 〈꼼짝도 하지 마Do Not Adjust Your Set〉라는 것이 있었다. 내 기억으로는 어떤 단막극에서 에릭 아이들이 호주 말투의 스포츠맨이었던 것 같은데, 국제 탁구 심판 역할을 했다. 카메라를 앞에 두고, 끊임없이 고개를 좌에서 우로, 우에서 좌로 연신 돌려대며, 그는 약간의 권위와 자부심을 드러내며 이렇게 말한다. '탁구 심판 생활 40년이다! 누가 이런 심판이 되고 싶겠는가? 어찌 아무나 할 일인가?'

커모드의 진술에 오해의 여지가 있는 것은 그 진술의 현재주의적 성향 탓이다. 그는 디페랑스를 현재로써, 다시 말해 '계속' 명백히 중단없는 '주시' 행위로써, 그리고 '사물이 실제로 존재하는 바로 그려낸다. 디페랑스는 현재가 스스로 그 내부에서부터 만들어내는 차이'이다. 그것은 현재를 가능하게 만들어주는 것이며, 동시에 현재를 불가능하게 만드는 것이기도 하다. '동시에'라고 했을 때, '동시同時'의 '동同'은 유령과도 같다.

에릭 아이들의 단막극은 국제 탁구 심판에게 필요한 '계속 주시'를 통해 현재라는 것을 요약해 보여주는 것인지도 모른다. 하지만 이러한 단막극, 즉 텔레비전 녹화가 이미 유령적이다.(모든 텔레비전 프로그램은 유령적이다. 『텔레비전 통신 기록Echographies of Television』[ET]을 보라.) 에릭 아이들의 고개 운동, 그리고 '탁구 심판 생활 40년이다.'라는 그 말은 이상한 반복가능성과 타자성을 조건으로 했을 때에만 의미를 띤다. 그의 모든 고개 돌리기, 그의 모든 말은 다만 그것이 반복가능할 때에 한해서만, 다시 말해서 그것이 절대로 동일한 상태에 머물지 않고 유일한 것이 아닐 때에만, 바로 있는 그대로인 것, 즉 자신과 동일하며 유일한 것이 된다.(앞 장의 말미에서 언급했던) 눈짓을 생각해보라. 데리다는 이렇게 말한다. '존재하는 것은, 만약 거기에 반복의 가능성이 첨가되지 않는다면, 그것의 무엇임도, 그 정체성도, 고유성도 존재하지 않는다.'(PP 168)

신학과 연관된 모든 것을 차단하기

디페랑스는 차이와 연기라는 두 가지 개념을 하나로 맺어준다. 처음부터 디페랑스는 존재해왔을 것이다. 『목소리와 현상』 마지막 장에서 데리다는 이렇게 적었다.

디페랑스는, 지연을 뜻하는 연기와 능동적 차이 만들기 활동을 뜻하는 차이, 이렇게 양자로 분리되기에 앞서는 것으로 생각할 수 있다. 물론 디페랑스는 처음부터 의식, 즉 현전에 입각해서 생각하거나 혹은 그와는 정반대로, 부재 또는 비非의식에 입각해서 생각할 수 있는 것은 아니다.(SP 88)

대리보충과 마찬가지로, 디페랑스도 광적이다. 실상 디페랑스와 대리보충의 관련성은 『목소리와 현상』의 마지막 장에 명시적으로 드러나 있다. '대리보충을 수행하는 것이 실상은 디페랑스이다', 그것은 '현전에 균열을 내는 동시에 현전을 지연시키는 차이의 작동'(SP 88)이라고 데리다는 말한다. 또는 「…저 위험천만한 대리보충이…」 장에서 루소를 독해하는 과정에서 지적했듯, '대리보충'은 '디페랑스의 또 다른 이름'이다.(OG 150) 대리보충과 마찬가지로, 디페랑스는 '현전도 부재도 아닌' 어떤 것의 문제이다. '어떠한 존재론도 그것의 작동을 사유해낼 수 없다.'(OG 314)

따라서 디페랑스는 누군가 몰입하여 '계속 주시'할 수 있는 성질의 것이 아니다. 그것은 정확히 말해 '처음부터 의식에 입각해서는 생각할 수 없는 것'이다. 하지만 데리다의 글쓰기의 특성으로 프랭크 커모드가 초점과 시선의 비상한 안내를 지적했다는 점은 덧붙일 필요가 있다. 광적으로 헌신적인 탁구 심판에 관해서든, 아니면 '공중 곡예사'(최소한 한 번은 자신을 향해 데리다는 이렇게 말했다. T 499를 보라.)에 관해서든, 데리다의 텍스트는 사실상 놀라운 경계 감각을 보여준다.

'처음부터 의식에 입각해서는 생각할 수 없다고? 이 소리는 너무 종교적인 거 아냐?'라고 중얼거릴 사람도 있을 것이다. 확실히 데리다의 저작을 접한 일부 독자들은 디페랑스를 신의 다른 이름으로 이해했던 것 같다. 하지만 디페랑스를 하나의 이름으로 받아들이는 것은 오해의 여지가 있다. 그 '이름'이라는 것이 어느 정도 '상대적으로 통합적이고 원자적인 구조'(Diff 26)를 함축한다면 말이다.

'디페랑스' 자체가 이미 '원자라는 것은 없다'(앞서 인용했던 격언조의 명제를 상기할 것, Dia 137)는 사실을 가리키는 것이다. 데리다가 다른 곳에서 말했던 것처럼, '디페랑스'는 '어떤 대상의 이름이 아니며, 현전할 수도 있는 어떤 '존재' 개념도 아니다. 또한 같은 이유에서 디페랑스는 하나의 개념이, …… (다시 말해서) 어떤 것에 대한 개념이 아니다.'(Glendinning 2001, 85) 비록 그것이 이름 붙일 수 없는 것일지라도, 그것은 '이름을 부여할 수 없는 무언의 존재, 예컨대 신과 같은 존재가 아니다. 차라리 디페랑스는 '명명 효과를 가능하게 해주는 유희'다.(Diff 66)

1971년 한 인터뷰에서 데리다는 이렇게 말했다. '그것은 신학과 연관된 모든 것을 차단한다.'(Pos 40) 디페랑스는 '이름the name이라는 명사the name에 의문을 제기하는 것'으로, 즉 '고유명사의 가능성을 좌초시키는 것'으로 해석될 수 있다. 디페랑스가 아무리 '이름들의 연쇄적 교체'의 범위 안에서 '명명 효과'의 '그물에 사로잡혀' 있다고 할지라도 말이다.(Diff 26-7) '차이에 대해서는 수행자, 저자, 지배자를 가리키는 주체가 없다. …… 주체성은 객관성과 마찬가지로

디페랑스의 효과일 뿐이다.'(Pos 28)

「디페랑스」라는 에세이는 꽤나 인유적인 텍스트이다. 헤겔, 소쉬르, 후설, 에마뉘엘 레비나스Emmanuel Levinas(1925~95), 알렉상드르 코이레Alexandre Koyré(1882~1964), 질 들뢰즈Gilles Deleuze(1925~95), 자크 라캉Jacques Lacan(1901~1981) 등의 저작이 등장하는데, 무엇보다 데리다의 저작 일반을 이해하는 데 가장 결정적인 세 명의 현대 사상가라 할 니체와 프로이트, 하이데거의 저작이 이 에세이의 기본 토대를 이룬다.

데리다는 니체, 프로이트, 하이데거의 저작을 예리하고 주의 깊게 독서하는데, 그것은 에세이의 제목(디페랑스)이 된 신조어가 '대부분 그들의 텍스트의 이름으로 등장하기'(Diff 17) 때문이다. 문제는 이 사상가들이 어떻게 '확신을 가지고 의식을 의문에 부치느냐이다. 니체, 프로이트, 하이데거의 저작은 모두 '의식을 자기 현전self-presence 하는 의미로' 생각하는 '현전의 형식이나 현전의 시대'를 뒤흔들어놓는다.(Diff 16) 여기서 '나는 생각한다와 나르시시즘의 탈중심화에 대해서는 2장을, 그리고 지진으로서의 해체론에 대해서는 3장의 논의를 상기할 수 있다.

여러 가지 이유에서 '디페랑스'도 인용될 수는 있다. 디페랑스는 단어가 아닌데, 사실상 적절성 면에서 단어라 하기에는 몇 퍼센트 부족하다. 디페랑스는 데리다의 것도 아닌데, 마찬가지로 니체의 것도, 프로이트의 것도, 하이데거의 것도 아니다. 우리는 여기에서 인용 부호의 일반적 사용'(SST 77)에 대한 경계심을 실천에 옮기는 해체론의, 약간은 아찔한 특성을 상기하게 된다. 비현전의 잉여나 대리보충과 마찬가지로, 디페랑스도 개념을 가능하게 만들어주는 '개념'이다. 디페랑스 없이는 '중심 이념'도 없다.

쇼핑 목록 적기

이것을 쇼핑 목록의 사례를 들어 설명해보도록 하자. 디페랑스는 쇼핑 목록이 적힌 수첩에서도 작동하는 것이다. 그것은 현전과 동일성에 균열을 내고, 차이를 만들며, 지연시킨다. 데리다는 이렇게 적고 있다.

'내'가 쇼핑 목록을 작성하는 바로 그 순간, 나는 알고 있다. (여기에서 '알다'라는 것은 통상적인 의미로 사용된 것으로, 반드시 이미 구성된 대상과 누려야 하는 관계를 가리킨다.) 그것이 나의 부재를 함축하는 유일한 목록일 수 있음을, 그리고 그것이 나의 '현재' 활동을 넘어서까지 기능하고자 이미 내게서 떨어져 있음을, 그리고 나의-현재-지금-존재가 부재할 때 다른 시간에서라도 유용할 수 있게 되어 있다는 것을, 비록 나의 부재가 단순한 '기억의 부재'라 할지라도, 즉 아주 잠시만 이용하려고 만들어진 것이라 할지라도, 하지만 그 잠시라는 것도 이미 다음 순간일 테니, 그것은 글을 쓰는 지금의 부재이며, 손에 볼펜을 쥐고 있는, 글의 보증자의 부재일 것이겠지만 말이다. 그러나 얼마나 정교하게 점을 찍는다 할지라도, 모든 표시의 스티그마stigmē('점point'을 가리키는 고대 그리스어)가 그러하듯이 그 점은 이미 쪼개져 있다. 쇼핑 목록의 작성자는 그 수신자와 동일하지 않다. 그들이 아무리 서로 이름이 같고 하나의 자아 정체성을 공유한다 할지라도 말

이다.(LI 49)

슈퍼마켓에 들어섰을 때, 우리는 나 자신의 달라진 모습을 확인하려고 친구나 이웃을 대신하여 쇼핑하는 것이 아니다. 그저 냉동 야채 칸 앞에 멈춰 서서 쇼핑 목록을 쳐다보기만 해도, 그 목록의 수신자인 우리는 이미 그 목록의 작성자와 동일 인물이 아니다. 처음부터 우리는 이 점을 안다. 그렇지 않고서야 왜 그 상품 목록을 작성할 생각을 했겠는가. 그렇다 할지라도 여전히 우리는 그 목록을 작성하는 일이 진정 우리의 기억을 되살리기 위한 어떤 것, 다시 말해서 대리보충이었다고 믿고 싶을 것이다. 대리보충이라고? 대리보충? 대리보충이 뭐더라? 아마 벌써 잊어버렸을 것이다. 그렇다면 우리는 앞의 5장으로 되돌아가야 한다.

데리다는 계속 이렇게 말한다. '진정 이러한 자기동일성이나 자기현전이 확실해지는 것은 쇼핑 목록을 작성한다는 생각 자체가 차라리 불필요한 일인 경우, 혹은 그것이 적어도 별난 강박의 산물인 경우에 한한다. 작성자와 수신자의 현전이 그렇게 확실하다면 내가 왜 굳이 쇼핑 목록 문제로 이 고생을 하겠는가?'(LI 49)

여기서 잠시 에드거 앨런 포Edgar Allan Poe(1809~49)의 반어적 진술을 들어보자. '지금 당장 모든 것을 잊어버리고 싶다면, 기억해야 할 것들을 공책에 적어보라.'(Poe 1978a, 1114) 포는 데리다와 정반대로 말하는 것처럼 보인다. 하지만 사실상 양자 모두 글쓰기와 기억 혹은 망각 사이의 이상하지만 친밀한 연관성의 문제를 언급했다. 그것이 바로 '독'이면서 동시에 '약이 되는 파르마콘pharmakon으로서의 글쓰기 문제이다. 글쓰기의 파르마콘(PP에서 플라톤을 별나게 독해하여 데리다가 발견한 것)은 기묘하게 기억에 좋기도 하고 나쁘기도 하다. 글쓰기는 기억을 도와주면서 동시에 기억하지 못하도록 방해한다. 데리다는 한 인터뷰에서 이렇게 말한 적이 있다. "좋은 파르마콘에는 언제나 나쁜 파르마콘이 기생한다."(RD 234) 포가 자신의 발상을 공책에 기록할 수밖에 없었던 것은 당연하다. 다시 생각날 수도 있고 아닐 수도 있는, '파르마콘'은 또한 '처방전'을 뜻하기도 한다.(PP 71을 보라.) 쇼핑 목록은 분류의 파르마콘이기도 하다.

의식의 새로운 문제적 성격

'현재 텍스트 일반'이란 없다. 중요한 초기 에세이 「프로이트와 글쓰기의 장면Freud and the Scene of Writing」(1966)에서 데리다는 이렇게 말한다. '과거가 된 현재 텍스트, 즉 줄곧 현재였다가 과거가 되어버린 텍스트는 없다. 텍스트라는 것을 두고 원래의 현재 형식이라거나 변질된 현재 형식을 생각할 수 없다.'(FSW 211) 그것이 무엇'이'기 위해서, 텍스트는 본래부터 훼손된, 불순해진, 열려진, 귀신 들린 것이며, 흔적들 및 흔적들의 흔적으로 구성되어 있다. 어떠한 텍스트도 순수하게 현재하지 않으며, 순수하게 현재하는 텍스트가 과거에 있었던 적도 없다. 왁자지껄한 거리로 나서기 전에, 조용하고 평화로운 집에서 평안히 작성된 쇼핑 목록이라 할지라도 마찬가지다.

앞 장에서 보았듯이, 의미작용의 구조는 반복가능성〔repeatability 혹은 iterability〕의 논리를 동반한다. 쇼핑 목록에 적힌 여러 요소들은 반복될 수 있어야만 한다. 그렇지 않다면 그것을 읽을 수조차 없을 테니까. 의미 만들기에서 이러한 반복가능한 측면 혹은 반복적 측면이 의미하는 바는, '쇼핑 목록'에 포함된 상품이란 개념에서 얘기하자면, 쇼핑 목록이란 것이 언제나 과거의 텍스트나 요소들을 가리키면서도, 한편으로 또한 미래를 가리킨다는 것을 뜻한다. 그러나 '과거'나 '미래'라는 것도 여기서는 어디서나 늘 충분히 현재적인 것은 아니다. 우울하게 만들고 싶진 않지만, 이러한 맥락에서 죽음이라는 필연적 가능성을 생각해보자.

슈퍼마켓으로 가는 도중에 내가 사고로 죽을 가능성은 언제나 있다. 하지만 그렇다 해도 나의 쇼핑 목록은 여전히 누군가 읽어볼 수 있다. 몇 가지 이유에서, 다른 사람이 나의 사후 쇼핑 목록에 흥미를 느꼈었다면 말이다. 하지만 다른 사람이 이것을 읽을 수 있다면, 이러한 독해가능성은 이번에는 그 사람에게 가능한 죽음으로 인해 구조화된 것이다. 「서명 사건 맥락Signature Event Context」에서 데리다는 이렇게 주장한다. '받는 사람의 죽음을 구조적으로 뛰어넘는 독해가능성, 즉 반복가능성이 없는 글은 글이 아닐 것이다.'(SEC 7)

이렇게 죽을 가능성이란 미래 속에 '현재'하는 것이 아니라 차라리 과거 속에 '현재'한다. 그것은 근원에 존재하는 문제의 유령성이며, 의미작용의 구조로서 포함된 유령성이다. 그것은 슈퍼마켓으로 가는 도중 20분 사이에 발생할지도 모를 가장 기분 나쁜 사고인 나의 죽음을 생각하는 정도의 '단순한' 문제가 아니다. 그것은 오히려 내가 적어놓은 쇼핑 목록 속에 노골적으로 출몰하는 모든 표시들, 모든 요소들의 문제이다. '미리 앞질러서 …… 다시 표시re-mark(하기)가, 즉 표시에서 검출된 '선천적' 구멍이 존재한다. 그 구멍 덕분에 내가 쇼핑 목록을 가지고 구매를 하든지 안 하든지 상관없이, 쇼핑 목록은 독해 가능한 상태로 지속할 수 있는 것이다. 맥락이 달라져도 (다시) 읽히게 만들어주는 쇼핑 목록의 능력은 '현재하지 않는non-present 잉여'에서 나온다. 그것이 처음부터 쇼핑 목록의 독해를 가능하게 해주는 반복가능성〔repeatability 혹은 iterability〕의 논리다. 쇼핑 목록은 그것이 작성된 원래의 맥락과 단절될 수 있어야 하며, 이러한 단절은 의미작용의 구조 속에 이미 새겨져 있다. 데리다는 이렇게 말한다.

(추정되는 제작 시점 혹은 '근원'에서의 이러한 단절이나 절단을) 설정하고자 작성자나 수신자가 죽게 되어 쇼핑 목록이 누군가의 주머니 속에 들어가는 것을 상상하거나, 혹은 잠시 스스로 훼방할 심산으로 종이에서 펜을 들어 올릴 필요가 없다. 그 단절은 표시가 이루어지는 바로 그 순간에 동시에 개입하는 것이다.(LI 53)

쇼핑 목록에 적힌 모든 표시, 모든 요소는 이러한 단절을, 즉 '절대 그것이 아닌 것'과의 관계를 동반한다.(Diff 13)

나의 쇼핑 목록이 내 눈앞에, 그리고 내 마음속에 순수하게 현재한 적은 결코 없다. 그렇다고 해서 우리가 현재라는 개념 없이 살아갈 수 있다고 데리다가 말하는 것은 아니다. 그는 현재라는 개념을 좋아하며, 심지어 매혹되어 있다. 스타일은 독특하지만, 데리다는 다른 사람과 마찬가지로 현실 세계에 거주한다. 다른 사람과 마찬가지로 그 또한 욕실로 들어간다. 거기에서 그와 고양이 사이에 무슨 일이 일어

낳는가 하는 문제는 비록 그 세계에서 다른 사람들에게 발생한 일과는 다르겠지만 말이다.(TS 42를 보라.) 하지만 그도 고해성사는 '앉아서' 할 것이며(TS 42를 보라.), 다른 사람과 마찬가지로 기차나 비행기를 잡아타고, 정확한 시간과 정확한 장소에 나타나야만 한다. 우리 중 누구라도 '날짜'나 '시간표'가 없으면, 혹은 '차이를 지배 혹은 축소하려고, 차이를 사로잡아 규정해버리려고, 우리가 시공간 위에 그물처럼 던져놓은 온갖 코드들'(AC 419)이 없으면 살아갈 수가 없다. 여기서 문제는 현재라는 개념을 제거해버리는 것이 아니라, 인간 주체(이 경우, 쇼핑의 주체)를 제거한다는 것에 있다.

도리어 현재, 정체성, 주체 등에 대한 생각을 새롭게, 색다르게 변경할 가능성이 문제이다. 따라서 '오늘날 의식보다 더 참신한 문제가 있는가?'라며 데리다가 반문할 때마다, 그리고 그가 '의식의 문제적 성격을 재정비할'(H 87) 필요성을 제기할 때마다 환기되는 것은 새로움이다. 그 새로움을 그는 「유한책임회사」라는 글에서 이렇게 명명했다. 즉, 그것은 '현재의 가치, 즉 자신이나 타인에게 현재의 가치, 그리고 디퍼런스와 디페랑스의 가치 등에 대한 엄밀하고도 쇄신된 분석'(LI 49)이다.

생각해보면, 디페랑스는 '생각해볼 수 있는 것'이다. 하지만 '그것은 우리가 의식, 즉 현재에 입각해서 생각하거나, 혹은 그와는 정반대로, 부재 또는 비非의식에 입각해서 생각할 수 있는 것은 아니다.' 만약 '텍스트라는 것이 원래의 것이든 혹은 변형된 것이든 현재의 형식으로는 생각할 수(프랑스어로는 pensable) 없는 것일지라도,'(FSW 211) 그럼에도 그것은 계산되어야만 한다. 그러나 계산이라는 것도 여기서는 유독 이상한 종류의 것이 되고 마는데, 그것은 계산불가능한 것을 계산해야 하기 때문이다. 디페랑스는 '어색하고 불편한(Diff 12) 사유, 즉 '판결 계산법이나 판결 역학(FSW 203)과는 어긋나는 사유를 요청한다.

동일성과 차이, 차이와 연기, 반복과 타자성을 한꺼번에 가져다주는 이상한 '논리'인 디페랑스는 우리가 결코 따라잡을 수 없는 탁구공이다. '디페랑스라는 것이 생각할 수 없는 것'이라면, 그것은 우리가 '동일자와 전적 타자를 …… 동시에 생각할 수 없기' 때문이다.(Diff 19) 다시 한 번, 우리는 미래를 기준으로 한 '전적 타자'의 의미를 그려볼 수 있다. 쇼핑 목록은 미래에 읽힐 수 있음을 약속한다. 그 미래는 목록 작성자의 현전도 그가 의도한 수신자의 현전도 요청하지 않는 미래이며, 다가올 미래이긴 하지만, 절대 예측 불가능한, 미지의, 근본적으로 미결정된 미래이다.(TS 20-1 참조) 그래서 한 인터뷰에서 데리다는 이렇게 말했다. "디페랑스는 도착하고 있는 것 혹은 막 도착할 것의 긴박감을 산출하고 싶어하는 사유이다."(DA 534)

엘리자베스 바우엔의 쇼핑 목록

문학의 사례를 살펴보자. 엘리자베스 바우엔Elizabeth Bowen의 위대한 소설 『마음의 죽음The Death of the Heart』(1938)에 나오는 쇼핑 목록이 그 사례이다.

　　욕실용 비누 하나

진통제 여섯 알

연어와 새우 페이스트 한 병(작은 것)

냄비용 철수세미 하나

바이슈레이티드 마그네시아 알약 한 병

갈색 고기 소스 한 병

"천연" 양털로 된 실타래 하나(디키의 양복 옷감)

전구 하나

양상추 하나

휴대용 의자 안장 길이의 캔버스 천 하나

코르셋 수선에 쓸 고래뼈 몇 조각

양 콩팥 두 개

작은 나사못 여섯 개

《교회소식》 복사본 하나(Bowen 1962, 154)

　이 쇼핑 목록은 켄트에 있는 바닷가 저택의 여주인, 헤콤Heccomb 부인의 것이다. 그 집은 『마음의 죽음』의 주인공인 16세 고아 포르샤가 손님으로 여러 달째 묵는 곳이다. 헤콤의 쇼핑 목록은 특별히 군침을 돌게 만들지는 않지만, 그래도 묘하게 혀를 자극하는 데가 있다. 마치 낡은 흑백사진을 보는 것 같다. 이것은 또 다른 시대를, 바이슈레이티드 마그네시아 알약은 물론 양상추까지도 더는 존재하지 않는 것들을, 그리고 더 이상 살지 않는 연어, 새우, 고래, 양, 사람들 등 생명체들을 환기시킨다. 이 독특한 시간성을 지닌 쇼핑 목록은 무언가를 암시하는데, 이는 소설 속에서 포르샤의 새 친구 릴

엘리자베스 바우엔과 '쇼핑 목록'이 등장하는 바우엔의 소설 『마음의 죽음』

욕실용 비누 하나
진통제 여섯 알
연어와 새우 페이스트 한 병
냄비용 철수세미 하나
......

대체될 수 있는 유일한 사물은 대체불가능하다. 현재는 자기 자신과 어긋나 있다. 쇼핑 목록에는 무시무시한 무언가가 있다. 쇼핑 목록은 결코 누구의 것도 아니다.

리안이 소개되는 장면과 관계가 있다.

> 포르샤는 릴리안이 할 수 있었던 것들의 세계를 생각해봤다. …… 릴리안은 거의 쾌감을 느끼지 못한다고 했다. 그녀가 집에 있는 시간은 극히 드물며, 집에 있을 때는 항상 머리를 감고 있었다. 그녀는 연쇄살인의 여성 피해자들 사진에서 보이는 것 같은 죽음상을 하고 다녔다.(Bowen 51)

데리다의 말처럼, '이미 내가 죽어 있다면'(AI 215-6) '인생이 너무 짧았을지도 모른다.'(A 49) 마치 데리다가 바우엔을 흉내 내기라도 한 것처럼, 바우엔은 현재의 유령성에 대한, 그리고 목소리와 글의 조건인 '죽음'에 대한, 애도와 지연된 효과를 생각하는 위대한 사상가이다.

『마음의 죽음』에 나오는 쇼핑 목록은 문학적인 것에 지나지 않는다. 이때 '문학적'이란 표현은 단순히 '허구적'이라거나 '상상적'이라는 것을 의미하지 않는다. 예컨대 혜콤 부인이 실제로는 결코 존재하지 않는다거나, 양 콩팥도 실제로는 없으며, 그것들을 구매한 상점도 실제로는 존재하지 않는다는 따위의 의미에서 말이다. 오히려 문제는 데리다가 '의미와 지시대상의 관계를 지연하지 않는 문학은 없다.'고 말했을 때 데리다가 지시하는 바이다. 우리는 철수세미나 갈색 고기 국물, 또는 전구 따위를 '실재'와 연결하지 않고서는 그것을 읽어낼 수 없다. 하지만 그와 동시에 그것들이 '실재'와 맺는 관계는 지연된 관계가 된다. 더 특별하게는, 혜콤 부인이 작성한 쇼핑 목록의 문학성 혹은 문학다움은 그것이 서사적 관점 안에서 제시되기 때문에 독해가 가능한 것이다. 그것이 '그녀의' 쇼핑 목록이라는 것을 우리가 이해하게는 되었지만, 그것조차도 그녀 자신의 말로 제시된 것은 아니다. 그것은 16세 고아 소녀 포르샤가 부인의 쇼핑 내용을 열거하는 것처럼 보인다.

쇼핑 목록은 이미 다른 사람의 손에 들어가 있다. 그것은 사건 발생 이후의 쇼핑 목록, 즉 헤콤 부인이 계산한 것에 대한 재검토이며, 일종의 사후事後 쇼핑 목록, 즉 쇼핑 목록의 사후이다. 서술자의 목소리에서 정체성은 배가倍加, 복수화, 그리고 흩뿌려진다. 우리는 이것이 누구의 쇼핑 목록인지 확실히 단정할 수가 없다. 그것은 헤콤 부인의 쇼핑 목록이기도 하고 아니기도 하다. 그것은 포르샤의 것이기도 하고 아니기도 하다. 그것은 전지적(더 정확하게는 독심술) 서술자의 것이기도 하고 아니기도 하다. 이것이 문학적인 이유는 데리다가 집중 조명한 의미, 즉 '둘이 동시에 말하기being-two-to-speak 장치의 전적인 노출' 혹은, 이 경우에는 '둘이 동시에 쓰기'라는 문학에 관한 데리다의 정의 때문이다.(10장에서 다시 이 정의를 살펴볼 것이다.)

바우엔의 텍스트에서 쇼핑 목록을 정점으로 하는 그 단락은 명백히 포르샤의 시점으로 시작된다. '그렇게 자주 열리는 지갑을 본 적이 없는 포르샤에게 …… 헤콤 부인의 소비는 엄청나 보였다.' 쇼핑 목록 바로 앞에는 다음과 같은 진술이 있다. '모든 물품은 그날그날 필요한 만큼 정확히, 소량만 구입되었다. 예컨대, 오늘 그녀가 구입한 물품은 다음과 같다.'(Bowen 154) 헤콤 부인이 '목욕탕 때문에' 혹은 '디키의 옷감 때문에', 그도 아니면 그냥 《교회소식》 지도 아닌 '그

복사본' 때문에 그 목록을 작성했을까? 아니면 이 쇼핑 목록을 포르샤가 작성한 것이라 가정해도 될까? 우리는 누구의 목소리로 그것을 읽고 들어야 하는가? 이 목록이 문학적으로 작성된 쇼핑 목록임을 암시하는 다른 증거가 있다.

필기법의 다양성을 이용한 장난스런 표현('진통제 여섯 알Half a dozen Relief nibs')에서부터, '천연'에 따옴표를 사용한 것('"천연" 양털로 된 실타래 하나')도 우스꽝스럽고 불합리한데, '하나'를 고집한다는 것('전구 하나, 양상추 하나, 휴대용 의자 안장 길이의 캔버스 천 하나 등)을 보면 알 수 있다. 이 '하나'라는 것이 포르샤의 표현인지 헤콤 부인의 표현인지는 아무도 모를 것이다. 바우엔의 목록은 이러한 유일성singularity의 사후事後를 본보기로 제공하는 유일한 쇼핑 목록이다. 왜냐하면 유일성의 사후라는 것은 유일함의 불가능성으로 묘사될 수 있기 때문이다. 다시 말해서 자기 자신이 되려면 모든 유일성은 근본적으로 불순해야 하고, 반복가능하거나 대체가능해야만 한다.

데리다가 증언의 유일성과 대체불가능성에 대해 말했던 것은 글쓰기 행위라든가 읽기 행위의 유일성에 대한 사유에도 적용된다. '사례는 대체될 수 없다. 하지만 동시에 동일한 아포리아가 언제나 남는다. 이러한 대체불가능성이 반드시 사례로 표현되어야 한다는 것. 즉, 대체 가능해야 한다는 것이다. 대체불가능한 것은 바로 당장 대체될 수 있어야만 한다.'(Dem 41) 만약 '해체론이 문학과 잘 어울린다.'라고 한다면(Dec 9), 이러한 사례는 다른 곳에서도 흔한 일일 것이다. 왜냐하면 『마음의 죽음』 같은 문학작품은 이러한 이상한 논리에 특별히 민감한 의미를 부여하기 때문이다. 대체될 수 있는 유일한 사물은 대체불가능하다. 현재는 자기 자신과 어긋나 있다. 쇼핑 목록에는 무시무시한 무언가가 있다. 쇼핑 목록은 결코 누구의 것도 아니다.

'한정된' 쇼핑 목록과 '무한정의' 쇼핑 목록

데리다의 『유한책임회사』에서 환기된 쇼핑 목록으로 되돌아가서 결론을 맺어보자. 우리는 이 목록의 내용에 대해 아는 바가 없다. 그것은 추상적이고 비밀에 싸여 있다. 데리다의 쇼핑 목록의 유령성에 직면해서, 우리는 거기에, 그 안에, 혹은 그 위에 (아무런 '내용'도) 아무것도 존재하지 않을지도 모른다는 것, 그리고 / 또는 그것이 끝없는 무한정의 쇼핑 목록일지도 모른다는 느낌을 고려해야만 한다.

이러한 두 가지 가능성은 서로 배타적이지 않다. 각각의 경우 모두 해독할 의미조차 없다는 것, 즉 생산적 독해가 불가능하다는 것이 문제이다. 그러므로 '사유'라는 것은 하나의 효과, 즉 '여러 힘들의 디페랑스 효과이기 때문에, 다시 말해서 담론이나 의식의 자율성은 가상이기 때문에'(Pos 49), '아무것도 의미하지 않는'(OG 93) '사유'로서의 디페랑스가 문제이다. 디페랑스는 의식의 문제와 현재의 문제를 다른 방식으로 정교화하라고 요청한다. 데리다는 그것이 '미련 없이' '웃으면서' 긍정되어야 할 문제라고 주장한다.(Diff 27)

그것은 디페랑스를 '삶', 즉 '흔적'으로서의 삶의 '본질'(FSW 203)과 같은 것으로 생각하려는 시도의 문제이다. 『그라마톨로지에 관하여』에서 데리다는 디페랑스에 대한 사유가 '아직 시작조차 되지 않았다.'(OG 93)고 주장한다. '디페랑스에는 어떠한 왕궁rayaume('영역'이나 '사적 세계')도 없다. 차라리, 그것은 '과거에 현재했었거나 미래에 현재할 왕궁을 갈망하는 우리 안의 모든 것이 품고 있는 절대적 위협과 두려움의 대상'(Diff 22)이다. 다시 강조하지만, '디페랑스'는 만능 용어나 만능 단어가 아니다. 명명 행위는 부차적인 것이며, 목록은 언제나 보충될 수 있게, 더 많은 차이와 복수성에 개방되어 있다. 그것은 이 장을 시작하며 말했던 무한 연쇄적인 '비동의어 대체'의 문제이다. 그러한 연쇄에는 예컨대 '흔적', '텍스트', '글쓰기', '대리보충', '파르마콘', '디페랑스', '쇼핑 목록' 등이 포함될 수 있다. 데리다의 말마따나 '정의상 목록은 분류법상 끝이 없다.'(Pos 40)

08

세상에서 가장 흥미로운 것

'해체는 문학에 어울린다'

이 책에서는 해체론이 독서 방법이나 도구, 기법이 아니라는 것, 특히 문학작품에 대한 독서법이 아니라는 점을 강조하려 했다. 오히려 정반대로, 데리다는 이렇게 말한다. '해체는 모든 작품의 내부에서, 특히 문학작품 내부에서, 언제나 이미 작동하고 있다.'(M 123)고 말이다. 문제는 플라톤의 『파에드로스』나 제임스 조이스의 『율리시스』를 해체하는 데 있지 않고, 오히려 이러한 텍스트들이 이미 해체되어 있다는 데에 있다. 마찬가지로, 법이나 제도를 해체하는 것보다는 오히려 법이나 제도를 언제나 이미 해체되어 있는 것으로 생각하는 것이 문제이다.

앞서 보았듯이, 독립선언으로 합법적으로 정립된 미합중국의 근간은 '행위수행적 구조와 사실확인적 구조…… 사이의 결정불가능성'(DI 9)이라는 효과에 기반한다. 혹은 데리다는 대학에 대해서 이렇게 말했다. '대학이라는 제도의 토대는 학교의 행사가 아니다.'(Moc 30) 해체는 마치 '특수 요원' 부대처럼 외부에서 내부로 잠입해 들어온 어떤 것이 아니다. 그것은 이미 내부에 잔존하는 이질적인 것이다. 그것은 과잉이나 초과, 혹은 보충에 대한 일종의 지지대이다.

문학은 이 모든 경우에서 결정적이지는 않아도 특별한 역할을 수행한다. 다시 한 번 '해체는 문학에 어울린다.'(Dec 9)는 데리다의 간결한 명제를 상기해도 좋다. 1989년 데릭 애트리지Derek Attridge와 벌인 인터뷰에서 암시된 것처럼, 문학은 '세상에서 가장 흥미로운 존재, 어쩌면 세상보다도 더 흥미로운 존재'이다.(TSICL 47) 그러면 이렇게 물을 수 있다. 세상의 내부에 있으면서 내부에 있지 않는 것이 어떻게 가능하며, 또한 어째서 그것이 세상보다 더 흥미로울 수 있단 말인가? 우리는 데리다가 정식화한 내부와 외부의 섬뜩한 불일치에서 이미 그것을 알아챌 수 있다. 그것은 해체라는 초과적, 보충적 이질성과 관계 있다.

문학과 역사

4장에서 말했듯이, 근대적 문학 개념은 민주주의 개념과 연관된다. 문학은 비교적 최근의 현상이다. '문학작품이라는 제도적, 사회정치적 공간 그 자체는 최근의 현상이다.'(TSICL 40) 데리다는 이렇게 말한다.

> 문학은 근대의 창안물이다. 거기에는 관습과 제도가 각인되어 있으니, …… 그것이 원칙적으로 무엇이든지 말할 수 있는 권리를 (보장한다). 문학은 이리하여 그 운명을 검열 반대에, 즉 민주주의적 자유(출판의 자유, 언론의 자유 등등)의 공간에 결박하고 있다. 문학 없는 민주주의는 없으며, 민주주의 없는 문학도 없다.(POO 23)

데리다는 '문학이란 라틴어임'을 강조한다. 문학 개념은 '라틴적인 것의 역사'(Dem 20-1)에, 따라서 '영국계 미국산 정치와 문화의 세계화 운동에 결부되어 있으며, 데리다는 그것을 '라틴 세계화globalatinization'(프랑스어로는 mondialatinization. FK, 특히 67쪽의 각주 7을 보라.)라고 한다.

그 역사적 문화적 특수성을 날카롭게 주시하며, 데리다는 지난 19세기부터 유럽, 특히 주로 프랑스에서 생산된 스테판 말라르메부터 시작되는 문학작품들에 특별한 관심을 보인다. 말라르메(DS, Mal), 앙토넹 아르토Antonin Artaud(1896~1948)(TC, US), 프란츠 카프카(BL), 제임스 조이스(TWJ, UG), 파울 첼란Paul Celan(1920~70)(Sh), 최근의 필리프 솔레르스Philippe Sollers(Diss), 모리스 블랑쇼(LO, LG, Dem), 엘렌 식수Hélène Cixous(SOO)에 이르기까지 그 어떤 사람의 작품을 다루든지 간에, 데리다의 강조점은 이 모든 작품들이 글쓰기라든가, 문학 혹은 문학성의 문제에 얼마나 사로잡혀 있느냐에 있다. 문학에 대한 그의 관심은 심미적이거나 형식주의적 관심에서 한참 떨어져 있다. 그는 우리의 사고방식을 바꾸었거나 계속해서 바꿔나가는 문학작품의 중요성에 초점을 맞춘다. 그러므로 그것은 좁게는 '글쓰기'의 문제일 뿐 아니라, 넓게는 역사 · 정치 · 민주주의와 법, 결국엔 세계 자체의 문제이다. 그의 관심을 끄는 문학작품은 더욱 보편적인 변형에 참여한 작품들, 즉 우리끼리는 그것을 해체라고 말했던 것인데, 서구적 사유를 뒤흔들고 전복시키는 작품들이다.

이러한 변형은 역사적 변형이지만, 주목할 것은 그것이 역사적인 것의 변형이기도 하다는 점이다. 항상 역사 서술이 현재에, 그것도 한때 현재였던 것의 과거에 대한 역사에 기반하는 한에서 말이다. 이러한 문학 텍스트들은 이질적이거나 유령적인 현재 개념에 관련되며, 달력에 충실한 직선적 시간 개념 및 역사 개념을 파괴하고 방해하는 사고와 경험 방식과 관계가 있는 것처럼 보인다. 따라서 데리다는 지난 19세기에 '문학에 대한 경험'은 더욱 일반적인 형태의 지적·철학적 지진에 관계돼 있다고 말한다. 즉, "……은 무엇인가?'라는 질문의 지속성과 권위를 뒤흔든다.'(TSICL 48)는 것이다.

데리다에게는 이 두 가지 질문이 서로 결탁되어 있는데, 이는 특히 19세기 말부터 제기되기 시작했다. '문학이란 무엇인가'뿐만 아니라 '현재란 무엇인가, 무엇이 현재인가, 이때의 '있음(임)'이란 무엇인가라는 질문까지. 물론 달력의 터널을 거꾸로 되짚어가서 이러한 물음의 흔적을 찾을 수 있다. 덩달아 그러한 터널의 구성에 관해 지속적인 경계심이 뒤따를 터이다. 우리가 말하는 낭만주의가 이러한 물음의 역사에서 결정적인 역할을 수행한다. 그래서 데리다가 루소를 중요하게 보는 까닭은, 그가 '새로운 현재 모델, 즉 의식 혹은 감각의 범위 내에서 주체의 자기 현전에서 출발한다.'(OG 98)는 데 있다. 영국 낭만주의에서는 새뮤얼 테일러 콜리지를 들 수 있겠다. 이러한 관점에서 콜리지가 1797년에 시 작품인 『쿠블라 칸』을 특별히 '시적인 장점'이 있는 작품으로서가 아니라, '심리학적 호기심'의 산물로 서술해야만 했다는 것은 놀라운 일이다.(Wu 1998, 522를 보라.) 『쿠블라 칸』에 대해서는 10장과 11장에서 더 상세히 논할 것이다.

데리다가 『그라마톨로지에 관하여』에서 제시한 바로 이 '새로운 현재 모델'은 철학에 대해서뿐 아니라 문학에 대한 사유에도 적절하게 계시적이다. 특히 말라르메 이후로 '문학성'이라는 집요한 특이성이

문학작품의 명시적 초점이 된다. 예컨대 데리다는 장 자크 루소(171
2~78), 구스타브 플로베르Gustave Flaubert(1821~80), 스테판 말라르메
(1842~98), 조르주 바타유Georges Bataille(1897~1962), 모리스 블랑쇼
가 쓴 문학작품의 특이성을 말하지만, 그것은 동시에 새뮤얼 테일러
콜리지, 에드거 앨런 포(1809~49), 찰스 디킨스Charles Dickens(1912~
70), 윌리스 스티븐스Wallace Stevens(1879~1955), 존 맥스웰 쿠체John
Maxwel Coetzee와 토니 모리슨Toni Morrison 같은 최근 작가들의 작품에
도 두루 적용된다. 데리다의 관점에서 이러한 작품들은,

> 모두 문학에 대한 비판적 경험이 각인되어 있다는 점에서 공통된다. 이
> 작품들이 품고 있는 것, 그들의 작품 행위에서 이미 작동한다고 말할 수
> 있는 것은 단 하나, 하나의 질문이지만, 그것은 매번 단독으로 작동한다.
> 즉, '문학이란 무엇인가?' 혹은 '문학의 기원은 무엇인가?' '문학으로 우리
> 는 무엇을 할 수 있는가?'(TSICL 41)

이러한 문제에 몰입하는 것은 문학작품의 저자에만 한정되는 것이
아니다. 데리다는 이러한 관점에서 러시아 형식주의가 20세기 초에
결정적인 역할을 수행했다고 생각한다. 왜냐하면 그들 또한 '문학성
이라는 문제를 명시적으로 정식화했기'(Pos 70) 때문이다. 그리고 물
론 조금 전에 언급했던 20세기 저자들 중 일부, 예컨대 바타유나 블
랑쇼 등은 중대한 문학비평가이거나 문학 이론가이기도 하다.

그러나 데리다는 문학비평을 읽기보다 문학작품을 읽는 걸 좋아한
것 같다. 누가 그를 비난할 것인가? 예컨대 블랑쇼의 놀라운 '이야기'

「그날의 광기The Madness of the Day」(1949)는 블랑쇼가 출판했던 수많은 문학비평 에세이보다 데리다에게 더욱 많은 얘깃거리를 제공한다.(특히, LO, LG, TTBS를 보라.) 하지만 이렇게 말하는 것은 데리다의 작품 자체가 반복해서 의문을 제기하는 하나의 단어를 고수하는 것이다. 결국 데리다는 '철학도 문학도 아닌 작품을 꿈꾸고 있다.'(TSICL 73)

블랑쇼가 아마도 그러한 꿈의 저자일 것이다. 데리다에게 가장 흥미롭고 가치 있는 문학비평 텍스트는 '자신의 한계를 변경하는 문학'(TSICL 52)이다. 그렇다고 '이 모든 유형의 '문학'작품과 '비평' 작품의 구별을 포기하고 뒤섞어버려야' 한다는 것은 그의 주장이 아니다.(52) 오히려 우리가 알아야 할 것은 그 둘 사이에 존재하는 오염의 논리다. 데리다의 관점에서 보면 '훌륭한' 문학, 즉 유일하게 가치 있는 작품은 그 자체가 반드시 '비판적'이다. 반대로, '훌륭한' 문학비평은 언제나 문학적인 것이 거주할 공간을 포함한다. E. M. 포스터는 인상적인 단락에서 이를 '자발적 전염'이라고 말했다.(Forster 1979, 26)

반사성

데리다는 특별히 말라르메 이후로 문학성 문제가 문학작품 자체의 명시적 초점이 되었다는 역사의 궤적을 강조한다. 하지만 그것은 단순히 문학 텍스트에서 점증하는 반사성 혹은 자기반영성의 문제, 즉 텍스트가 자기 자신으로 되돌아 회귀한다는 문제만은 아니다. 그렇게 믿는다면 상당히 '우둔하고 과문한'(TSICL 41) 사람에 속한다. 그보다는 반사적인 것 자체의 본성을 좀 더 신중하고, 좀 더 과감하게 반성해보아야 한다.

매우 간단하고 단순한 문제, 즉 작품 속의 작품(미장아빔mise-ena-byme, 글자 그대로 심연에 놓기placing-in-abyss)이라는 관념에서 시작해도 좋다. '미장아빔'은 문장紋章 장식에 쓰이는 용어로서, 예컨대 갑옷에 방패를 든 사자가 새겨져 있으며, 그 방패 위에 또다시 방패를 든 사자가 새겨진 경우를 말한다. 그것을 문학에 옮겨 보면, 소설을 쓰는 소설가에 대한 소설을 상상할 수 있겠다. 이런 맥락에서 자주 환기되는 용어가 '메타픽션metafiction'이다. 메타픽션이란 반성적 픽션 혹은 자기 의식적 픽션, 즉 픽션에 대한 픽션, 다시 말해 픽션에 '불과'하다는 생각에 명시적으로 주의를 집중하게 하는 픽션을 말한다. 시에서는, 시에 대한 시 또는 시작법이나 시독법에 대한 시가 있을 수 있겠다. 그러한 시에 대해서는 반성적, 메타담론적metadiscursive 혹은 메타시학적metapoetic 시라는 명칭이 가능하다.

여기에서 데리다의 요점은, 이 '메타meta-'라는 것이 문장紋章 은유의 명백한 단순성이나 간결성에 함축된 뜻보다 훨씬 더 분화되고 역설적이라는 것이다. 앞서 암시한 것처럼, 해체론을 '급진적 메타언어학metalinguistics'(SST 76)이라고 말할 때, 문제는 그것이 메타언어학의 필요성과 불가능성을 동시에 내포한다는 생각의 결과나 효과를 취급한다는 데 있다. 메타언어가 있을 필요는 있다. 하지만 메타언어는 결코 순수하지 못하다. 언제나 거기에는 갈라진 틈, 내적 균열과 오염이 자리한다. 어떤 의미에서 텍스트는 그 자체로서 인정받고자 자기 자신을 예컨대 '소설'이나 '단편소설'로 표기하고 재표기re-mark해야만 한다. 이런 관점에서 보면, 문학이 언제나 반성의 능력, 즉 자신을 '문학'으로 표기marking하고 '재표기re-mark(ing)'할 능력이 있었다는 점은 주목해야만 한다.(LG 229를 보라.)

  제 자신을 지시하고, 제 자신의 언어를 반성하는 텍스트라는 이념은 언제나 이미 제 자신과 어긋나 있다. 블랑쇼의 「그날의 광기」를 다루는 「장르의 법칙The Law of Genre」(1979)이라는 에세이에서, 데리다는 텍스트가 자기를 지시하려고 사용하는 논리, 즉 특별히 생략적인 논리나 비전체화의 논리를 기술하는 방법으로서 '무소속의 참여'(LG 227)라는 관념을 고안해낸다. 이는 데리다의 표현인 '장르절genre-clause'을 맥락으로 했을 때 가장 쉽게 이해될 수 있다. 텍스트가 제 자신을 소설 혹은 단편소설 따위로 지정하는 동작 또는 (암시적 혹은 명시적) '진술re-mark'은 그렇게 지정된 텍스트에 속하면서 동시에 속하지 않는다. 그것은 텍스트의 일부이면서 일부가 아니다. 그것은 내부와 외부에 동시에 존재하며, 정확히 이것도 저것도 아니다.

미중

이 문제는 에드거 앨런 포의 「어셔 가의 몰락The Fall of the House of Usher」(1839) 도입부를 들어 생각해볼 수 있다.

  그해 가을, 음울하고도 적막으로 가득 찬 날이었다. 무거운 구름이 하늘에 낮게 걸려 있었다. 나는 말을 탄 채 어느 특이하고 황량한 시골길을 지나 저녁 어스름이 내릴 무렵에 음울한 어셔 가가 눈에 들어오는 곳에 다다랐다. 이유는 알 수 없었지만 그 저택을 처음 바라본 순간, 견딜 수 없는 음울함이 내 마음속에 스며들었다. 내가 견딜 수 없다고 말한 것은, 아무리 외떨어져 있고 음울한 자연 경관이라 하더라도 으레 약간은 편안하고 시적인 마음이 들기 마련인데, 그 음울함을 누그러뜨릴 수가 없었기 때문이다. 나는 내 앞의 풍경을 바라보았다. 단 한 채의 저택과 그 주변의 단조로운 풍경, 황폐한 담, 공허하게 뜬 눈 같은 창, 몇몇 사초 더미, 그리고 뒤섞인 나무의 흰 둥치들. 나는 그것들을 극도로 침울한 마음으로 바라보았다. 그 감정은 아편중독자가 꿈에서 깨어나 일상으로 되돌아오는, 베일을 벗겨내는 끔찍함 이외에는 도저히 비교할 수 없었다. 마음속이 싸늘해지고, 기운이 빠지고, 메스꺼웠다. 어떤 상상을 해보아도 적막감을 누그러뜨릴 수 없는, 견딜 수 없는 음울함이었다. 나는 잠시 생각했다. 무엇일까. 어셔 가를 바라보는 마음을 이렇게 불안하게 하는 것은 도대체 무엇일까? 그것은 풀리지 않는 미스터리였다. 생각에 잠겨 있는 동안 내 머릿속에 가득 차 있던 환상을, 나는 정확히 알 수 없었다. 단순한 사물들이 어우러져 어떤 감정을 불러일으키지만 그 힘은 알 수 없다는 불만족스러운 결론으로 되돌아와야 했다. 풍경의 특정 부분이나 세부 사항을 달리 배치하는 것만으로도 음울한 인상을 변형하거나 없앨 수 있지 않을까 생각했다. 이러한 생각에서 나는 검고 소름 끼치는 호수 가장자리 절벽으로 말을 몰았다. 호수는 저택 옆의 고요한 광채 속에 놓여 있었다. 그러나 잿빛 사초 더미와 무시무시한 나무줄기와 공허하게 뜬 눈과 같은 창이 재구성되어 거꾸로 비치는 모습을 보자, 이전보다 더 몸서리치는 무서움을 느꼈다.(Poe 1978b, 397-8)

미국의 로저 코먼 감독의 1960년작 〈어셔 가의 몰락〉 포스터와 영화 속 한 장면들

에드거 앨런 포의 「어셔 가의 몰락」의 첫 대목은 프랑스 시인 장 드 베랑제의 시 구절로 시작된다.

'그의 가슴은 매달린 기타 / 손길 닿자마자, 울리네.'

포의 이 텍스트는 '의미 및 지시대상과의 지연된 관계를 맺지 않는 문학은 없다.'는 데리다의 주장을 입증하는 사례이다.

이것은 엄밀히 말해서 포가 쓴 텍스트의 첫 대목이 아니다. 물론 '어셔 가의 몰락'이라는 제목이 있고, 또한 프랑스 시인 피에르 장 드 베랑제Pierre Jean de Béranger(1780~1857)의 시 구절 하나가 머릿글로 씌어 있다. '그의 가슴은 매달린 (혹은 팽팽한) 기타 / 손길 닿자마자, 울리네'. 어떤 의미에서, 텍스트 자체는 시작도 하기 '전에' 등장하는 몰락(집안의 몰락)이나 긴장(팽팽한 기타)과 같은 표현 속에 모든 것이 새겨져 있는 것이다.

마찬가지로, '어셔'라는 단어는 의심할 바 없이 고유명사로 읽히지만, 거기에 손길이 닿자마자, 그것은 문지방의 문제와 그 경험으로 유도되는 듯한 소리로 들릴 수 있다. 어셔는 문지기(라틴어 ostiārius에서 유래한 단어)인 것이다. 몇 단락 뒤에서, 서술자는 "어셔 가라는 기묘하고 애매한 명칭'으로 불리는 '그 저택의 이름'을 언급한다. 데리다의 말처럼, '제목은 언제나 하나의 약속이다.'(M 115) 몰락은 언제 일어날까? 이 '제목'에서 말하는 몰락은 언제 일어날까? 몰락의 시간은 언제일까? 제목 그대로 이미 몰락이 일어난 것일까? 혹시 아직 진행 중인 것은 아닐까, 지금 당장? 만약 데리다의 주장처럼 '의미 및 지시대상과의 지연된 관계를 맺지 않는 문학은 없다.'(TSICL 48)라고 한다면, 포의 텍스트는 그 제목이나 머릿글, 그리고 첫 단락에서부터 이를 이중적으로 잘 예시하는 것처럼 보인다. 그것은 이렇게 '지연된 관계'의 사례인 동시에, 이러한 사례의 즉각적 경험인 것이다. '의미 및 지시대상과의 지연된 관계'는 그 텍스트의 주제이다. 그 텍스트는 바로 그렇게 지연된 관계에 대한 경험을 불안하게 숙고, 분석, 반성한다.

도입 단락에서 서술자가 사용하는 단어로 말하면, 그것은 '견딜 수 없는 것'이다. 서술자는 '견딜 수 없다고 말한다. 하지만 그는 또한 '나는 견딜 수 없다고 말한다.'라고 말한다. 서술자의 담론은 제 자신의 말을 진술re-marks하는 것이다. 우리를 맞이하는ushering us in 첫 단락은 제목에 나타난 '몰락'을 여러 가지로 읽게 만든다. '일상으로 되돌아오는 끔찍함'의 환기에서부터, '불만족스러운 결론으로 되돌아와야만 했다는 수사학에서 말하는 자체 토론까지, 그리고 서술자가 서술하는 '풍경의 세부 사항'이나 '특정 부분'에 대해 '그 힘을 알 수 없다는 성급한 판단의 경험까지 말이다.

이러한 생각에서 나는 검고 소름 끼치는 호수 가장자리 절벽으로 말을 몰았다. 호수는 저택 옆의 고요한 광채 속에 놓여 있었다. 그러나 잿빛 사초 더미와 무시무시한 나무줄기와 공허하게 뜬 눈과 같은 창이 재구성되어 거꾸로 비치는 모습을 보자, 이전보다 더 몸서리치는 무서움을 느꼈다.

인생의 반영이라는 문학의 관습적 토포스를 전복하고 변경함으로써, 포의 도입 부분의 마지막 문장은 데리다가 말했던 것, 즉 '원전 없는 복제'라는 느낌, 즉 '소위 환상문학의 원천'인 섬뜩함을 유발한다.(SF 270)

아포리아

다양성과 분열, 실수로 새겨진 포 텍스트의 도입부에서 서술되고 벌어진 일은, 데리다의 표현을 빌자면, '자기반영이거나 단순한 미장아빔이 아니다. 즉, '완벽한 자기일치를 이루고 제 자신으로 되돌아오는 일도, 제 자신 속에서 자신을 재생하는 일도'(BL 105) 없다. 데리다는 특별히 심연의 문제에 주의를 기울이라고 권한다.

심연abyss에 대해 한때 데리다는, '나는 심연의 내부를 그다지 믿지 않는다.'며, 우리는 '심연이 근본적으로 영감을 불러일으킨다는 믿음을 경계'해야 한다(SF 304)고 말했다. 하지만 포의 텍스트에서는, '재구성되어 거꾸로 비치는 모습들'이 '이전보다 더욱 몸서리치게 하는' 다른 무언가를 산출한다. 여기에서 문제는 매리언 홉슨Marian Hobson이 말하는 '감쪽같은 삽입'(Hobson 1998, 75)이나 텍스트의 자기 응시 같이 어떤 편안한 생각이 아니다. 오히려 우리는 깊이도 바닥도 없는 반성성이라는 '지연된 관계'를 생각하게 된다. '심연'은 고대 그리스어 abyssos에서 왔는데, a는 '없는' 이란 뜻이고, byssos는 '깊이' 혹은 '바닥'을 뜻한다. 이러한 맥락에서 보면 심연은 꽤 거리가 멀어 보이는 아포리아라는 관념에 상응한다. '아포리아'는 크게는 '의심' 혹은 '선택의 어려움'에 사용되는 수사학적 용어이지만, 정확하게는 일종의 절대적 장벽, 즉 '길 없음'을 의미한다. '아포리아' 또한 고대 그리스어에서 유래한 말로, a는 '없음'을, poros는 '길'이나 '경로'를 뜻한다. 데리다의 설명처럼, 아포리아는 '길 아님non-road'(FL 947)이다. 그의 용어에서, 아포리아는 '끝없는 경험'을 수반한다.(A 16) 결정불가능성의 경험과 마찬가지로, '아포리아 자체를 견디는 것은 결코 쉽지 않다.'(A 78)

아포리아와 심연, 그리고 심연으로서의 아포리아에 대한 그의 다양한 설명은 문학의 문제에 한정되지 않는다. 그 설명은 삶과 죽음, 법, 윤리, 정치, 정의의 문제에 연결된다. 즉, 그것은 '가능성에 대한 새로운 사고의 가동'과 관계 있다.(AIWP 36) 그는 '아포리아의 비수동적 견딤이 책임과 결단의 조건'이라고 주장한다.(A 16) '만약 누군가 아포리아(또는 심연)를 견뎌내야만 한다면, 그것이 모든 결단과 책임의 법칙이라고 한다면, …… 그리고 그것이 지금껏 발생한 모든 경계 문제의 법칙이라고 한다면'(A 78), 그것은 아포리아(혹은 '흩뿌려진 심연' [LG 250])를 결코 견뎌낼 수 없기 때문이다.

이렇게 해서 우리는 데리다의 괴팍한 탈구 명제joint-proposition의 가장자리에 근접하게 된다. '궁극적인 아포리아는 아포리아 그 자체의 불가능성이다.'(A 78) 아포리아나 심연, 또는 결단이나 책임에 대한 이 모든 논의를 관류하는 것이 틀, 경계, 가장자리의 문제라는 것이 이미 분명해졌을 것이다. 데리다의 저장창고는, 흡사 포의(그 서술자) '검고 소름 끼치는 호수'처럼, 헤아릴 수도 없고, 깊이도 바닥도 모르는 곳이다. 그것은 다른 곳에서 우리가 말했듯이 '비밀'로 둘러싸여 있지만 '아무것도 숨기지 않는'(POO 21) 것에 상응한다.(10장에서 비밀과 은밀의 문제로 되돌아올 것이다.)

법 앞에서

지나치게 성급하게 굴지 말자. 잠시 곁길로 새서 또 다른 사례를, 즉 「법 앞에서」라는 프란츠 카프카의 짧은 소설을 살펴보자. 이 소설은 1914년 겨울에 씌어졌다.

법 앞에 한 문지기가 서 있다. 이 문지기에게 한 시골 사람이 와서 법으로 들어가게 해달라고 청한다. 그러나 문지기는 지금은 그에게 입장을 허락할 수 없노라고 말한다. 그 시골 사람은 곰곰이 생각한 후, 그렇다면 나중에는 들어갈 수 있겠느냐고 묻는다. "가능한 일이지." 하고 문지기가 말한다. "그러나 지금은 안 돼." 법으로 들어가는 문은 언제나처럼 열려 있고 문지기가 옆으로 비켜났기 때문에, 그 시골 사람은 몸을 굽혀 문으로 그 안을 들여다보려 한다. 문지기가 이를 보고 큰 소리로 웃으며 이렇게 말한다. "그것이 그렇게도 끌린다면 내 금지를 어겨서라도 들어가 보게나. 그러나 알아두게. 나는 힘이 장사지. 그래도 나는 단지 최하위의 문지기에 불과하다네. 그러나 홀을 하나씩 지날 때마다 문지기가 하나씩 서 있는데, 갈수록 더 힘이 센 문지기가 서 있다네. 세 번째 문지기는 그 모습만 봐도 나조차 견딜 수가 없다네." 시골 사람은 그러한 어려움을 예기치 못했다. 법이란 정말로 누구에게나, 그리고 언제나 들어갈 수 있어야 한다고 그는 생각한다. 그러나 지금 모피 외투를 입은 그 문지기의 모습, 그 큰 매부리코와 검은색의 길고 가느다란 타타르족 콧수염을 뜯어보고는 차라리 입장을 허락받을 때까지 기다리는 편이 더 낫겠다고 결심한다. 문지기가 그에게 걸상을 주며 그를 문 옆쪽으로 앉게 한다. 그곳에서 그는 여러 날 여러 해를 앉아 있다. 입장 허락을 받으려고 그는 여러 가지 시도를 해보고 자주 부탁을 하여 문지기를 지치게 한다. 문지기는 가끔 그에게 간단한 질문을 한다. 그의 고향에 대해서 자세히 묻기도 하고, 여러 가지 다른 것도 묻는다. 그러나 그것은 지체 높은 양반들이 건네는 질문처럼 별 관심 없는 질문들이고, 마지막엔 언제나 들여보내줄 수 없노라고 문지기는 말한다. 시골 사람은 여행을 위해 많은 것을 장만해 왔는데,

문지기를 매수할 수 있을 만큼 가치가 있는 것이라면 무엇이든 이용한다. 문지기는 주는 대로 받기는 하지만, "나는 다만 당신이 무엇인가 소홀히 했다는 생각이 들지 않도록 받는 거라네." 하고 말한다. 수년간 그 사람은 문지기를 거의 하염없이 지켜보고 있다. 그는 다른 문지기들은 잊어버리고, 이 첫 문지기만이 법으로 들어가는 걸 막는 유일한 방해꾼인 양 생각한다. 그는 처음 몇 년 동안은 이 불행한 우연을 무작정 큰 소리로 저주하다가, 나중엔 늙자 그저 혼잣말로 투덜거린다. 그는 어린애처럼 유치해진다. 그는 문지기에 대한 수년간의 연구로 모피 깃에 붙은 벼룩까지 알아보았으므로, 그 벼룩에게까지 자기를 도와 문지기의 마음을 돌리도록 해 달라고 부탁한다. 마침내 그의 시력은 약해진다. 그는 자기의 주변이 실제로 점점 어두워지는 것인지, 아니면 그의 눈이 착각하게 하는 것지 알 길이 없다. 그러나 이제 그 어둠 속에서 그는 법의 문에서 꺼질 줄 모르는 광채가 흘러나온다는 사실을 알게 된다. 이제 그는 오래 살지 못할 것이다. 죽기 전, 그의 머릿속에서는 그 시간 전체에 대한 모든 경험이 그가 여태까지 문지기에게 물어보지 않았던 하나의 물음으로 집약된다. 그는 문지기에게 눈짓을 보낸다. 왜냐하면 그는 이제 굳어져가는 몸을 더 이상 똑바로 일으킬 수 없기 때문이다. 문지기는 그에게로 몸을 깊숙이 숙일 수밖에 없다. 왜냐하면 이 시골 사내에게 매우 불리할 만큼 키 차이가 벌어졌기 때문이다. "이제 무엇이 더 알고 싶은가?"라고 문지기가 묻는다. "네 욕심은 채워질 줄 모르는구나." "하지만 모든 사람들은 법을 절실히 바랍니다." 사내는 대답한다. "지난 수년 동안 나 말고는 입장을 청한 사람이 아무도 없는데, 어째서 그런가요?" 문지기는 시골 사람이 임종이 가까웠음을 알고, 희미해져가는 그의 청각이 알아들을 수 있도록 크게 소리친다. "이곳에서는 너 이외에는 아무도 입장을 허락받을 수 없어. 왜냐하면 이 입구는 단지 너만을 위해서 정해진 곳이기 때문이야. 나는 이제 가서 그 문을 닫아야겠다."(Kafka 1992, 3-4)

이 텍스트를 다룬 에세이, 1982년 런던에서 처음 강연한 내용을 담아 나중에 '법 앞에서'라고 불리게 될 에세이에서, 데리다는 카프카의 소설 독해에는 합의가 필요하다며, 그것을 구성하는 네 가지 '자명한 신념'을 제시한다. 그것은 (1)'텍스트가 자체 동일성, 독자성, 통일성을 보유한다는 …… 승인'(B 184), (2)'텍스트에는 하나의 저자가 있다, 즉 '서명의 존재는 이야기의 주인공과 달리 허구가 아니다'는 신념(185), (3)'사건들이 관련되어 있다는 믿음이나 선입견. 즉 서술이나 설명, 혹은 이야기(프랑스어로는 récit)가 있으니, 그것을 '문학이라 불리는 것'에 속한다고 간주하는 것(186). (4)'우리는 제목이 무엇인지, 특히 어떤 작품의 제목이 무엇인지 안다고 생각한다.'(188)

그리고 데리다는 꼼꼼하고도 체계적으로 이 모든 공리 혹은 선입견들을 그것에 이중 삼중의 질문을 제기하는 방식으로 하나하나 검토한다. 이렇게 말이다. '이것(이야기 혹은 설명)이 문학에 속한다는 것을 누가 결정하며, 누가 판단하며, 그 기준은 무엇인가?(187)'

「법 앞에서」에 대한 데리다의 설명 혹은 이야기는 다음과 같은 의미가 있다.

문학의 본질 혹은 엄밀하게 그 정체를 파악하게 하는 문학적 영역 그 자체는 없다. 문학이라는 이름은 애초부터 기준도 없고, 보증된 개념이나 참조점도 없는 부적합한 것이 될 것이다. 그래서 '문학'이라는 것은 명명의 드라마, 이름이라는 법, 법이라는 이름과 관련되어 있다.(187)

카프카 소설의 제목 '법 앞에서'는 데리다가 언급하는 이러한 명명행위를 극적으로 보여준다. 모든 문학작품의 제목과 마찬가지로, '법 앞에서' 또한 텍스트의 앞에 놓여 있다. 일반적으로 제목이 위에 있고, 문학작품 '자체'는 제목 아래나 제목 다음에 발견된다. 모든 문학작품의 제목과 마찬가지로, '법 앞에서'는 동시에 법칙 앞에 있다. 이제는 이러한 명백한 '반복'이 이상하다고 느끼지지 않는가. 그것은 단순히 반성성의 문제라거나, 제 자신을 지시하는 제목, 그래서 우리로 하여금 숙고하고 감탄하게 만든다는 제목의 문제가 아니다. 제목이 자기 지시적 구절로, 혹은 자기 반성적 구절로 되어 있다니, 얼마나 교묘한가!

모든 문학작품의 제목과 마찬가지로, '법 앞에서'라는 제목도 저작권법 따위의 여러 법률에 관계돼 있다는 점에서 법 앞에 있는 셈이다. 데리다는 다음과 같이 적는다. '책 제목은 도서관 분류는 물론이고, 심판권과 판결권, 저작권의 부여를 허용한다.'(189) (그는 여기에서 「법 앞에서」라는 텍스트가 카프카의 장편 『심판*The Trial*』 전에 씌어진 습작이라는 사실을 암시한다. B 217-20을 보라.)

모든 문학작품의 제목과 마찬가지로, '법 앞에서'는 문제의 문학작품의 일부이면서 동시에 일부가 아니다. 제목은 텍스트에 이름을 붙여주는데, 제목이 마치 텍스트 바깥에 있기라도 한 것처럼 나중에 첨가되거나 앞서 첨가된다. 아마도 '대리보충의 (이상한) 귀환' 혹은 '근원적 대리보충'을 다시 한 번 실감할 수 있을 것이다. 하지만 그와 동시에 '법 앞에서'라는 제목은 표면적인 외면성에도 불구하고 텍스트의 일부이다. 제목은 그 뒤에 이어지는 텍스트의 일부인가, 일부가 아닌가? 그것은 틀, 경계, 혹은 가장자리의 문제이다. 제목은 정확히 어디에 있는 것인가? 제목의 자리는 무엇이라 불러야 하는가? 데리다는 이렇게 말한다. '제목은 그 소속에서 그것이 동반하는 것만큼의 구조나 그 만큼의 지위가 없음에도 불구하고, 또 본질적으로 외면적인 것에 불과하지만, 우리는 제목이 문학에 속한다고 말할 수 있다. 제목이 문학에 속한다는 것이 저작권법에 저촉되는 것은 아니다.'(189) 문학과 법은 기묘한 상호 공모 관계를 통해 서로 연루돼 있는 것이다. 법의 심장부에는 모종의 허구성 혹은 허구화가 있다. 이것이 「법 앞에서」에서 주장한 데리다의 논거이다.

프로이트적 일탈

데리다는 이 문제를 지엽적인 것처럼 보이는 그의 에세이 한 귀퉁이에서 가장 인상 깊게 입증한다. 하지만 데리다의 모든 작품은 일탈 현상 혹은 일탈의 유령적 효과와 관련되어 있으며, 이는 일탈을, 즉 일탈의 본성과 그 소속을 재고하게 만든다. 그의 진술처럼, '산포散布'는 반드시 '고대적' '일탈 이론'을 동반한다.(O 27을 보라.) 그는 도덕의 기원을 논하는 프로이트를 언급하며 명백한 논점 이탈을 감행한다. 이것은 대리보충의 논리, 즉 일탈의 대리보충성과 일종의 허구적 대리보충성, 즉 법의 핵심에 있는 대리보충적 허구성을 증거하는 가장 멋진 사례를 제공한다. 프로이트는 이야기 진술을 강요받지만, 그 과정에서 그 이야기의 취소 혹은 결과적으로는 진술 불가능성을 드러낸다. 데리다가 인용하는 부분은 『토템과 타부*Totem and Taboo*』 중 자식이 저지르는 최초의 부친 살해 대목이다.

우리는 원시사회가 가졌던 최초의 도덕 규정들과 윤리적 제약들을, 그것을 수행한 사람들에게 '범죄'의 개념을 부여한 어떤 행위에 대한 반응으로서 파악했다. 그들은 자기들의 행위를 후회하며(하지만 이것이 만약 도덕 앞에서라면, 그것이 어떻게 그리고 어째서 법 앞에서인가?─데리다의 질문) 그러한 행위가 다시는 되풀이되지 않아야 한다고, 그리고 이 행위의 실행이 어떤 이익도 가져오지 않아야 한다고 결심하였다. 이 창조적인 죄의식은 오늘날 우리 사이에서도 사라지지 않았다. 우리는 이러한 죄의식이 신경증 환자들에게 비사회적으로 작용하고 있음을 본다. 이들은 새로운 도덕 규정과 지속적 제약들을 만들어내어 저지른 잘못을 보상하려 하고, 새로운 잘못을 저지르지 않도록 조심한다. …… 신경증 환자들의 죄의식에는 언제나 사실적 현실이 아닌 심리적 현실이 깔려 있다. 신경증의 특징은 심리적 현실이 사실적 현실보다 우위를 차지한다는 것으로, 정상인들이 현실에 반응하듯 신경증 환자들은 사유에 진지하게 반응한다.(Freud 1985, 222 ; B 197-8에서 부분 인용)

이것이 도덕의 기원에 대한 프로이트의 설명이며 이야기다. 데리다는 여기에서 프로이트의 사고에 잠재하는 이중 구속을, 즉 '(부친을) 살리는 최선의 길은 그를 살해하는 것'임을 탐색한다. 데리다의 설명에 따르면, 프로이트에게 '실패는 도덕적 반작용에 유익'하다. (Freud 1985, 204, 각주 1번을 보라.)

프로이트의 이야기를 서술하며 교묘하게 변형시키는 데리다의 작업은 이어진다.

> 이리하여 도덕은 실제로는 아무도 살해하지 않은 무용한 범죄에서 기원한 것이다. 그 범죄는 너무 빠르거나 너무 늦게 찾아와서 모든 힘을 소진해버린다. 사실상 그 범죄는 후회밖에는 아무것도 만들어내지 않으며 도덕은 범죄보다 앞설 수 있어야만 한다. 프로이트는 사건의 실현에 집착하는 것처럼 보이는데, 하지만 이 사건은 사건 아닌 사건, 아무런 일도 없는 사건, 혹은 서사적 설명을 요청하며 삭제해버리는 사이비 사건non-event이다.(B 198)

도덕의 기원에 관한 이야기를 조작해내고, 기원으로 회귀하려 한다는 점에서 프로이트가 단지 순진하고 향수에 젖어 있다고 보는 것은 데리다의 요점이 아니다. 「프로이트와 글쓰기의 장면」(FSW), 「사색-'프로이트'에 관해To Speculate-on 'Freud'」(SF), 『아카이브 피버Archive Fever』(AF) 등 프로이트에 대한 다른 독해에서처럼, 데리다의 설명은 프로이트의 글쓰기에 대한 깊은 찬사, 그리고 프로이트 정신분석의 가치와 중요도에 대한 존경에서 유발된 것이다. '잊지 말자─정신분석Let Us Not Forget-Psychoanlysis'(LUNFP)이라는 제목은 이 주제에 대한 데리다의 가장 간결한 진술이다.

그러나 그는 언제나 그렇듯이 사랑이라는 해체적 노동에 관심이 많다. 그는 이렇게 말한다. '나는 내가 해체하는 모든 것을 무척이나 사랑한다. …… 내가 해체론의 관점에서 읽어낸 텍스트들은 내가 사랑하는 것들이다.'(EO 87) 「법 앞에서」에서의 프로이트 독해는 어떤 의미에서는 그가 프로이트에 충실함으로써 프로이트를 배반하는 장면을 보여주는 것이다. 데리다의 독해는 프로이트가 미처 보지 못한 곳을 드러내 보인다. 데리다는 프로이트가 의미하고자 하는 것보다는 그의 텍스트가 더 많거나 더 적게 말하고 있음을 보여준다. 그것은 단적으로 말해서 '법에는 대리보충을 보지 못하는 맹목이 있다.'(OG 149)는 데리다의 논점을 입증한다.

『토템과 타부』에서 인용한 구절은 프로이트의 저작에서 잠깐이지만 특별히 데리다를 '위해' 작성되었다는 묘하고 섬뜩한 느낌, 데리다가 미래에 출현하여 그것을 꼭 집어내기를 기다린 듯한 느낌에 사로잡히게 만드는 순간에 속한다. 프로이트는 실질적으로 이론에 포함시킨 대리보충물의 모습을 분명 보지 못했다. 부친을 살해한 아들들이 '자기들의 행위를 후회한다는 프로이트의 진술이 데리다의 대리보충적 의혹을 산다. '하지만 이것이 만약 도덕 앞에서라면, 그것이 어떻게 그리고 어째서 법 앞에서인가?' 프로이트의 설명은 대리보충의 논리에 의존한다. '범죄에 앞서 후회와 도덕심이 존재할 수 있어야만 한다'는 무언의 제안으로, 프로이트의 텍스트는 단순히 무의미한 것으로 전락하지 않는다. 오히려 그것은 데리다의 표현대로 '믿을 것을 강요하지 않는' 사건 개념, 즉 '틀림없이 허구적으로 만들어진' '섬뜩한' 행위로 이해될 것을 요구한다.(B 198-9)

데리다는 1897년 빌헬름 플리스Wilhelm Fliess에게 보낸 편지에서 정식화한 프로이트 초기의 통찰력을 믿어보려 한다. '무의식에서는 아무것도 현실을 지시하지 않는다. 따라서 정동情動이 집중된 것에 대해서는 허구와 진실의 구별이 불가능하다.'(B 192에서 재인용) 도덕의 기원에 대한 프로이트의 이야기는 저자의 '의도', 즉 "그가 그것을 믿었는가, 안 믿었는가? 그는 그것이 실제 역사적 살인으로 귀결됐다고 주장했는가?' 등등'의 문제는 일차적이지 못하다.(199) 프로이트의 설명에서 빛나는 부분은, 그가 그렇게 말했노라 생각하든지 말든지 간에 '사건 없는 사건', '아무일도 일어나지 않은 순수 사건', 즉 '사건 현장에서 …… 아무도 발견되지 않는' 사건이다. '토테미즘의 두 가지 중대 타부, 즉 살인과 근친상간을 법으로 정초하는' 이렇게 이상한 사건 아닌 사건은, 요청되는 동시에 즉시 삭제되어야 하는 서사, 즉 '픽션을 닮았다.'(199)

프로이트의 '이야기'는, 리처드 비어스워드Richard Beardsworth의 말마따나, '상상된 사건의 서사라기보다는 가짜 서사'에 가깝다.(Beardswort 1996, 37) 데리다는 '이러한 사이비 사건이 허구적 서사성의 징표, 즉 허구적 서사인 동시에 허구로서의 서사를 내장한다.'고 주장한다. 그것은 그 자체만으로 '법의 기원인 동시에 문학의 기원인 것이다.'(B 199)

독서 훈련

'법은 환영'이며, '여전히 본질적으로 접근불가능하다'고 데리다는 주장한다.(199) 만약 법이란 것이 대리보충을 보지 못한다고 한다면, 법은 동시에 누구도 그 앞에 설 수 없는 것'인'지도 모른다. 프로이트와 정신분석으로의 명백한 일탈 덕택에 우리는 문학의 핵심으로, 그리고 카프카의 환상적 텍스트의 핵심에 근접할 수 있었다. 프로이트의 설명이나, 프로이트의 설명이 명시적으로 기대고 있는 칸트의 도덕법 개념처럼 카프카의 「법 앞에서」는 이중논리에 관련되어 있다. 한편으로, '법 그 자체는 어떠한 이야기도 발생시켜서는 안 된다. 절대적 권위의 투입을 위해서 법에는 역사, 발생 혹은 모든 가능한 기원이 없어야 한다.' 다른 한편으로, '법이 어디에 있으며 어디에서 시작되었는지를 묻지 않는 한 …… 일반인은 법, 혹은 법 중의 법에 관여할 수 없다.'(B 191)

칸트, 프로이트, 카프카. 이들이 데리다에게 중요해지는지의 여부는 그들 각자 나름의 방식으로 '법적 사유의 심장부'에서 유령적 혹은 가상적 '서사성과 허구'를 어떻게 드러내느냐에 달렸다.(190) '각자 나름의 방식으로'라는 생각이 또한 결정적이다. 데리다는 이렇게 말한다. '법은 언제나 방언이다. 이것이 칸트 사상의 세련된 표현이다. 그 문은 오로지 당신의 것이다.'(B 210) 달리 말해서, 모든 문지기 usher는 당신에게만 낯설다. 카프카의 소설은, 섬뜩할 정도로 멋지게도, 누구든 법과의 관계는 단독적임을 강조한다. '문지기는 시골 사람의 임종이 가까웠음을 알고, 희미해져가는 그의 청각이 알아들을 수 있도록 크게 소리친다. "이곳에서는 너 이외에는 아무도 입장을 허락받을 수 없어. 왜냐하면 이 입구는 단지 너만을 위해서 정해진 곳이기 때문이야. 나는 이제 가서 그 문을 닫아야겠다."' 법의 문과 출구는 다른 누가 아니라 이 시골 사람만의 것이다. 당대의 비판적 사상가 로돌프 가세Rodolphe Gasché가 카프카와 데리다에 대한 훌륭한 에세이에서 서술한 것처럼, '단독성은 법과 같은 어떤 것을 존재하게 만드는 조건이다. 그 법은 순수하고, 재현불가능하며, 그 자체의 순수성은 접근불가능하다.'(Gasché 1999, 297) 법의 문은 단독적이다. 즉, 당신만을 위한 것이다. 하지만 당신은 결코 법의 현전에 들어설 수 없다. 이것이 모든 법의 법칙이다.

그렇다고 해서 데리다가 무법천지를 옹호한다든가 법을 멸시한다는 뜻이 아니라는 점은 강조해두고 싶다. 그와 반대로 '독서 훈련 규범'(TS 42)을 따르지 않고서는 그의 작품이 무슨 말을 하는지 이해할 수 없다. 그는 이렇게 말한다.

> 내가 일탈과 회의, 전치轉置의 인상을 줄 때조차, 그것은 언제나 (이 모든 규범의) 권위 밑에 있는 것이어서, 나는 어원학의 도덕이라든가, 독서 및 작문의 윤리에 책임감을 느낀다. 단적으로 말해서 법 앞에 있다.(TS 43)

무엇보다도, 데리다는 잘 훈련된 독해로 카프카의 「법 앞에서」를 읽어낸 끝에 디페랑스를 명쾌하게 설명할 수 있었다. 시골 양반은 기다려야만 하고, 법으로의 진입은 지연된다. 이러한 지연이 데리다가 말하는 '끝없는 디페랑스 …… 죽을 때까지 계속되는 디페랑스'를 구성한다.(B 204) 그는 말한다.

> 지연된다는 것은 이러저러한 경험의 지연이 아니며, 어떤 향락이나 어

떤 최상의 것에 대한 접근의 지연, 혹은 어떤 물건이나 사람을 소유하거나 침해하는 것의 지연이 아니다. 죽음에 이를 때까지 영원히 지연되는 것은 법 그 자체로의 진입이다. 법 그 자체는 지연을 지시하는 것 외에 아무 것도 아니다. …… 접근할 수도 없고 접근되어서도 안 되는 것이 디페랑스의 기원이다. 그것은 현전이나 재현되어서는 안 되며, 결국 침해될 수도 없다. 이것이 법의 법칙이다. 그것은 자연적인 것도 제도적인 것도 아니다. 우리는 결코 법에 도달할 수 없으며, 법조차도 자기 본래의 깊이나 고유의 발생지에 결코 도달할 수 없다.(205)

그것이 바로 '수수께끼의'(205) 심연, 디페랑스의 심연일 것이다.

문학과 법

당신이 문학을 배우는 학생이든 경찰이든, 판사든 국무총리든, 왕이든 여왕이든 상관없다. 모두 법 앞에 있다. 하지만 누구도 법의 현전속에 있는 것은 아니다. 데리다가 여러 차례 말한 것처럼, '법은 미쳤다.'(예컨대, LG 251, MO 10을 보라.) 카프카의 소설은 이러한 광기를 실감하게 해준다. 중요한 에세이 「법의 힘 : '권위의 신비한 토대'Force of Law : The "Mystical Foundation of Authority"」에서, 데리다는 이렇게 주장한다. '법의 힘'을 해체적으로 사유할 필요가 있다. 모든 법을 지탱하고 정초하는 '행위수행적인 폭력, 즉 해석의 폭력'의 승인에 대해서, 그리고 특별히 데리다의 표현을 따르자면 '토대의 원칙으로서 자체의 토대 구축 불가능성'(PR 9)에 대한 승인에 대해서 말이다. 데리다는

'법의 일차적 매체'(B 206)가 언어라는 사실에 주목하고 '법의 해체가 능성'(FL 943)을 강조한다.(정의는 다르다. 이에 대해서는 다음 장에서 살펴보자.) 소위 '서구 사회'의 라틴 세계화를 통해서, 수 세기에 걸쳐 법을 만들고 유지하게 해주는 궁극적 '권위', 최종 귀착점은 기독교적 '신'의 이름이 제공해주었다.

문학은 법에 대한 사유에서 이상하지만 결정적인 지점을 차지한다. 지금까지 밝혀진 것처럼, 문학에는 본질이 없다. 데리다가 보기에, 우리가 말하는 '문학은 명명의 드라마, 이름이라는 법, 법이라는 이름과 관련이 깊다.'(B 187)

『처소 : 허구와 증거Demeure : Fiction and Testimony』(1998) 같은 최근 저서에서 데리다는 문학과 법에 대한 분석을, 특별히 증거 및 증언으로까지 확장한다. '유럽의 재판 전통에서, 증거는 문학과 무관해야 하며, 문학 중에서도 자신이 허구, 모조, 가짜임을 내세우는 것과 무관해야 한다.'(Dem 29)는 명백히 상식적인 관점을 데리다는 해체, 교란, 변경하려고 한다. 특히 데리다는, '만약 법적 증거물이 허구적인 것으로 환원되지 않아야 한다면, 구조적으로 자체 내에 허구, 모조, 은폐, 거짓말과 위증의 가능성을 함축하지 않는 증거, 다시 말해서 문학의 가능성을, 그것도 순전히 이 모든 구별을 왜곡하는 것으로 유희하는 순결하거나 괴팍한 문학의 가능성을 함축하지 않는 증거는 없다.'고 주장한다.(Dem 29)

이는 단지 문학이 법이나 진리(예컨대 진리를, 온통 진리를, 오로지 진리만을 말한다는 생각)를 가지고 유희하는 심술궂고 위험한 담론일 수 있음을 암시한다는 뜻이 아니다. 문학의 처소는 전적으로 정착 가능성이 덜하다. 데리다의 향수 어린 정식화에 따르면, '문학'은 더욱 현저하면서 동시에 유령적이다. 허구의 가능성 없이는 어떠한 '진리의 증거'도 있을 수 없다. 데리다는 말한다. '문학적 허구의 가능성은 소위 참된, 책임지는, 진지한, 실제적 증거 자체의 고유한 가능성에서 출몰한다. 이러한 출몰 지점이 아마도 무엇이든 말한다는 기획으로서의 열정 그 자체, 즉 문학적 글쓰기의 열정적 장소일 것이다.'(Dem 72)

09

괴물들

Jacques Derrida

안내장

폴 드 만Paul de Man은 1966년에 처음 출간된 존 키츠John Keats(1795~1821) 관련 에세이에서, 이 영국 시인을 '예언적' 작가로 간주해야 한다고 말했다. 이로써 드 만은 윌리엄 워즈워스William Wordsworth(1770~1850) 같은 '회고적' 시인과 키츠를 의도적으로 비교한 것이다. 키츠의 작품이 '통찰과 조화가 있던 과거 순간에 대한 성찰적 반성보다, 미래의 힘에 대한 희망적 예비와 기대로 구성되어 있다.'는 것이 드 만의 주장이다.(de Man 1989, 181)

드 만에 따르면, 키츠의 작품은 '온통 미래를 향해 있다.'(183) 드 만의 글 하면 가장 자주 연상되는 비판적 구절이 '맹목과 통찰'이다. 그리고 그것이 해체론적 논리에 연결된다는 말을 종종 한다. 모든 문학적·비판적·철학적 텍스트는 맹목과 통찰의 작품이라는 것, 그러므로 저자의 가장 위대한 통찰의 순간은 특이하게도 맹목의 순간이며, 그 반대도 마찬가지라는 것이다.(de Man 1983을 보라.) 그래서 키츠와 관련한 그의 주장은 시사하는 바가 많다. 예언자적 작가라는 생각은 어쩌면 달콤한 결실에 열중하라고 요구하는 것인지 모른다. 모든 작가의 작품이 이 결실이라는 용어로 해석될 수 있기 때문이다. 하지만 드 만의 에세이가 말하듯이, 그것은 확실히 결정적으로 키츠의 사례에서만 발현되는 테제이다.

여기에서 드 만의 일반적 논거에 진전이 있는 것은 아니지만, '예언적 성격'(192)의 작품을 발표한 또 다른 작가가 있는지의 여부는 고려하지 않는 게 좋겠다. 드 만 자신이 눈에 띄는 예언적 작가의 사례일지도 모른다. 초기와 후기 저작 사이에 그의 사상과 언어에 중대한 전환이 있었으니 말이다.

지그문트 프로이트는 조금 다르다. 그는 전 저작에 걸쳐 굉장한 일관성을 보이지만, 계속 관점과 이념을 바꾸고 변경하며, 새로운 발견에 이른 사람들의 감각과도 통한다. 이런 맥락에서 프로이트의 궤적을 생각해보면, 그는 최면요법을 폐기하고 소위 '두 번째 지형학'이라고 하는 이드·에고·초자아의 관념을 만들었으며, 『쾌락 원칙을 넘어서』(1920)를 전후해서는 죽음 충동 이론을 공표했고, 1920년대에는 텔레파시의 존재를 믿는 것으로 '회심'하기도 했다. 이렇게 보면, 자크 데리다도 매혹적인 인물이다. 그는 유난히 비예언적인 것처럼 보이기 때문이다. 그는 애초부터 만사가 해결된 사람처럼 멋진 모습을 보여준다. 그의 저작은 처음부터 시종일관하는 것처럼 보인다. 물론 그것은 우리가 생각하듯 통일되고, 완결된 혹은 완결가능한 성질의 것은 아니지만 말이다. 데리다의 저작에는 거의 믿기지 않는 일관성이, 언제나 이미 제자리에 있다.

여기서 지적하고자 하는 바는 그의 작품이 보이는 무시간성, 즉 '탈역사성'이다. 그러나 다른 한편으로, 지금 이 책에서도 보여주고자 하듯, 데리다의 행위(원한다면 '해체')는 '예리한 역사 감각'(SST 77)으로 유명하다. 그의 텍스트는 거의 변함없이 '우발적으로' 작성되는데,

이는 그 텍스트들이 특정 시간과 특정 장소에서의 원고 청탁과 강연 초대에 대한 응답이기 때문이다.(TS 65를 보라.) 그래서 그의 저작에는 뚜렷한, 때로는 명확한 날짜까지 새겨져 있다. 그리고 일관되게 역사와의 관계 승인과 그 해명에 관련된다. 이는 그의 저작이 서양 철학사 일반뿐 아니라, 마르크스주의나 정신분석, 현상학 등 가장 최근의 역사적 '사건들' 틈에 깊숙이 관여함을 의미한다. 그러므로 데리다의 저작에 전환점, 새로운 발전, 초점의 변화 및 관심의 변화가 있다는 것은 분명하다.

우리는 이미 데리다의 저작에 언어행위 이론이 끼친 영향을 살펴보았다. 로돌프 가셰는 그러한 전환을 임시로 '행위수행적 전회'라고 명명했다.(Gasché 1999, 288 ; Weber 1987 참조) 또 데리다 자신이 공언하는 바, 그의 저작이 점점 더 '정치적' 성향을 띠게 되었다는 것, 즉 '이론과 실천 양면에서 점차 제도의 문제를 제기한다는 것'(TS 49)이다. 1990년대에 출간된 『마르크스의 유령들』(1993)과 『우정의 정치학*Politics of Friendship*』(1994) 등의 책, 그리고 더 최근에 발표된 환대·용서·거짓말과 위증·사형제도·도래할 민주주의에 관한 세미나가 이러한 사실을 확증한다.(더 최근의 사례는 Hos, OCF, N, 그리고 WA를 보라.) 하지만 데리다 본인도 지적하다시피, '해체론을 정치기구 및 제도의 문제와 연결하는 모든 작업은 이미 『그라마톨로지에 관하여』에 나타나 있다.'(TS 49) 해체론은 언제나 이미 철두철미하게 정치적이었다. 그것은 제프리 베닝턴이 명명한 '환원불가능한 개념의 정치학'을 동반한다. 베닝턴에 따르면, 해체론은 '개념을 취급하는 모든 행위가 포함될 정도로 정치 개념을 일반화했다.'(Bennington 2001, 206-7)

해체론이 일으킨 지진 효과는 처음부터 정치적이었다. 처음에는 가르침을 주는 것으로 시작되었는데, 그 가르침이란 제도에 의문을 제기하고 변경하게 하며, 우리의 생각과 행동을 바꾸려는 것이었다. 정치적 목적과 열망이 뚜렷했다는 점뿐만 아니라, 정치적인 것의 개념 자체를 바꾸려 했다는 점에서도 정치적이었다. 따라서 초기 저작에서는 비록 언어행위 이론의 용어가 쓰이지는 않았지만, 그의 모든 텍스트를 그 자신의 말을 빌어 '행위수행적 수행'(TS 65)으로 간주할 수 있다. 그는 적어도 1967년 『그라마톨로지에 관하여』 출간 이후부터는 변형과 재창조 사업에 종사해온 것이다. 리처드 비어스워드는 『데리다와 정치적인 것*Derrida and the Political*』이라는 저서에서 글쓰기 개념을 이렇게 말했다. '글쓰기를 강조함으로써 데리다는 철학과 문학의 관계 및 그 사이의 공간을 재창조했으며, 실재와 허구, 역사와 상상이라는 전통적 구별법을 초월하는 텍스트의 과정 탐색이라는 새로운 영역을 개척했다.'(Beardsworth 1996, 2)

어떤 사상가는 마음이 바뀌면, 자신의 초기 이념이나 논거를 부정하거나 심하게 개조한다. 어떤 사람은 차별된 문체를 개발하기도 한다. 데리다는 그러한 범주에 잘 들어맞지 않는다. 물론 불안을 증대시키고자 그의 저작은 끊임없이 질문을 던진다. 사유란 무엇인가, 개심改心이란 무엇인가, 거절과 개조는 무엇이며, 처음과 나중, 이념과 논거, 발전과 문체란 무엇인가? 마음을 가라앉히는 독특한 방식으로, 데리다는 앞질러 모든 것을 파악한 것처럼 보이는 사람이라는 느낌과, 관점에 아무런 변화도 없는 것처럼 보이는 사람이라는 느낌을 동시에 준다. 예컨대 『타자의 귀*The Ear of the Other*』(1979)에서 그는 이렇게 말한다. '강점인지 약점인지는 몰라도, 나는 결코 변심해본 적이 없다. 그리고 행운인지 순진한 것인지는 몰라도, 변심한 적이 있다고 생각하지 않는다.'(EO 141-2) 1994년 한 인터뷰에서 그는 '글쓰기의 문제는 이미 1954년 석사학위 논문에서 언급했다.'고 술회하고, '나의 모든 간행물에는, 10년 뒤든 20년 뒤든지 간에, 내가 나중에 쓰게 될 것을 고지하는 표지들이 항상 들어 있다.'고 내비쳤다.(TS 46) 우리가 데리다의 책이며 에세이를 시시콜콜 구별해서 생각하는 것이 거의 모두 이전 것들의 접붙이 혹은 연장, 보충이나 첨가, 또는 부산물로 간주될 수 있다는 말이다.

'부산물'이라는 말에 암시된 것처럼, 여기에는 희미하게 괴물적인 어떤 것이 있다. 1909년 처음으로 미국을 방문했을 때 프로이트는 빈정대는 어투로 자기들이 일명 '정신분석'이라는 전염병을 옮기고 있노라고 말했는데, 데리다의 저작에서 출현한 해체론도 지속적으로 성장하여 모든 식별 가능한 담론, 심정과 마음, 제도와 실천에 들러붙어 전염병을 유발하고 오염시킨다는 인상을 줄 수 있다. 해체론에는 본질적으로 기생적인 측면이 있다. 데리다의 말처럼, '해체론은 언제나 기생적 담론이다.'(RD 234) 데리다의 저작이 건드리지 않거나 간섭하지 않은 텍스트·대상·주제·이념이 없으므로, 데리다의 텍스트 밖에는 아무것도 없다nothing-outside-Derrida's text고 말할 수 있겠다.

데리다는 이중의 텍스트 「연명 / 경계선Living On/Border Lines」에서 '시는 언제나 접촉되고 간섭받는 것On a touché au vers'이라는 말라르메의 선언을 상기한다.(LO 83) 데리다는 간섭이란 관념을 자신이 '교시적 제도 및 그것이 내포한 모든 것의 해체'(BL 94)라고 말했던 언어에 연결한다. 「법 앞에서」에서 '법'이라든가, 번역가의 과제로 제시되는 '원전' 텍스트에 해당될 접촉금지라는 관념을 논할 때조차도, 데리다는 접촉금지에 대한 우리의 생각을 변경시킨다. '해체 불가능'하다고 말하는 '정의'조차도, 특히 더 최근의 데리다 텍스트에서는 가차 없이 노골적인 관심의 초점이 되었다. 하지만 그가 늘 주장하듯이, 그때도 '해체'는 언제나 '정의의 문제'에 관심을 준다. 다만 처음부터 '(이 문제를) 거론하지 않았을 뿐이다.'(FL 935) 이 문제는 이 장의 말미에서 다룰 것이다.

데리다의 저작은 세상의 괴물성뿐 아니라, 정치, 철학, 문학 등등의 괴물성을 알아보기 쉽게 만들려고 한다. 괴물성에는 단지 흉측하고 무서운 것만 있는 것이 아니다. 이 문제에 셰익스피어를 끌어들여보면, 셰익스피어의 업적처럼 데리다의 업적 또한 비범하고, 경이로우며, 거창하고, 괴상하고, 비정상인 것처럼 보인다. 최소한 두 가지 관점에서 이 두 사람의 저작이 괴물 및 괴물성의 주제 면에서 일치한다고 느껴진다. 양쪽 모두 괴물성이라는 개념에 대한 행위수행적 탐구, 즉 개념의 괴물성을 탐구하는 것에 관심이 있다. 또한 양자에게 괴물성이란 결국 미래의 문제이다.

데리다의 저작이 끝없이 전개된다는 인상을 주고, 따라서 그의 모든 텍스트들이 비상하고 '영민한 정확성으로 자기 반향적이고 자기 예고적인 내부자 텍스트풍으로 서로 화답한다는 인상을 줄지라도(이 또한 셰익스피어를 연상시킨다.), 중요한 것은 그의 텍스트 하나하나는 다른 텍스트들과 뚜렷하게, 유독, 명백히 구별된다는 사실이다. 그 이유는 그가 작성한 모든 텍스트가 다른 텍스트, 다른 저자 또는 다른 독해 상황이나 독해 장면에 부기附記하려는 시도와 그 대응의 산물이기 때문일 뿐 아니라, 매번 쓸 때마다 끊임없이 처음부터 다시 시작하기 때문이기도 하다. 다시 말해서, 데리다의 저작에는 괴상하게 비천한, 거의 징그럽게도 비괴물적인 측면이 있다는 것이다. 이런 점에서, 데리다는 우리가 처음에 살펴본 예언적 작가 키츠보다 더 키츠적인 냄새를 풍긴다. 특별히 데리다가 키츠를 닮은 것은, 드 만의 말을 빌자면, 그가 '언제나 미래에 체류하는 꿈에 시달린다'는 점에서 그러하다.(de Man 1989, 181)

쓰는 법

데리다는 자신이 쓴 모든 텍스트를 두고 이렇게 말했다.

나는 글이라고는 한 번도 써본 적이 없는 사람처럼, 쓰는 방법조차 모르는 사람처럼 글을 쓴다. …… 새로운 글을 시작할 때마다, 그것이 아무리 평범한 글일지라도, 나는 마치 미지의 것 혹은 범접할 수 없는 것을 대면할 때처럼 당황스러울 뿐 아니라, 어색하고, 서툴고, 무기력한 느낌에 시달린다.(MMW 352)

의심할 바 없이 행동보다는 말이 쉽다. 하지만 인용된 데리다의 말은 글 쓰는 방법에 관한 교훈을 준다. 두려워해라, 실제로 정말로 두려워해라. 하지만 멋대로 해라. 왜냐하면 바로 이 순간, 글을 쓰게 된 단독적이고 어긋나 있는 지금까지, 한 번도 오지 않은 자유가 주어졌기 때문이다. 지금 바로 모든 것이 문제가 되고 있다. 더 엄밀히 말해서 그 어조가 나를 택한다는 것을 안다면, 어떤 어조를 택할 것인가? 데리다는 모든 것이 어조의 문제에서 시작됨을 암시한다.(MO 48을 보라.) 모르긴 몰라도 당황스런 느낌과 서툴다는 느낌은 유익하다. 그 느낌은 그의 저작을 관통하는 논리를 입증한다. 즉, 단독적이면서 일반적인 논리가 그것이다.

한편으로는 데리다가 '매번 같은 일을 반복한다'(TS 47)는 느낌, 그리고 처음부터 모든 것을 알고 시작한다는 느낌이 있다. 다른 한편으로는, 이 텅 빈 백지 혹은 모니터 화면의 유일무이성, 즉 쓰고 있는 모든 텍스트는 '완전히 새로' 쓰는 것이며, 무엇을 쓰든지 '전부 다시 시작'(TS 47)해야만 한다는 느낌이 있다. 전에 말했던 모든 것에 기댈 수는 없는 일이다. 데리다에게는 매번 '완전한 신선함의 느낌', 즉 '완전한 창시자'(TS 70)라는 느낌이 있다. 글쓰기에서 통하는 것은 또한 교수법에도 통하는 법이다. 교단에 설 때 데리다는 독해하고 논의해야 할 대상인 바로 그 텍스트가 '실제로 …… 평생 처음으로'(TS 47) 읽는 텍스트라는 느낌이 든다고 말했다. 이러한 '신선함'의 문제는 모든 수업, 세미나, 강의에서 대학이라는 개념 자체가 문제라는 그의 주장에 연결된다.(예컨대 Moc 22를 보라.) 대학의 가치와 목적은 매일 지속적으로 창조되지 않으면 안 된다. 동일한 요구가 '출판의 자유', '발언의 자유', '사상의 자유', 즉 민주주의 그 자체에 적용된다.(OH 98을 보라.)

'무엇이든 말할 수 있는 권리'로서의 문학 개념과 민주주의 사이의 연관성에 대해서는 4장의 논의를 상기하면 된다. 여기서는 대학이라는 개념과 민주주의의 관련성을 주목하려 한다. 데리다는 이렇게 말한다. '무엇이든 말할 수 있는 권리(혹은 아무것도 말하지 않을 권리)는 …… 민주주의, 그리고 대학이 요구하는 무조건적 주권성이라는 이념의 토대이다.'(UWC 232)(대학, 교습 및 교육 문제의 중요성에 대한 데리다의 지속적인 관심이 의미하는 바는, 특히 Moc, PR, UWC, WAP를 보라.)

쓰기, 말하기, 가르치기, 이 세 가지는 예측불가능한 행위수행적 가능성과의 조우를 포함한다. 데리다의 초기 에세이 「힘과 의미작용」(1963)에는 현상학자 모리스 메를로 퐁티Mauice Merleau-Ponty(1908 ~ 61)가 한 말, 즉 '내가 한 말이 나를 놀라게 하고 나에게 내 생각을 가르쳐주기도 한다.'(FS 11에서 재인용)가 인용되어 있다. 그 뒤를 이어 새로운 단락은 이렇게 시작된다. '글쓰기가 위험하고도 괴로운 일인 까닭은 순수한 의미에서 그것이 창립적이기 때문이다. 도무지 어디로 튈지 알 수가 없다는 것이다.'(FS 11) 데리다에게는 매 순간의 상황이 유일무이하다. 아무리 문장을 정확하게 구사해도, 그 다음에 무엇이 올지 아는 사람은 아무도 없다. 그의 말처럼, '문장을 마칠 때까지, 처음 문장과 똑같은 문장은 없는 법이다.'(EO 158) 그러므로 모든 행위수행문은 불구적인 행위수행문이다. 왜냐하면 계산불가능한 것, 예측불가능한 것 혹은 '예상불가능한 것'의 출몰에 개방되어 있기 때문이다.(Ja 41)

이처럼 이상한 자유는 데리다를 '비판적 사상가로 만들어주며, 괴물성은 바로 여기에서 유래한다. 『그라마톨로지에 관하여』 서론에서 밝힌 바대로, '미래는 절대적 위험의 형식 속에서만 예견될 수 있다. 그것은 이미 형성된 정상성과 절대적으로 단절되는 그 무엇이고, 그렇기 때문에 그것은 일종의 괴물성으로서만 선언되고 나타날 수 있다.'(OG 5) 데리다의 '완전한 신선함의 느낌', 그리고 '완전한 창시자'의 느낌은 의심할 바 없이 이러한 '절대적 위험'과 연관된다. 우리는 다음에 그가 어떤 텍스트를 들고 나타날지 알지 못한다. 데리다는 글쓰기의 '위험하고도 괴로운' 경험을 강조했는데, 이는 그가 만들어낸 서로 다른 텍스트들의 놀라운 다양성을 규명하는 데 도움을 준다. 예컨대, 전통적 형태의 학술적 논문(OG, SP, SM, PF 등에서처럼)이 있는가 하면, 두 개로 나뉘어진 기둥이나 섹션으로 이루어진, 이중 텍스트로 제시된 작품(G, TP, LO/BL 등처럼)이 있고, 아포리즘을 모은 것(AC), 그리고 일기나 여타의 자서전적 단편들(Bio와 C처럼)이 있으며, 우편엽서 및 편지글(E와 T)도 있다.

미래 속으로

데리다의 작품에 대한 입문적 소개를 할 때마다 가장 큰 문제는, 그의 사상, 그의 텍스트, 그의 '이념'이 체계적으로 혹은 간단하게 포장·서술될 수 있다는, 불가피하긴 하지만 매우 잘못된 그 인상과 어떻게 타협하느냐에 있다. 마치 그의 작품이 변형이나 왜곡을 거치지 않고 서술될 수 있는 양, 혹은 그의 작품에 변형이나 왜곡이 우연히 부차적으로 관계한다는 듯이 말이다. 누차 분명히 말했던 것처럼, 서술과 변형은 반대가 아니다. 데리다의 작품은 모든 컨텍스트의 부단한 불안정화에, 그리고 모든 글쓰기나 책읽기의 조건인 예측불가능의 필연적 가능성에 관련된다.

그의 작품이 체계화에 저항한다는 말 또한 오해이다. 그는 이렇게 말한 바 있다.

해체론은 반체계적이기는커녕 그와 반대로, 그럼에도 불구하고 체계를 찾는 것일 뿐 아니라, 그 자체로서 체계가 불가능하다는 사실의 결과이다. …… 체계가 작동하지 않음을 보여주는 것이 문제인데, 이러한 역기능은 체계의 교란일 뿐 아니라 그 자체로 체계를 향한 욕망의 표현이다. 체계는 바로 이러한 분접disadjoinment과 이접disjunction에서 활기를 얻는다.(TS 4)

체계성은 언제나 이미 불가능했다. 체계를 찾는 것 자체가 체계가 불가능하다는 사실의 결과이다. 데리다는 여러 차례, '시간이 어긋나 있다the time is out of joint.'〔『햄릿』〕(특히 SM과 TO를 보라.)는 셰익스피어 연극의 대사를 반복해서 상기한다. 이를 명확히 설명하는 한 방식이 미래를 통하는 길이다. 우리는 미래라는 것이 상대적으로 예측가능하다고 생각하기를 좋아한다. 머지않아 지금 이 장은 끝날 것이며, 우리는 잠시 동안 해체론에 대한 생각을 중지하고, 집으로 돌아갈 수도 있고 텔레비전을 볼 수도 있다. 그러나 데리다의 말에 따르면, 이것은 미래라고 할 수 없다. 차라리 예견된 것, 예상했던 것, 계산된 것들이 펼쳐지는 것이다.

데리다의 생각에 해체론은 '미래 그 자체의 개시'(Aft 200)와 관계된다. 데리다가 프랑스어의 l'avenir(미래)라는 단어와 도래할 것(venir, à-venir)(예컨대 PIO 28-9를 보라.)이라는 말 사이의 연결을 일관되게 강조한다는 사실을 주시하는 게 좋겠다. 미래는 도래하는 것이며, 미지의 것이다. 그것은 '현재하는 것의 형식으로 변양modalized 또는 변형modified'되지 않는 어떤 것이다.(Aft 200) 그러므로 데리다에게 미래는 아직 창조되지 않은 것에 대한 감각과 관계 있다.(특히 PIO를 보라.) 정치적 용어로 하면, 이는 '도래할 민주주의'로서의 민주주의에 대한 사유에 개입함을 의미한다. 즉 이른바 arrivant(도래)이라는 것과 관련하여 정치(민주주의, 정의, 권리, 경계, 환대, 이주, 국가적 정체성과 개인적 정체성 등등)를 사고한다는 것이다.

도래

1990년 엘리자베스 웨버와 한 인터뷰에서, 데리다는 이렇게 말한다.

> 미래는 필히 괴물이다. 오로지 놀라게 할 뿐 아니라 그것을 맞을 준비조차 할 수 없는, 미래의 모습은 …… 괴물의 형식으로 고지된다. 괴물이 아닌 미래는 미래가 아니다. 그것은 이미 예측가능하고, 계산가능하며, 설계 가능한 내일에 지나지 않는다. 미래에 개방된 모든 경험은 괴물의 도래를 환영하고자 준비된 것이며, 혹은 괴물의 도래를 환영할 채비를 하는 것이다.(PTP 386-7)

arrivant(말 그대로, '도래할 것 혹은 도래할 자')이라는 단어는 데리다의 작품에 비교적 뒤늦게 도착한 말이다. 『아포리아들Aporias』(1993)에서 처음으로 그 말이 상세하게 거론되었다. 하지만 데리다의 작품을 연대기적으로 펼쳐놨을 때 여기 혹은 저기에 도착한다고 말하는 것은 잘해봐야 가벼운 조롱거리가 될 뿐이다. 도래arrivant의 모습은 미래에 대해서, 그뿐 아니라 그가 말했던 모든 것에 출몰한다.

'도착arrive'이라는 단어와 마찬가지로, '도래到來 · arrivant'는 뭍에 닿는 것과 관련된다. 옛 프랑스어에서 ariver는 '뭍에 닿다'라는 뜻인데, 이는 라틴어 ad(~로)와 rīpa(뭍)에서 왔다. 괴물의 도래는 경계 혹은 문턱, 즉 뭍에 닿게 되는 자(것) 혹은 문턱에 서게 되는 자(것)의 문제이다. 데리다는 도래를 '절대적' 의미에서, 즉 '아직 이름도 정체성도 얻지 못한 것'으로 생각하려 한다. 이러한 '절대적 도래'는 '침입자도, 침략자도, 식민지 개척자도 아니다.' 그것은 '도래하는 것도 도래하는 자도 아니다. 즉 주체도, 인격도, 개인도, 생명체도 아니다.'(A 34) 차라리 도래는 '환대 그 자체'이다.(A 33) 데리다는 다른 곳에서 이렇게 말한다. 그것은 '절대적 환대', 즉 도래(자)arrivant(e)를 향해서, 다시 말해 '예상치 못했던 미래를 향해' '그래' 하고 말하기, 혹은 '오라'(혹은 '멋대로 해') 하고 말하기의 문제이다.(M 168)

도래는 미리 명명되거나 결정된 장소에는 도착하지 않으며, 오히려 '문턱에 서 있다는 경험을 유발한다.'(A 33) 도래는 '주인, 아직은 주인도 초청자도 아닌 사람으로 하여금 정상적인 집을 식별해주는 경계선 자체에 의문을 품게 만들 정도로 주인을 놀라게 한다.'(A 34) 즉, 특정 집의 울타리나 출입문, 문턱을 의심하게 만든다.

괴물은 데리다의 작품 어디에나, 특히 그의 작품의 경계선상에 잠복해 있다. 그의 작품은 정확히 말해 '경계선상에' 있는 것이다.(A 35) 이것이 데리다의 거주지이며, 이것이 데리다 씨의 삶이다. 그리고 그것은 최종적으로 도래의 모습과 사자死者 또는 망령(돌아온 유령)의 모습을 구별할 가능성이 없는 '삶'의 감각을 수반한다. 발밑의 지지대를 치울 수 있는 것은 그의 발이다. 말하자면, 데리다의 가장 근본적인 통찰에 따르면, 절대적 도래는 모든 것을 '가능하게 만든다.' 사람들이 바꾸고 싶어 하는 모든 것, 즉 '인간성'을 포함해, 모든 문화적 · 사회적 · 민족적 · 성적 '소속' 형식들, 그리고 '자아, 인격, 주체, 의식 따위의' 테두리, 출입문, 개념 등이 포함된다.(A 35) 괴물의 도래라는 단독성이 없다면 사건도, 이름도, 정체성도 없게 된다.

이렇게 되면, 데리다는 우리를 놀라게 하는 데에만 관심이 있다거나 스스로 놀라는 일에만 관심이 있다고 생각할 것이다. 하지만 괴물성 혹은 '괴물의 도래'라는 개념에 대한 그의 관심은 정상적인 것, 즉 정상성과 정상화에 밀접하게 관련되어 있다. 이것이 '섬뜩함uncanniness''에 대한 그의 설명을 대신해준다.(예컨대 A 33, SM 168을 보라.) 이것은 섬뜩함의 '경제'이다.(EO 156-7을 보라.) 즉, 그것은 정상적인 것 혹은 친숙한 것과 괴물 같은 것 혹은 낯선 것을 암암리에 대립시키는 사고를 재고하게 한다. 1987년의 한 강연에서 데리다는 이렇게 말했다. '괴물성이란 오로지 '몰인정méconnue''의 대상이므로, 승인도 이해도 받지 못하는 것일 수밖에 없다. 그것은 다만 사후에, 즉 그것이 정상이나 규준이 되었을 때, 인정받을 수 있게 된다.'(SST 79)

용납할 수 없는, 견딜 수 없는, 이해할 수 없는 것

만약 데리다가 글쓰기 및 괴물성과 관련이 있고, 해체론이 괴물 같은 사고 형태라고 한다면, 1966년의 에세이 「인문과학 담론에서 구조, 기호, 유희」 말미에서 말했듯이, '괴물성이라는 몰형식의, 침묵하는, 유아적, 끔찍한 형식'(SSP 293)의 경험, 즉 괴물적인 것의 경험에만 초점을 맞춘다면, 이는 틀림없이 적응, 전유, 소화assimilation 운동의 관점에서 본 것이다. 조금 전에 인용한 구절을 다시 살펴보자. 여기에서 데리다는 괴물의 도래와 미래를 얘기한다.

　미래로 열린 모든 경험은 괴물의 도래를 환영하려고 준비된 것이며, 혹은 괴물의 도래를 환영할 채비를 하는 것이다. 말하자면, 그것은 절대적으로 이질적인 것 혹은 낯선 것에 대한 환대이면서, 동시에 그것을 길들이는 것, 즉 그것을 집안의 일부로 삼고 그것을 습관으로 여기며, 그것이 새로운 습관이 되게 만드는 것이다. 이것이 문화의 운동이다. 처음부터 거부반응을 불러일으키는 텍스트와 담론, 즉 변칙 혹은 괴물이라고 비난받는 것을 자세히 보면 그것은 전유, 소화, 적응되기 이전의 텍스트일 뿐이다. 그 텍스트는 그것을 받아들이는 밭의 본성을 바꾸고, 사회적·문화적·역사적 경험의 본성까지 바꿔놓게 된다. 모든 역사가 입증하듯이, 철학이나 시에서 하나의 사건이 생산될 때마다 그것은 용납되지 못할 것, 심지어 견딜 수 없는 것, 이해받지 못할 것, 다시 말해서 명백한 괴물의 형식을 취한다는 것이다.(PTP 387)

철학도 시도 괴물이 될 수 있다. 그 괴물성이 출현할 때마다 그것은 하나의 '사건'이 되고, 그럼에도 그 사건은 당장 눈앞에서는 벌어지지 않는다. 그것은 '사후적으로만 인정받을 수 있는' 것이기 때문이다. 굳이 소속을 말하자면, 괴물성은 어긋난 시간에 속한다.

'괴물성은 결코 그 자체로서 현재하지 않는다.'(SST 79)는 것을 데리다는 강조한다. 왜냐하면 '괴물 속에서 괴물을 인지하는 바로 그 순간, 이미 길들임이 시작되기 때문이다.'(PTP 386) 이러한 '괴물의 시간'은 데리다에게 특별히 중요한 의미가 있는데, 그것이 디페랑스의 법칙과 연대하기 때문이다. 디페랑스는 지연 운동이면서, '결코 스스로 현재하지 않는' 어긋남의 운동인 까닭이다. 이때 연대는 하나 이상의 선line에서 발생한다.

아주 초창기인 1963년에 데리다는 프랑스의 낭만주의 화가 외젠 들라크루아Eugène Delacroix의 말을 머릿글로 인용한 적이 있다. '선은 괴물이다. …… 선 하나로는 아무런 의미도 없으며, 의미를 표현하려면 반드시 두 번째 선이 필요하다. 이것은 중대한 법칙이다.'(FS 15를 보라.) 이로써 '괴물의 도래는 날짜의 도래와 동일한 법칙을 따른다.'는 말로 데리다가 뜻한 바를 짐작하게 된다.(여기에서 '9월 11일' 같은 날짜의 이상함에 대한 논의를 떠올릴 수 있다. 1장을 보라.)

데리다의 저작이 '용납불가', '인내불가', '이해불가'와 동일하다는 말은 다소 진부해 보인다. 이는 아마도 데리다의 텍스트를 실제로 읽어본 적이 없는 사람에게 해당될 말이리라. 또한 데리다는 철학에서든 시에서든 아니면 다른 무엇에서든지 간에 '용납불가', '인내불가', '이해불가'라고 간주되는 것, 다시 말해 어떤 의미에서는 괴물 같은 것에 흥미를 보인다는 점이 명백해졌다. 데리다에게 이러한 괴물성은 현전할 수 없는 것(최대한 강한 의미에서), 미래의 즉각적 도래, 썩어지지 않은 말들, 텅 빈 백지나 화면 등과 관계가 깊다. 그렇다고 해서 실제로 데리다가 온통 '괴물 같은 텍스트 쓰기'(PTP 386)에만 흥미를 보인다는 뜻은 아니다. 더 이상 셰익스피어를 그렇게 생각하지 않듯이 말이다. 하지만 데리다와 마찬가지로, 셰익스피어 또한 괴물에 대해 사유했던 위대한 사상가이다.

이런 맥락에서 제일 처음 떠오르는 것이 이아고[『오셀로』의 악역], 에드먼드[『리어왕』의 악역], 맥베스 등의 '괴물적 증오'이다. 당대의 비평가 해럴드 블룸Harold Bloom은 이들을 '자아의 예술가들'이라 평했다.(Bloom 1994, 64) 괴물을 만드는 데 셰익스피어는 거침이 없다. 배역, 예술 작품, 자아에게 괴물이란 '용납불가', '인내불가', '이해불가'의 대상이다. 셰익스피어는 또한 미래와의 관계 속에서 괴물의 심오한 감각을 보여주었다. 『리어왕King Lear』에서, 올버니는 고너릴과 리건의 소행을 이렇게 평가한다.

> 만일 하늘이 눈에 보이는 신으로 하여금
> 이런 흉악무도한 자들을 당장에 응징하지 않으신다면,
> 반드시
> 인간들은 대양의 괴물들처럼
> 서로 잡아먹고 말게다.(장면 18, 45-9)

이러한 말세적 괴물의 이미지가 미래의 이미지이며, 아마도 '도래할' 것의 이미지다. 만약 『리어왕』에서 전무후무의 유례없는 '용납불가', '인내불가', '이해불가'의 느낌을 받는다면, 그것은 당연지사가 아니라 우리가 그 연극을 볼 때마다 새로운 독법이나 관점을 기대한다

는 것이고 그런 기대감을 경험한다는 뜻이다. 셰익스피어의 연극은 데리다의 말마따나 '반복하는 기계장치'라고 할 수 있다. 하지만 반복 하나하나는 유일무이하고 다른 것이며, '모두 처음부터 다시 시작하 기'(TS 47), 즉 '미래 자체의 열림'과의 새로운 만남, 그 만남들이다.

괴물은 작품 속에, 날개 속에, 그리고 앞바다에 산다. 『오셀로Othello』의 1 막 끝부분에서 이아고는 이렇게 말한다. "됐어, 다 됐어. 이제 지옥의 힘을 빌려 이 괴물을 세상 볕 좀 쬐게 해야지."(1막 3장, 385-6) 이때 그는 도래할 것을 말하고 있다. 극작가나 연출가의 악마적 면모가 극 중에서 드러나듯, 이아고는 볕을 쬐게 될 '괴물의 탄생'을 심연에서 불러내어 볕을 쬐게 하는 계략을 짜서, 도래할 것의 서사와 극적 구 조를 만들어낸다. 그 서사와 극적 구조는 이러한 특정한 관점 혹은 독법으로만 드러나는 무언가가 아니라, 『오셀로』라는 반복하는 기계 장치의 구조적 조건이다. 동시에, 이아고는 이렇게 함으로써 아직 나 타나지 않은 괴물을 해체하고 매장해버린다. 『오셀로』에서 '괴물의 탄생'은 언제 도래하며, 『오셀로』라고 하는 '괴물의 탄생'은 언제 도래 하는가? 그 괴물을 본 사람이 있는가?

셰익스피어의 작품처럼 데리다의 저작은, 역설적이겠지만, 정상적 인 것에 대한 깊은 애착을 유일하고 창의적인 방식으로 드러낸다. 만 약 해체론이 괴물처럼 보인다면, 그것은 오로지 '규범을 교란하 기'('ANU' 85), 그래서 정상적인 것을 변형한다는 그 목적 때문이다. 데리다도 분명히 밝힌 것처럼, '정상적인 괴물들'(SST 79)이, 즉 정상 이라는 괴물이 있기 때문이다. 경악과 희열을 동시에 제공하는, 그의 저작이 도전하는 것은 세계에 대한 구상을 재고하게 하고, 글쓰기 ·

"됐어, 다 됐어. 이제 지옥의 힘을 빌려 이 괴물을 세상 볕 좀 쬐게 해야지."

『오셀로』에서 이아고는 '괴물'을 불러내는 역할을 맡는다. 그의 음모와 계략은 괴물의 '도래'를 조장하지만, 동시에 이 도래의 서사 구조는 아직 나타나지도 않은 괴물을 해체하고 매장해버린다.

독법·사유·행동에서 새롭고도 비범한 가능성을 열도록 자극하는 것이다.

예컨대, 신비평new criticism이나 신역사주의new historicism, 탈구조주의 등 이러저러한 종류의 담론 혹은 '이즘ism'에 부합하는 문학비평이나 철학 논문은 왜 쓰는가? 데리다는 이렇게 말한다.

모든 것의 정체를 재빨리 파악하고, 식별해서, 환원해버리는 표상을 정상이라 믿고 그 정당성을 받아들이는 대신, 차라리 '이론적' 괴물들에 흥미를 보이지 않을 까닭이 있겠는가. 허나 그 괴물들은 스스로 이론적임을 고지하며, 모든 분파나 운동을 미리부터 한물간 웃음거리로 만든다. 신비평 다음에 어떤 '이즘'이 오고, 그 다음에는 '포스트주의postism'가 오고, 또 다시 '이즘'이, 그리고 오늘날에도 계속해서 여전히 또 다른 '이즘'이 등장한다. 이렇게 해서 가장 최근에 정상화된 이즘도 가장 특이하고 창의적인 작품 및 텍스트, 즉 가장 글쓰기다운 글쓰기가 출현하고 보면 그 자체로 괴물이 되어버린다. 하지만 이렇게 보면 괴물이 정상이다. 괴물이 도처에 널렸기 때문이다.(SST 79)

여전히 글쓰기라면 '학술' 논문이나 저서를 먼저 생각하는 사람들에게, 이 인용문은 도전적으로 보일 것이다. 여기에서도 특징적인 반전은 있다. 데리다는 우리가 '정상적인 것'을 '괴물'로 고쳐 생각한다고 한다. 이는 「텔레파시Telepathy」라는 이상한 단편 모음 텍스트에서 이루어진 모종의 변심에 따른 것이다. 거기에서 그는 텔레파시라는 것이 있다는 사실에 놀라기보다는, 오히려 텔레파시 아닌 것이 있을 수 있다는 사실에 놀란다.(T 504를 보라.)

정의正義

2001년 9월 11일 일어난 테러리스트의 공격을 이유로 미국의 조지 부시 대통령이 21세기의 첫 전쟁을 선포하기까지 기다릴 필요도 없다. 데리다는 세계가 이미 전쟁 중이라고 말했다. 『마르크스의 유령들』(1993)에서, 그는 '예루살렘 전용專用'에 초점을 맞춘 '메시아적 종말론의 전쟁'이 벌어지는 중이라고 주장했다. "예루살렘 전용'을 위한 전쟁이 현재 벌어지는 세계대전이다. 전쟁이 도처에서 벌어지는 세상이 되었다. 이것이 오늘날 세계가 '어긋나 있음'을 보여주는 유일한 모습이다.'(SM 58)

2001년 10월 2일 브라이튼에서 개최된 노동당 전당대회에서, 영국 수상 토니 블레어는 새로운 세계 질서를 강력한 어조로 전망했다. 그는 '9. 11'이라는 '역사적 전환점'을 따라서 '주변 세계 질서의 재편'을 다짐했다. 연설은 매우 천진난만한 진술로 마감된다. 블레어는 이렇게 말한다. '유대인과 이슬람인, 기독교인은 모두 아브라함의 자손이다. 지금 우리는 공동의 가치와 유산을, 통합의 원천이자 힘의 근원으로 이해하여 서로 신뢰를 회복할 순간이다.'(Blair 2001, 4-5)

데리다가 보기에 이 모든 신념은 모종의 괴물을 근거로 성립되었다. 『죽음의 선물The Gift of Death』(1992)이라는 특이한 제목의 저서에서 데리다는 아브라함 이야기, 그중에서도 특별히 아브라함이 '그의 사랑스런 아들'을 기꺼이 '제물로 바치려 했다는 이야기는 어김없이

'괴물' 같은 이야기(GD 67)라고 주장한다. 데리다가 보기에, 아브라함과 이삭의 이야기가 괴물이 되는 데에는 '여성의 부재'(GD 75)가 한몫한다. 즉, '이렇게 헌신적인 책임의 체계'는 '여성의 배제 혹은 희생'(76)을 전제하는 듯 보인다. 그것은 부자 간의 문제이다. 더 일반적으로 말해서, 이 이야기가 괴물 같은 까닭은 그런 일이 '비일비재한 것', 즉 '가장 흔히 일어나는 일상적 책임의 경험'(67)이기 때문이다. 아들을 희생 제물로 바칠 준비가 된 아브라함은 책임을 경험하는 모범적 사례를 보여준다. 이때 책임이란 '나를 타자, 즉 타자로서의 타자에 결박하는 것'(68)이다.

아브라함과 이삭의 이야기는, 그 하나만으로도 '모든 타자는 절대타자'라는 데리다의 논점에 부합한다.(68 : tout autre est tout autre. 모든 타자(타인)는 모두 (소)타자이다.) 데리다의 저작은 이런 맥락에서 '신'은 물론이고 기도 행위를 재고하라고 촉구한다. 만약 디페랑스가 '모든 신학과의 연계를 차단한다'(Pos 40)면, 7장에서 보았듯이, 이는 어떤 의미에서는 언제나 '예컨대'라는 꼬리표가 따라붙는 '신', 다시 말해서 '신, 예컨대'(Diff 26)를 다시 생각하게 한다. 그리하여, 예컨대, 데리다는 이렇게 말한다. '모든 기도 행위에는 타자로서의 타자를 향한 호칭이 있기 마련이다. 예컨대 충격을 받았을 때 나는 신을 찾는다.'(H 110) 『죽음의 선물』에서 그는 예루살렘을 가리켜 그 주변에서 '이삭의 희생이 매일 계속되는' 장소, 즉 '무수한 전쟁 기계들이 전후방 가릴 것 없이 전쟁을 벌이는' 장소라고 주장한다.(GD 70) 이런 맥락에서 데리다의 생각을 잘 나타낸 관련 사례로, '흑인 차별 정책'을 비롯한 인종주의라는 '정치적 관용어'와 그것이 의존하는 '신학-정치적 담론'의 '괴물성'에 대한 설명을 언급할 수 있다.(RLW 292, 296을 보라.)

이렇게 간략한 논의로써 분명해졌다. 데리다의 저작이 교전 중인 전쟁 문학, 혹은 전쟁 철학으로 읽힐 수 있다는 것이다. 그가 다른 곳에서 말했던 것처럼, '모든 해석'에는 '전쟁과 투쟁'의 흔적이 있다.(FL 999) 그는 새로운 상속 방식에 관심을 둔다. 그리고 '유산은 결코 주어지는 것이 아니라, 언제나 하나의 과제'임을 강조한다.(SM 54) 그는 또한 '유대교-기독교-이슬람교 도덕'의 '핵심'에 있는, 즉 이 세 가지 일신교의 심장부에 있는 괴물 이야기의 논리에 의문을 제기하여 그것을 변형하는, 새로운 상속 방식에 관심이 있다.(GD 64) 『마르크스의 유령들』을 비롯한 여러 곳에서, 그는 이러한 관심사를 가리켜 '종교 없는 메시아주의', 또는 '정의 이념'에 대한 또 다른 사유라는 말로 표현했다.(SM 59) 이는 '더 이상 존재신학에서 말하는 신이나 인간과 혼동되지 않는 온전한 타자', 그 '타자의 도래'로서의 미래를 향해 개방된 사유를 포함한다.(PIO 60-1) 이는 '해방하는 약속을 경험하는'(SM 59) 참여이다.

여기서 문제는 해체론이 '민주주의를 위한 또 다른 공간'(SM 169)과, 즉 '도래할 민주주의'에 대한 약속과 연결돼 있다는 것이다. 『마르크스의 유령들』과 『우정의 정치학』 등등에서 민주주의는 결코 종결된 것이 아니며, 언제나 도래하는 중이라는 것이 데리다의 일관된 주장이다. 『우정의 정치학』 끝부분에서 그는 이렇게 적었다.

민주주의에는 도래할 것이 남아 있다. 도래할 것이 남아 있다는 것이

민주주의의 본질이다. 그것은 무한히 완벽을 기할 수 있다는 것, 즉 언제나 불충분하므로 미래가 남아 있다는 뜻일 뿐 아니라, 약속의 시간에 속한다는 것, 즉 미래의 매 순간 순간마다, 도래할 것이 언제나 남아 있게 될 것임을 말한다. 민주주의가 존재할 때조차도, 그것은 결코 실존하는 것도, 현재하는 것도 아니기에, 언제나 비현재적 개념을 화젯거리로 남긴다.(PF 306)

'약속의 시간'이라는 표현에서 알 수 있듯이, 민주주의와 해체론은 불가분하게 얽혀 있다. 데리다는 '민주주의 없는 해체론은 없으며, 해체론 없는 민주주의도 없다'고 주장한다.(PF 105)

지금 보면 세부적으로 섬뜩한 면이 있는 1989년 맨해튼 카도조 로스쿨에서 한 강연 「법의 힘 : '권위의 신비한 토대'」에서, 데리다는 마치 천리안이라도 있는 양 자신이 강연하는 장소인 5번 가를 힘주어 강조하며, 그곳이 '불의의 지옥에서 불과 수 블록 떨어져' 있을 뿐이라고 말했다.(FL 997) 이 강연에서 그는 2001년 9. 11 테러 공격에 놀란 미국 정부가 괴물스럽게 환기하는 것과는 명백히 다른, '무한한 정의' 감각을 요청한다.('무한한 정의Infinite Justice'라는 말은 본래 테러 공격에 대응하여 출범한 미군의 명칭으로 채택됐으나, 이슬람교도에게는 물론 이슬람교도가 아닌 사람들에게도 심하게 불쾌감을 주는 이 명칭은 곧 사라졌다.) 데리다는 '역사와 문화가 자신의 규범학을 제한할 수 있게 만들어놓은 모든 경계선상의 기구들에 대한 재해석'을 정의 개념으로 주장한다. 해체론은 '언제나 이러한 무한한 정의를 요구하여 정의를 약속한다'는 것이다.(FL 955) 해체론은 '한정 없는 책임감,

그러므로 반드시 기억을 초과하는 것, 계산불가능한 것'과 관계가 있는 것이다.(953)

세계대전은 계속된다. 해체론은 '인류 역사상 유례가 없는 강력함으로 오늘날 만연한 괴물, 즉 결과적 불평등을 유지'하려는 모든 것과의 전쟁을 감행한다.(SM 85) 데리다는 선언한다. 해체론은 '정의에 미쳐 있다'(FL 965)고. '한정 없는' 책임과 정의를 해석하려는 그의 관심사는 '국제법을 …… 크게 변형'하려는 의지와 보조를 맞춘다.『마르크스의 유령들』에서 그는, '최소한 민주주의의 이념과 그에 부수하는 인권의 이념으로 일관하려 한다면, 국제법은 세계적 규모의 경제적·사회적 장을 포괄하고자 그 영역을 확장하고 다양화해야 한다.'고 주장한다.(SM 84)

해체론이나 민주주의처럼, 정의는 '도래할 것'의 감각을 수반한다. '정의는 아직 오고 있는 것, 도래함이다.(FL 969) 결정불가능자, 아포리아, 계산불가능자와 마주치며, 정의는 '불가능의 경험'(947)과, 그리고 '교환관계 없는 선물'(965)에 대한 사유와 연결된다.(선물 개념에 대해서는 11장에서 자세히 살펴보자.) 그렇다고 해서 정의라는 것이 해체론이나 민주주의가 그러하듯이, 기다림의 대상이라는 뜻은 아니다. 데리다가「법의 힘」에서 주장했듯이, '정의는 비록 현재할 수는 없다 하더라도, 기다릴 것이 아니다. 정의는 기다릴 필요가 없는 것이다.'(FL 967)

10

비밀의 삶

Jacques Derrida

단독성 개념

'세상에서 가장 흥미로운 것'이라는 장에서, 우리는 '훌륭한' 문학비평에는 언제나 문학적인 것이 거주할 공간이 있다고 말했다. 비평은 읽혀지는 문학 텍스트로 유발되었으되 문학 텍스트와는 구별된다. 그 사실을 증언하고 증명하는 서명과 연서가 비판적 거주에 나타난다. 만약 문학작품을 하나의 행위라고 본다면(데리다의 글은 전적으로 그러하다.), 문학비평도 그러하다.

'시간을 투자할 가치가 있는 '훌륭한' 문학비평에는 문학적 서명과 연서라는 행위가 포함되는데, 이는 언어를 통한 창의적인 언어 경험이면서, 읽혀지는 텍스트의 영역 안에 읽기 행위 자체가 새겨지는 것이다.'(TSICL 52) 이것이 단독성의 문제이다. 이 장에서는 데리다의 저작에서 단독성 개념의 중요성을 살펴본다. 그 과정에서 서명, 제말버릇idiom, 자서전, 비밀 등의 관련 문제도 명료해질 것이다.

유독 나에게만 이런 일이 발생한다

모든 문학작품은 단독적이며, 그 작품에 대한 모든 독서도 단독적이다. 이처럼 작품의 단독성은 특유의 제말버릇, 스타일, 그리고 저자의 서명과 연관된다. 모든 사람은 각자 나름의 방식으로, 단독적 형식으로, 서로 다르게 쓰고 다르게 읽는다. 데리다의 단독성 논증은 확대 적용될 수 있다. 모든 사람에게는 각자 나름의 행동 방식, 사고방식, 느끼고 경험하는 방식이 있다. 그것은 사진에서 어떤 포즈를 선택하느냐, 혹은 자기 포즈를 선정하는 방식의 문제이기도 하다.(TNON 200-1) 또한 어느 화창한 날, 예컨대 '오른편에 바다를 끼고', 누군가와 대화를 나누는 '단독적 상황'일 수도 있다.(TS 70) 「순례고백 Circumfession」이라는 이상하게 자전적 경향이 짙은 글에서, 데리다는 이것을 이렇게 요약한다. '그것은 내게만 일어난다.'

그러나 이러한 단독성에는 이중 구속double-bind이 뒤따른다. 데리다는 그 역설을 이렇게 아주 간결하게 정리한다. '제말버릇idiom에 대한 욕망만큼이나 관용적인 것idiomatic은 없다.'(SF 360) 단독적인 것은 사실상 언제나 일반적인 것에 구속된다. '절대적으로 순수한 단독성은 …… 독해가 불가능할 것이다.' 단독적인 것은, 그것이 눈짓 하나이든, 말 한 마디든, 문장 한 줄이든, 소설 한 편이든, 혹은 철학 논문이든지 간에 '독해가능성'을 위해서 '종류, 유형, 맥락, 의미, 의미의 개념적 일반성 등'에 참여해야만 한다.(TSICL 68) 단독적인 것의 고유성, 자기풍의 고유성, 자기 서명의 고유성은 사실상 언제나 이미 타협의 산물이며, 분열되어 있고, 귀신에 홀려 있다. 따라서 아무리 그것이 '나만의 표시로 해석된다 할지라도, 나는 그것(서명)을 전유할 수도, 나만의 것으로 만들 수도 없다.'(TS 85)

'제말버릇에 대한 욕망'은 끝도 없는 욕망인데, 왜냐하면 관용적인 것idiomatic은 '특정인이 전용할 수 없는 재산이며, 특정인에게 속하지도 않으면서 특정인을 표시하는 것이기 때문이다.'(U 119) 데리다는 고유한 것, 고유명사, 사유재산, 그리고 전용 일반에 대해서도 달리 생각하자고 제안한다. 이 모든 단어에 속한 '고유'라는 단어는 '제 자신의'를 뜻하는 라틴어 proprius와 관계가 있다. 데리다는 본인 스스로 '전용의 가능성 일반에 대해 회의적'이라고 밝혔다.(ATED 141) 작품이란 단독적이다. 하지만 셰익스피어의 소네트 한 소절의 고유성에는 물론이고, 렘브란트의 작품이나 개인용 수표에도 모두 해당되는 말이 있다. 바로 위조는 '언제든지 가능'하다는 말이 그것이다.(ATED 133) 데리다(혹은 그를 쏙 빼닮은 사람)는 이렇게 말했다. '위조의 가능성은 언제나 서명이라는 사건의 구조 자체를 한정한다.'(BB 25)

제말버릇과 서명 개념에 깔린 선입견은, 프랑스 시인 프랑시스 퐁주Francis Ponge에 관한 놀랍도록 얇은 책자 『시네퐁주Signsponge』에서 충분히 탐색된다.(S) 이러한 선입견 때문에 데리다는 문학과 시에 매혹된 것이다. 데리다의 저작이 철학자와 비철학자들을 불쾌하게 하는 이유 중 하나도 여기에 있다. 적어도 전통적으로, 철학적 담론이 '제말버릇에 대한 욕망'이라고, 혹은 단독의 차별적 표시를 남기려는 그/그녀의 욕망이라고, 즉 철학사에 자기 이름을 남기려는 욕망이라고 생각된 적은 없기 때문이다. 하지만 데리다가 반복해서 강조하듯이 단독성, 제말버릇, 서명이라는 관념은 문학이나 시 작품에 대한 사유 못지않게 철학이나 문학비평에 대한 사유에서도 결정적이며 계시적이다.

특정 이름, 예컨대 '자크 데리다'라는 이름은, 그것이 언어의 의미론적 경제 바깥에 있는 한 고유하다고 가정된다. 즉, 그 지시대상은 유일하게 오직 한 사람 자크 데리다이다. 자크 데리다라는 이름을 가진 사람이 더 있을 수 있다. 하지만 그들 각자에게 고유명사는 언제나 고유하게 그리고 유일하게 자신의 것이라 느껴질 것이다. 여기에서 '자크 데리다'를 논하는 동안에도 독자는 이 이름이 매번 동일한 사람을 가리킨다고 믿어 의심치 않을 것이다. '나는 진품성authenticity 따위를 수립하고 싶지는 않다.'(LI 55)는 말이 아마도 데리다 저작의 표어로 간주될 수 있을 것이다. 고유명사, 고유한 것과 사유재산, 서명과 단독성이라는 관념과 관련하여, 데리다는 차라리 섬뜩함, 지배 불가능성, 아포리아나 이중 구속, 결정불가능성의 경험을 강조하는 데 관심이 있다.

'제말버릇에 대한 욕망'은 노골적으로, 반어적으로, 때로는 익살스럽게, 때로는 초현실적인 방식으로 데리다의 텍스트 위를 떠다닌다. 『조종』(1974), 『우편엽서*The Post Card*』(1980)의 「발신Envois」 장, 그리고 기타 여러 군데에서, 그의 이니셜 'JD'는 'déjà'(DJ, 즉 '이미')라는 전도된 형식으로 배치된다. 전도의 논리 혹은 전도가능성의 논리, 그리고 '언제나 이미'의 논리는 언제나 이미 JD라는 이름에 새겨져 있다. 이러한 DJ / JD는 해체론의 신비한 붕괴 마임을 무대에 올린다. 이러한 붕괴 마임은 개념적 대립물과 그 상하 질서의 전복, 전도, 다시 쓰기를 포함하는데(Pos 41-2를 보라.), 이 붕괴 마임이 언제나 이미 따라붙어 있다는 것이 우리의 삶, 생각, 말, 글 등의 논리다.(특히 SM을 보라.)

『우편엽서』에서 데리다의 우편엽서들('발송물') 또한 그의 이름을 기괴하게 변형한다. 예컨대 수취인 나'j'accepte'('수취인 나 accept'는 '수

취인 자크Jacques'의 말장난이다.)(E 34)처럼 말이다. 다음(Der-id-da)도 마찬가지.

der ─ '그'를 나타내는 독일어의 변형

id ─ 즉시 Derrida의 id라는 것을 알아챈다. 그것은 프로이트의 id, 혹은 콜리지Coleridge에서 id, 아니면 다른 사람 이름에서의 'id' 혹은 그의 '제말버릇idiom'만큼이나 알아채기 쉽(어렵)다.

da ─ 독일어로 '거기'라는 뜻. 다시 말해서 여기에 있지 않고 거리가 있다는 것, 즉 부재하거나, 가버렸거나, 죽었다는 것을 의미한다. 이는 프로이트가 『쾌락 원칙을 넘어서』에서, 엄마의 부재에 대한 유아의 상상적 타협(Freud 1984, 269-338을 보라.)의 사례로 제시하는 '포르트fort / 다da' 놀이의 인유이다.─그리고

derrière les rideaux ─ '커튼의 뒷면' 데리다 : 그는 거기에 있을까, 없을까? 그는 누구? 마술사 데리다, 사라지는 장면, 비밀로서의─텅 빈?─이름.(E 78을 보라.)

이는 일종의 심미적 유희 혹은 문학적 유희에 해당된다. 하지만 여기에는 단지 '심미적' 혹은 '문학적' 혹은 '유희적'인 것으로 환원불가능한, 이상한 점이 있다. 만약 이것이 자아도취적이라면, 이는 데리다 스스로 규정한 '자아도취에 대한 새로운 이해'(RI를 보라.)에 따른 것, 특히 자아도취의 '이중 구속 혹은 양면 논리'를 언급한 내용, 즉 '존재보다 더 많거나 더 적다.'(E 52)는 사실에 따른 것이다. 예컨대 데리다의 'derrière les rideaux' 설명에 따르면, 그것은, '소리 분산으로,

일반명사로의 전환으로, '자기 이름 상실'의 욕망을 성취한 경우이다. 따라서 그것은 '성취한 것을 상실하고, 상실하기를 성취'(EO 76-7)한다는 점에서 이중 구속의 장면을 보여준다. 고유한 것은 더는 고유하지 않다는 것을 조건으로 해서만 고유하다.

테리 길리엄 감독의 1974년작 영화 〈몬티 파이튼과 성배*Monty Python and the Holy Grail*〉에는 재밌는 장면이 있다. 입이 거친 스코틀랜드 지주가 허약한, 사실 허약한 척 꾸며대는 자기 아들을 회복시키려 하는 장면이다. 자신의 성에서 창밖으로 펼쳐진 광활한 대지를 과장된 동작으로 가리키며 그가 큰 소리로 선언했다. '아들아, 언젠가는 이 모든 것이 네 것이 될 것이다!' 그러자 아들이 창문을 쳐다보며 울먹이는 말투로 대답한다. '뭐라고요, 저 커튼 말이에요?' 이렇게 상속물을 커튼으로 교환하는 것은 아마도 고유한 것과 관련된 아버지의 역할을 전면화하는 수단이 될 것이다. 『조종』(G), 「진실의 우체부*Le facteur de la vérité*」(FV), 『시네퐁주』 등에서 분석한 것처럼, 고유한 것의 작동은 남근로고스중심주의*phallogocentrism*와 밀접하게 관련되어 있다. 다시 말해서 서양 문화에서는 고유 의미, 권위, 현전 따위의, 한 마디로 '말 : 로고스'가 남근의 상상적·상징적 권력과 결부돼 있다.

셰익스피어 연극에서 고유명사에 대한 줄리엣의 '원한 어린 분석'(AC 427)을 두고 데리다가 설명한 내용에 따르면, 그것이 바로 아버지 이름의 효과라는 것이다. 줄리엣의 의문은 '오! 로미오, 로미오, 어찌하여 당신은 로미오인가요?'에서만이 아니라, 더욱 신랄하게는 '도대체 몬테규가 뭔가요?'에서도 표현된다. 데리다가 강조하듯, 이름

테리 길리엄 감독의 1974년작 〈몬티 파이튼과 성배〉의 한 장면.

"아들아, 언젠가는 이 모든 것이 네 것이 될 것이다!"
"뭐라고요, 저 커튼 말이에요?"

이 순간, 고유한 것과 관련된 아버지의 역할이 전면화된다. 데리다는 고유한 것의 작동은 남근로고스 중심주의와 밀접하게 연관돼 있다고 말한다.

을 운반하는 자는 아들이다. '딸이 그것을 담당해본 적은 결코 ……
절대로 없다.'(AC 430) 비극의 원인은 소위 성씨姓氏('몬테규')에 있는
것이지, 이름名('로미오')에 있는 것이 아니다. 만사는 줄리엣의 애원
속에 새겨진 불가능성으로 귀착된다. '오, 다른 이름이 되어주세요!'
(『로미오와 줄리엣』, 2막 2장, 75ff)

데리다가 보기에, 줄리엣의 '놀라운 명석함'은 '아버지의 이름에 아
들을 묶어두는 이중 구속'을 이해한다는 데에 있다. 로미오 몬테규는
'자신의 단독성을 선언해야만 상속받은 이름 없이도 살아갈 수 있다.
하지만 자신이 써넣지도 않은 이러한 이름 글자("만약 내가 써넣은 것
이라면, 그 이름을 찢어버렸을 거야." 2막 2장, 99)가 자신의 존재 자체를
규정한다.'(AC 430) 데리다는 여기에서 서명 개념을 명시적으로 다루
지는 않지만, 자기 이름 글자의 본질적 비소유권을 주장하는 로미오
의 언급은 그러한 모든 글쓰기에 따라붙는 본질적 치명성을 가리킨
다. 『흔적Spurs』에서 데리다는 이렇게 묻는다. '도대체 자필自筆이란
무엇인가?'(Sp 127) 어떤 점에서, 흔히 자신의 이름을 쓸 때, 그것이
서명이든 아니든지 간에, 죽음은 항상 거기에 있다. 그 이름은 언제
나 커튼이다.

누구든 자신의 작품에 서명하기를 원하며, 그것도 소위 고유명사
로 그렇게 하기를 원한다. 그 사람은 그것이 다른 사람의 것이 아니
라 자신의 것임을 인정받을 수 있는 자신의 글쓰기를 원한다. 존 르
웰린John Llewelyn은 이를 간결하게 표현한다. '저자의 서명은 …… 저
자를 동일화시키는 만큼 소외시킨다.'(Llewelyn 1986, 71) 관용적인 것
은 진부한 것이다. 이 책의 앞머리에서 밝혔듯, 누군가의 이름을 사

랑한다는 것은 그 자신이 아닌 것을 사랑하는 것이다.(AI 219를 보라.) 그리고 누구든지 제 자신의 이름에 대해 항상 이방인이다.(AC 427를 보라.) 또는 데리다가 「발신」의 한 부분에서 말한 것처럼, '당신은 결코 당신 이름일 수가 없다. 당신은 결코 그래본 적이 없다. 심지어 당신이 그 이름으로 불렸다고 할지라도 말이다. 이름은 그 당사자의 생존 여부와 무관하게 만들어져 있으며, 그러므로 언제나 어느 정도는 죽은 자의 이름이다.'(E 39)

데리다는 이를 프랑시스 퐁주의 시 읽기로 분석한다. '서명은 남아야 함과 동시에 사라져야 한다. 서명은 사라지고자 남아야 하고, 남고자 사라져야 한다.'(S 56) 『시네퐁주』에서 그는 이렇게 적는다.

고유명사는 그 요행적인 성격으로 미루어 아무런 의미도 갖지 말아야 하며, 즉각적인 지시에 자신을 탕진시켜야 하는 것으로 보인다. 그런데 그 자의적인 성격(모든 경우에 언제나 다르기 때문에)이 갖는 행운 혹은 불행이라 할 수 있는 것은, 그것이 언어로 기재됨으로써 항상 의미의 잠재성에서 영향을 받게 되고, 그 결과 그것이 의미를 띠게 되면서부터는 더 이상 고유하지가 않다는 것이다.(S 118)

이는 요행수와 우연의 필수적 역할의 문제이다. 자신의 이름이 얼핏 'derrière les rideaux'(커튼의 뒷면)처럼 들리는 것은 데리다의 잘못도 그의 선택도 아니다. '로일Royle'〔이 책의 저자〕이라는 글자들이 철자 바꾸기 놀이에서처럼 '요행수'로 흩어진다 한들, 혹은 그 단어의 동음이의어 중에서 (특별히 북미영어권에서) 'roil'이라는 동사('배회하다, '놀다', '화나게 하다', '혼란케 하다', '흔들어놓다', 혹은 다른 말로는 '해체하다'라는 뜻의 동사)가 있다고 한들, 그 글자는 내게 전해졌다는 것 이외에 아무것도 아니다. 데리다의 말처럼, '명백히 그것은 우리가 결정할 수 있는 문제가 아니다. 누구라도 자신의 이름을 지워버리거나 자신의 이름으로 장난을 치지는 않는다. 고유명사의 구조 자체가 이러한 과정을 추동한다.'(EO 76)

'제말버릇의 욕망'을 무시할 수 있거나 무시해야만 한다고 거듭먹거리기는커녕, 어떤 의미에서 데리다는 온통 그 욕망에 관심이 쏠려 있다. 그의 사유는 '관용적 글쓰기'를 향한 '꿈'으로 추동된다. 물론 글쓰기를 향한 꿈의 '순수성'은 '접근불가능'하다. 하지만 여전히 그는 그 순수성에 귀를 기울인다. 이것은 그가 어째서 "최초의' 욕망을 철학이 아니라 문학으로 향하게 했었는지를 말해준다. 꿈이나 욕망의 면에서 '문학은 철학보다 더 많은 여유 공간을 확보하고 있다'고 그는 말한다.

『조종』이나 「발신」에서 분명해진 것처럼, 결국 사람들은 고유하게 순수하게 제 자신의 것인 표시나 새김눈은 결코 남길 수 없으며, 완벽한 서명도 하지 못한다. 이에 대해서는 다음 장에서 더욱 상세하게 입증할 것이다. 이는 부분적으로 시의 문제와 시적 경험으로 데리다를 유도한다. '시란 무엇인가?'(글자 그대로는, '무엇이 시인가?')라는 짧은 텍스트를 마치면서 선언했던 것처럼, '한 편의 시, 나는 결코 서명하지 않는다.'(Che 237) 광기의 짧은 순간에만 나타나는 서명불가능한 욕망, 즉 이러한 불가능성에 가장 날카롭고도 가장 불쾌하게 참여시키는, 모종의 텍스트 혹은 경험이 아마도 한 편의 시일 것이다.

그러나 데리다의 전 저작은 이처럼 관용적인 것을 향한 욕망으로 추진된다. 그의 말에 따르면, 관용적인 것은 다음과 같다.

> 오로지 타자에게만 나타나며, 그것은 생과 사를 동시에 가져다주는 광기의 짧은 순간을 제외하고는 결코 우리에게 되돌아오지 않는다. 우리는 불가피하게 나만의 언어와 나만의 노래의 창안을 꿈꾼다. 다시 말해서 '자아의 속성이 아니라 차라리 강조된 나만의 글자 삐침, 즉 나의 가장 독해 불가능한 역사를 나타내줄 음악적 서명을 말이다.(U 119)

우리는 관용적 욕망으로 추동되는데, 그것은 서명의 경험을 노래나 음악의 경험에도 연결해주는 관용적인 것을 향한 욕망이다. 이러한 경험은 불가능한 경험이다. 여기에서 우리는 '해체론'에 대해 '나쁘지 않은 정의', 즉 '불가능한 것의 경험'이라는 정의를 상기할 수 있다.(Aft 200) 하지만 이는 '꿈'이나 '광기의 짧은 순간'으로 끝나는 것이 아니다. 그와 반대로, '꿈'이나 '광기의 짧은 순간'은 우리의 출발을 돕고 계속 진행하게 만든다.

비밀의 통로

이 모든 것은 이 책 전체에 퍼져 있는 화젯거리지만 명시적으로는 검토되지 않은 비밀의 문제로 우리를 유도한다. '오로지 내게서만 일어나는' 것(어떤 의미에서는 이것이 틀림없는 비밀이다.)에 대해서, 또한 제말버릇을 향한 욕망의 신비한 본성(제말버릇의 이처럼 '범접할 수 없는 순수성이란 무엇인가?)에 대해서, 그리고 이름 안에 내재하는 희미한 죽음의 '장소'에 대해서, 그것들을 숙고하자마자 문제되는 것이 바로 비밀이라는 관념이다. 바로 앞에서 우리는 데리다의 'derrière les rideaux'를 맥락으로 하여 '(텅 빈?) 비밀'로서의 이름이라는 관념을 상기하였다. 『아포리아들』이라는 짧은 책자에서 데리다는 이렇게 적었다.

죽음은 언제나 비밀의 이름이다. 왜냐하면 그것은 대체불가능한 단독성을 서명하기 때문이다. 죽음은 흔해 빠진 비밀의 이름, 즉 이름名 없는 흔해 빠진 성씨를 공식 명칭으로 드러낸다. …… 죽음에 대한 언어는 비밀 사회의 오랜 역사에 지나지 않는다. 그것은 공적인 언어도 사적인 언어도 아니며, 반쯤 사적인 것도 반쯤 공적인 것도 아닌 그 양자의 경계 지점에 있다.(A 74)

데리다는 '죽음'을 '비밀의 이름'이라고 부르며 비밀에 대한 사유 공간의 흔적을 추적하되, 그 비밀이 원칙상 드러날 수 없는, '절대로 해독불가능'하다는 관점을 따른다.(GT 152) 「정념들 : '간접적 봉헌' Passions : "An Oblique Offering"」이라는 에세이에서, 데리다는 경구 형식을 빌려 다음과 같이 선언한다. '비밀은 있다. 하지만 비밀은 스스로 숨지는 않는다.'(POO 21)

이런 맥락에서 보면, 비밀 혹은 은밀이 본질적으로 인간에만 해당되지 않는다는 점에 주목할 수 있다. 비밀로서의 '죽음'이라는 관념은 인간적인 것과 동물적인 것을, 그리고 동물로서의 인간을 달리 생각하라고 요청한다. 『아포리아들』에서 데리다는 다음과 같이 힘주어 주장한다.

> 동물들은 죽음과 매우 의미 있는 관계를 맺는다. …… 비록 그들이 죽음 혹은 죽음이라는 '이름' 그 자체와는 아무런 관계가 없더라도, 또는 같은 이유에서 타자 그 자체에 대해서, 그리고 타자 그 자체의 이타성에 내재하는 순수 그 자체에 대해서 아무런 관계도 맺지 않았더라도 말이다. 하지만 인간도 마찬가지다. 그것이 정확한 요점이다!(A 76)

우리는 이러한 비밀에 어떤 이름이든 부여할 수 있다. 하지만 '모든 이름 속에서도 그것은 비밀로 남아 있다.(POO 22-5를 보라.) 비밀은 '숨겨진 것과는 질적으로 다른 것'이며, '은폐/폭로의 유희를 거뜬히 초과'한다.(POO 21) 데리다는 1994년에 한 인터뷰에서 이러한 비밀의 경험을 매우 상세히 서술했다.

> 분명 이러한 절대/비밀의 매우 매혹적인 형태가 죽음인데, 이때 죽음과 관계를 맺고 있는 것, 죽음으로 유지되는 것, 그것이 바로 삶 그 자체이다. 죽음과 관계 맺는 것이 이러한 비밀을 경험하는 데 특권적인 차원이라는 것은 진실이다. 하지만 불사신 또한 동일한 경험을 할 수 있다고 생각한다. …… 근본적으로 우리가 시도하려는 행위, 생각, 가르치기 그리고 글쓰기는, 그것을 규정하려는 우리의 모든 노력을 끝없이 무산시키는, 이러한 비밀 속에서 그 사명감과 호소력, 자극, 존재 이유를 찾는다.(TS 58)

데리다는 계속해서 이렇게 말한다. 비밀이란 '말할 수 없는 것에 대한 말'이며, '공유할 수 없는 것의 공유'이다. 그러므로 '공통된 것은 아무것도 갖지 않았다는 것을 우리는 공통되게 알고 있다.'(TS 58)

데리다의 비밀 개념은 모든 방면에서 정교해졌다. 그것은 모든 말, 모든 이름, '매 순간에' 출몰할 수 있게 되었다.(POO 21) 그러나 우선 여기서는 서로 연결되어 있는 세 가지 경로 혹은 통로만을 살핀다.

첫째는 자서전. '자서전은 비밀의 장소이다.'(TS 57) 데리다의 「순례고백」(C), 「제 자신의 누에고치A Silkworm of One's Own」(SOO) 등등을 보면, 자서전을 이러한 비밀의 공간으로 재구성할 수 있다. 그것은 자전적 담론을, 자기의 성적인 행위나 해골로 가득 찬 찬장을 남들에게 공개하는 것 같은, 나의 내면이 드러나는 장소가 아닌, 불가능을 경험하는 장소로 보고, 말할 수 없는 것만을 말할 수 있는 것, 즉 '숨겨진 것과는 질적으로 다른' 은밀과 연대하는 문제이다. 나의 삶은 비밀의 삶이다. '오직 내게만 일어나는 것'은 말할 수 없는 것만 말할 수 있다는 것, 즉 결코 현전하지도, 지각되지도, 경험할 수도 없는 타자성 혹은 이질성과 관계 맺는다는 것이다. 우리는 그 비밀을 '죽음'이라 명명하고 싶어 한다. 하지만 데리다는 당연히 우리가 그것을 '삶, 실존, 흔적'(POO 24)이라 명명하기를 바란다. 자서전autobiographical[자기 삶의 기록]은 불가피하게 '이질적 죽음의 기록heterothanatographical'이다.(SF 273) 자신의 삶에 대한 글쓰기는 '생사가 걸린 문제이다.(SF 292쪽 및 이곳저곳을 보라.)

둘째는 정치와 종교 특히 1990년대 초반 이후에 출간된 저작(GD, SM, PF, FK)에서 데리다는 정치와 종교의 깊은 관계를 분석하고, 의문을 제기하며, 그것을 변형하고자 한다. 이 과정에서 비밀 개념이 결정적인 역할을 한다. 그는 '만약 비밀의 권한이 유지된다면, 우리는 전체주의적 공간에 사는 것이다.'라고 했다.(TS 59) 상식적으로 생각해서, 은밀함이 누구의 머릿속 혹은 투표함 속에 있든지 간에 비밀 없는 민주주의는 있을 수가 없다. 데리다는 '비밀 취향의 소유를 요구한다. 이것이 비밀에 대한 상식적 개념과 해체론적 개념을 혼동하게 만든다. '양자가 질적으로 다르다'는 주장에도 불구하고 말이다.(59)

혼선은 소속 개념과 관련되어 있다. '소속. 일반적으로 가족·국가·언어 등 자신이 속한다고 주장하는 것은 비밀의 상실을 초래한다.'(59) 데리다의 '새로운 인터내셔널'(『마르크스의 유령들』부제의 일부) 선언은 '거의 비밀'에 가까운 '친밀성의 유대 관계'를 긍정한다. 그와 동시에 소속 개념과는 집요하게 불화 관계를 유지하는 것이다. 새로운 인터내셔널은 '지위·직함……정당·국적·민족 공동체를 무시하고, 유대 관계(민족국가의 규정을 받기 이전에, 그 규정을 거슬러서, 아니면 그것을 뛰어넘는다는 의미에서 인터내셔널)를 맺는 것이다. 당연히 공동의 시민권도 없고, 계급적 통일성도 없다.'(SM 85) 『마르크스의 유령들』및 기타 여러 곳에서, 데리다의 민주주의 사상은, 혹은 그의 말대로 '도래할 민주주의'는 약속 의식을, 즉 '종교 없는 메시아주의'(SM 59)를, 비종교적 언어로 된 비밀 해석을 동반한다. 그를 인도하는 것은 '무소속'과 '불편부당'으로서의 비밀에 대한 사유이다.(GD 92) 그것은 '탈신비화'의 문제이다.(GD 102) 그는 '비밀은 신비가 아니다.'(POO 21)라고 「정념들」에서 주장한다. 그 이상한 '장소'는 종교적 계시나 계시 가능성의 장소를 앞서거나 초과한다.

셋째는 문학. 『주어진 시간 : 1. 위조지폐*Given Time : 1. Counterfeit Money*』에서 샤를 보들레르Charles Baudelaire(1821~67)의 「위조지폐La fausse monnaie」라는 산문시를 읽으며, 데리다는 '문학의 비밀'로 간주되는 것에 초점을 맞춘다. 비밀의 '가능성이 문학의 가능성을 보장한다는 것이다. 그는 이것을 '말하기 위해 가면 쓰기라는 매우 원초적인 장치the altogether bare device of being-two-to-speak'로 구성되어 있다고 설명한다.(GT 153) 이것을 상식적으로 3인칭 서술 픽션이라고, 그중에서도 특히 전지적(혹은 원격송신) 서술자라고 부르는 픽션이라고 상상하면 이해가 쉬울 것이다. 이미 7장에서 살펴본 바우엔의 『마음의 죽음』에 등장하는 쇼핑 목록이 그 사례일 것이다. 저자 혹은 서술자가 우리에게 비밀 지식을, 다시 말해서 누군가(말할 것도 없이 해당 텍스트의 어떤 인물)의 심신에서 일어나는(혹은 일어나지 않는) 것을 제시하자마자, 데리다가 말하는 '매우 원초적인 장치'가 작동된다.

또 다른 사례는 제임스 터버James Thurber가 쓴 기발한 단편소설 「월터 미티의 비밀의 삶The Secret Life of Walter Mitty」이다. 여기서 터버는 주인공의 '비밀의 삶'을, 그 은밀함 자체를 노골적으로 드러내고자 3인칭 서술자를 등장시킨다. 이와 반대되는 경우가, 1인칭 서술자에서 발생한다. 해당 텍스트의 저자와 구별되며, 일정한 방식으로 존재하는 '나'를 텍스트가 제시하자마자, 우리는 문학이라는 이상한 영역에 들어서게 된다. 이처럼 '말하기 위해 가면 쓰기'(혹은 글쓰기를 위해 가면 쓰기, 생각을 위해 가면 쓰기, 느낌을 위해 가면 쓰기 등을 첨가할 수 있다.)는 우리를 문학의 비밀로 안내해준다. 이상하고 신비한 것이 문학을 가능하게 만들어준다.

11

시적 휴지

「쿠블라 칸」

시적 휴지休止 없는 시는 없다. 그것이 아마도 새뮤얼 테일러 콜리지의 작품 「쿠블라 칸Kubla Khan」(1707)의 주제일 것이다. 이 장에서는 데리다의 저작을 이해하는 데 결정적으로 도움이 되는 몇 가지 화제를 위한 참조점이자 실례로서 콜리지의 장시長詩를 살필 것이다. 독서불가능성, 약물, 시적인 것과 선물이 그 화제들이다. 여기 그 시가 있다.

> 재너두Xanadu의 쿠블라 칸은
> 장대한 환락궁을 지으라고 명령했다.
> 그곳에는 신성한 강江 앨프가
> 인간으로서는 측량할 수 없는 동굴을 통해서
> 햇빛 없는 바다로 흐르고 있었다.
> 5마일의 두 배나 되는 비옥한 땅이
> 성벽과 탑들로 둘러싸여 있었다.
> 그리고 거기엔 구불구불 흐르는 시냇물로 빛나는
> 정원들이 있었고, 많은 향나무들이 꽃피어 있었다.
> 여기 숲들은 언덕들만큼이나 오래 묵은 것들이고

양지 바른 녹지를 에워싸고 있었다.

그러나 오! 삼나무 숲을 가로질러

푸른 산 아래로 기울어진 저 깊은 대지의

갈라진 틈! 황량한 곳! 언제나 이우는 달 아래

악마-연인이 그리워 울부짖는 여인이 드나들던

곳과 같이 신성하고 마력을 지닌 장소!

끊임없는 격동이 들끓는 갈라진 틈에서

마치 이 대지가 가쁜 숨을 쉬듯

거대한 분수가 시시각각 분출되었다.

그 빠르고 단속되는 분출 속에 튀는 우박처럼

혹은 타작하는 사람의 도리깨에 맞은 겨가 많은

곡식알처럼 거대한 암석 파편들이 튀었다.

이 춤추는 바위들 속에 단번에 그리고 끊임없이

그것은 시시각각 거룩한 강을 던져 올렸다.

미로와 같이 구불구불한 5마일을

거룩한 강은 숲과 골짜기를 통해 흘러가다가

인간으로서는 측량할 수 없는 동굴에 이르러

생명 없는 태양으로 요란하게 가라앉았다.

이 소란 속에서 쿠블라는 멀리서 들었다.

전쟁을 예언하는 조상의 목소리들을!

환락궁의 그림자가

물결의 한가운데서 떠서 흘렀다.

거기 분수와 동굴에서

혼합된 가락이 들려왔다.

그것은 진기한 기적이었다.

얼음의 동굴이 있는 양지 바른 환락궁!

덜시머를 든 한 소녀를

한번은 환상 중에 나는 보았네

그것은 아비시니아 아가씨,

그녀는 덜시머를 켜며

아보라 산을 노래했다.

내 마음속에 내가 그녀의 연주와

노래를 되살릴 수만 있다면,

너무나도 깊은 환희에 잠겨

높고 긴 음악으로

나는 지을 수 있었으리라 공중에 저 궁전을,

저 양지바른 궁전을! 저 얼음의 궁전을!

음악을 들은 모든 사람들은 거기서 그걸 보고

모두 외쳤다. 주의하라! 주의하라!

그의 번쩍이는 눈, 그의 나부끼는 머리칼!

그의 둘레에 세 겹으로 원을 짜고,

거룩한 두려움을 느끼며 두 눈을 감아라.

그는 감로를 먹었고,

낙원의 우유를 마셨으니.(Wu 1998, 523-4)

독서불가능성

200년 전에 영어로 씌어진 다른 시들처럼, 「쿠블라 칸」은 '핵폐기물과 '걸작' …… 사이의 수수께끼적 유사성'이라는 데리다의 생각을 확증하는 듯 보인다.(Bio 845) 「생물분해Biodegradables」라는 글에는 걸작은 '부식되지 않으려 저항한다.'(845)는 구절이 있다. 다시 말해서 걸작은 읽어달라고 요청하는 동시에 읽히지 않으려 저항한다는 뜻이다. 걸작은 어쩔 수 없이 독서불가능unreadable하다. 그 독서불가능성으로 인해 걸작이 매혹적인 것이다.

데리다의 저작은 시종일관 이 독서불가능이라는 개념에 주의를 잡아두려 한다. 하지만 독서불가능 개념은 독서가능에 대립되는 것이 아니다. '독서불가능성은 읽지 못하게 한다거나, 불투명한 표면 앞에서 독자를 마비시키는 것이 아니다. 오히려 읽기와 쓰기, 번역을 다시 작동하게 만드는 것이 독서불가능성이다.'(LO 116) '텍스트의 독서불가능성'에는 '텍스트의 고유 의미에 대한 접근 불가능성, 그리고 텍스트가 철저히 보존하려고 하는, 있을지도 모르는 내용상의 불일치성'이 수반된다.(B 211) 「법 앞에서」라는 글에서 확실해졌듯, 이것이 읽기와 쓰기의 법칙이다.

텍스트의 '고유 의미'는 지연되지만, 모든 것이 최종적으로 드러날 미래의 어느 순간까지만 지연되는 것이 아니다. 이는, 마치 그것이 지연되든 안 되든지 간에 아무런 차이도 없는 것처럼, '고유 의미'가

18~19세기 영국의 시인 겸 평론가 새뮤얼 테일러 콜리지

그가 아편을 피운 상태에서 썼다고 하는 「쿠블라 칸」은 '영어로 씌어진 최초의 초현실주의 시'라는 평가를 받는다. 이 장시가 걸작으로 평가받는 가장 큰 이유 는 그 독서불가능성에 있다. 데리다는 텍스트를 위대하게 만드는 것이, '의미로 탕진되지 않으면서도 의미를 유발하는' 능력에 있다고 보았다. 이 독서불가능성 이 대체불가능한 단독성, '약물의 수사학', 선물 등의 개념과 연결된다.

단지 무조건 영원히 지연된다고만 말해버리면 되는 문제가 아니다. 이렇게 되면, 지금 당장 진행되는 지연이라는 힘의 파괴적·구성적·지속적 이질성이 부정되거나 삭제될 것이다. 데리다가 '현전하지 않는' 지금 여기의 단독성이라 했던 것을 초래하는 것도 지연이라는 힘이다.(TS 12-13) 오히려 이 '고유 의미'에는 죽음의 표시가 새겨져 있다. 그의 표현에 따르면, 그것은 '죽을 때까지 영원히 연기되는' 것이다.(B 205) 다시 말해서, 그것은 당신의 죽음이나 나의 죽음처럼 대체 불가능한 단독성의 문제이다. 그것은 읽기가 '유독 내게만 일어나는', (지연을 통한 지연의) 경험이 되는 문제이다.(C 305)

콜리지의 「쿠블라 칸」은 다른 작품 중에서도 자서전·정치·종교·문학 등의 문제가 얽혀 있다는 점에서 무진장 신비하고, 비밀스런 텍스트이다. 이 작품에 대한 새로운 읽기는 지금까지도 계속되고 있지만(미간행물은 계산에 넣지 않는다 하더라도, 이 작품과 관련된 출간 도서만 수백 종이다.), '고유 의미에 대한 접근 불가능성'의 느낌을 남기게 하는 작품이다. 왜 제목을 '쿠블라 칸'이라고 했는가? 무엇을 말하려는 것인가? '진기한 기적'이란 무엇인가? '소녀'는 누구이며, '나는 누구인가? 누가 '외치는' 자인가? '감로'는 무엇이고, '낙원의 우유'는 무엇인가?

우리는 이러한 질문들에 최종적인, 즉 대화에 종지부를 찍을 만한 해답에 도달할 수 없다. 오히려 그것들은, 데리다가 말한 대로 '비밀이라는 절대 침해불가능성'의 경험에 계속 개방되어 있는 질문들이다.(GT 153) 「쿠블라 칸」의 신비 혹은 비밀은 언젠가는 원칙적으로 '해명되고', '해석되며', '드러날' 수 있는 그런 것이 아니다. 그것은 오히려 '표면'에 있지만, '접근불가능한' 독서불가능성의 문제이다. 데리다의 다음 구절을 상기해보자. '비밀은 있다. 하지만 비밀은 스스로 숨지 않는다.'(POO 21) 데리다는 『주어진 시간』에서 이렇게 말했다. '텍스트의 독서가능성은 비밀의 독서불가능성으로 구조화되어 있다.'(GT 152)

모든 텍스트에는 이러한 독서불가능성의 증거가 있다. 그렇다면 문학의 본성은 따로 없는 것이다. 모든 텍스트가 문학적으로 읽힐 수 있으니 말이다. 하지만 문학에도 전형적 사례라는 것이 있다면, 그것은 아마도 '있을지도 모르는 내용상의 불일치성' 개념과 관련될 듯싶다. 그것은 바로 어째서 '문학이 …… 언제나, 말하자면, 다른 어떤 것을 행하고, 제 자신이 아닌 다른 어떤 것으로 존재하는지, 다시 말해서 어째서 문학 자체는 제 자신이 아닌 다른 어떤 것일 뿐인지'(POO 33), 그 일관된 불일치성의 비밀 혹은 신비한 이질성과 관련되는 것이다.

데리다가 보기에, 텍스트를 '위대하게' 만드는 것은 '의미로 탕진되지 않으면서도 의미를 유발하는' 능력에 있다. 그것은 또한 특히 '메시지'라는 보편적 자원을, 서명이라는 '궁극적 독서불가능성', 즉 '난해한 단독성'에 결부시킴으로써 '불가해한 생략 혹은 '비밀'에 대한 감각을 유발하는 능력이다. 데리다는 '대체불가능한 단독성'으로서의 작품, 특히 문학작품이거나 철학 작품 개념에 관심을 보인다. 그 개념은 독서가능성과 독서불가능성을 결합하고 따라서 독자이든 저자이든지 간에 어느 누구에게도 전유될 수 없는 '특유의 부적합성'을 나타낸다.(Bio 845를 보라.)

콜리지의 「쿠블라 칸」은 시로서 인정받지만 여느 시 작품과는 달라 보인다. 데리다가 「법 앞에서」에서 제시했던 것처럼, 읽기를 지배하는 자명한 믿음 중 첫째가는 것은, 텍스트가 '제 자신의 동일성, 단독성, 통일성을 갖고 있다'는 생각이다.(B 184) 카프카의 텍스트 「법 앞에서」의 사례처럼, 우리는 「쿠블라 칸」이라는 작품이 '유일무이하고 자기 동일적'이며 '원전은 영어권에 출처를 두고 있다.'(B 185)고 가정한다. 그것이 대체불가능한 단독성을 나타내는 것이다. 하지만 이러한 대체불가능한 단독성은 언제나 이미 타협의 산물이다. 우리는 방금 「쿠블라 칸」이 한 편의 시로서 인정된다는 점에 주목하며, 그렇게 인정받는 전형적 사례로 카프카의 작품을 대신 제시하였다. 데리다가 모리스 블랑쇼의 「내가 죽는 순간The Instant of My Death」(1994)을 읽으며 고찰한 것처럼, 그 논리에 따르면 '사례는 대체될 수 없다'는 말은 이율배반에 빠진다. '이러한 대체불가능성의 작품조차도 대체가능한 전형적 사례로 등장할 수 있다.'(Dem 41)는 사실이다. 그의 진술 맥락은 증언의 맥락과도 통한다. 하지만 데리다가 말하는 단독성은 그 자체가 교체가능한 것이다. 증언을 한다는 것은 읽는다는 것, 읽을 수 있다는 것, 읽기에 책임을 지라고 요청받았다는 것이다. 증언한다는 것은 우리가 「쿠블라 칸」과 같은 시를 읽을 때 일어나는 일을 서술하는 것과도 같다. 우리는 증언을, 그리고 연서하기를 요청받은 것이다.

　「쿠블라 칸」을 이렇게 잊지 않을 만큼 강력한 '특유의 부적합성'으로 만드는 것은 아마도 이 작품이 대체불가능한 단독성으로 통하는 방식과 연관돼 있을 터인데, 이때 이 작품은 대체불가능한 단독성에 대한 시편이 되기도 하다. 그것은 '덜시머를 든 한 소녀를 / 한번은 환상 중에 나는 보았네.'라는 구절에서 '한번'만이라고 증언 되는, 유일한 '환상'과 관련돼 있다. 이러한 환상의 재생 혹은 회상 이, 시적 화자인 '나'로 하여금 명백히 그 음악을 떠올리며〔궁전을〕 '지을' 수 있게 한다는 것, 즉 공감각적으로 말해서 '높고 긴 음악으 로' 지을 수 있게 한다는 것, 심지어 데리다가 '광기의 섬광('주의하 라! 주의하라! / 그의 번쩍이는 눈, 그의 나부끼는 머리칼!')이라고 했던 그 순간에도, 이 작품이 이미 꿈결의 언어로 환기하여 사실상 지은 것이나 다름없는, '양지바른 궁전'과 '얼음의 궁전'을 정확하게 지을 수 있게 한다는 것이다.

여기에 원천적인 대리보충이 있다. 이 시 자체와 다름없는 꿈의 언어는 그리하여 이러한 대체불가능한 유일한 '환상'의 대체불가능성 자체를 새긴다는 것이다. '덜시머를 든 한 소녀'에 대한 유일한 '환상' 은 이미 이 시의 괴상한 부제의 반향 혹은 반복인 것이다. 처음 출판 되었을 때 이 시의 제목은 '쿠블라 칸 : 꿈에 본 환상Kubla Khan : or A Vision in a Dream'(Wu 1998, 522를 보라)이었다. 대체불가능한 것은 이 시편에 있는 '환상'인가? 이 시편 자체인가? 아니면 또 다른 환상, 즉 '꿈'이라는 환상에 있는 환상과 시편 둘 다인가?

약물

콜리지의 「쿠블라 칸」이 유명해지고, 악명까지 얻게 된 것은 약물과 관계가 있다. 이 작품은 시의 형성 과정을 설명하거나 시적 영감과 약물의 관계를 설명할 때 기준이 되는 영시英詩다. 상습적인 아편중독자가 아닌 사람으로서, 그리고 수년에 걸쳐 다양한 세미나에서 이 시를 가르친 경험으로 고백하건대, 이러한 화젯거리가 얼마나 일관되게 가벼운 광기를 동반하는지를 생각하면 기가 찰 정도이다. 다시 말해서 정신분석적 '논거'(물론 정확히 말하자면, 논거가 아니라 차라리 희미한 가설에 불과하다.)의 형식을 빙자하여, 콜리지가 '아편을 하며' 이 시를 썼다는 것, 그래서 이 시편은 모두 다 아편 복용 상태와 관계돼 있으며, 사실상 그것이 이 시에 대해서 해야 할 말의 전부라는 것이다. 「쿠블라 칸」은 아편에 의한 몽상의 시, 이것으로 이야기는 끝난다. 이제 데리다의 저작에 비추어 이 문제를 어떻게 생각할 수 있는지 간략하지만 조금 더 상세하게 탐색할 작정이다.

이 시편의 1816년 서문에서 콜리지는 물론 '진통제'(아편, Wu 1998, 522를 보라.)를 언급했다. 잠들기 직전에 약물을 복용했고, 잠이 들자 이 시의 환상이 떠올랐다는 것이다. 특히 '감로'라든가 '낙원의 우유'를 환기하는 장면은 이 시와 약물의 관계를 의심할 수 없게 한다. 그러나 약물이란 무엇인가? 이것이 '약물의 수사학The Rhetoric of Drugs'(RD)이라는 영어 제목으로 출간된, 1989년의 매혹적인 인터뷰에서 데리다가 논의했던 문제이다.

이 인터뷰에서 우리는 데리다가 유례가 없는 유쾌한 '실험'을 단행한 것을 볼 수 있다. 즉, '약물'이라는 말의 관습적 이해를 맥락화해서 분석하고, 그것을 '해방된 일반화'라는 것에 복속시키는 것이다.(TTP 40) 이 과정에서 그는 자기 자신을 '여행'에, 즉 말하거나 글쓰기 특유의 우연한 '여행'에 내맡긴다. 이미 앞에서 '대리보충'을 다룬 장에서 제시했듯, 어떤 의미에서 이것은 데리다 스스로 그때그때마다 직면한 해당 '용어'나 '중심 이념'에 의지해서, 언제나 다른 방식으로 자신의 저작에서 반복해서 행하는 바이기도 하다. 그는 '개념과 말 사이, 그리고 불변의 일차적 의미, 즉 고유의, 글자 그대로의 현행 용법이라고 간주하는 데 모든 사람이 이해관계를 같이하는 그 의미와 비유 사이의 공식적으로 공인된 관계'를 교란하고 변형하고자 한다. (TTP 40-1)

약물을 논의할 때에도, 이러한 생각에서 "본래부터' 약물인 것은 없다.'(RD 229)라는 말이 세워졌다. 이 말의 의미는 약물 아닌 것은 없다는 것, 즉 모든 것은 약물이 될 수 있다는 뜻이다. 데리다는 이렇게 말한다. '우리는 언제나 미분류의 혹은 분류불가능한 약물의 대체물 혹은 마약의 대체물을 가질 수 있다. 기본적으로 사람들은 저마다 제 자신의 대체물을 갖고 있다.'(RD 245) 그리하여 그는 이러한 맥락에서 해방된 일반화에 관한 한 가장 간략하게 정식화된 명제 하나를 제출한다. '집단적 환영이든 개인적 환영이든지 간에 모든 환영의 조직화는 약물의 창안 혹은 약물 수사학의 창안인 것이며, 그것이 최음제이건 아니건 상관없다.'(RD 247)

데리다는 'addiction'〔중독〕 속에 있는 'diction'(말씨. 즉 '선언하다' '말하다'라는 뜻의 라틴어 dicere에서 유래)를 가지고 논의를 시작함으로써, '(약물) 개념의 왕국'에서 특별히 행위수행적 기능을 하는 발화 행위를, 즉 언어의 결정적 역할을 전면에 내세운다. 그렇게 함으로써, 그는 약물과 문학, 약물과 시 사이의 관계를 특히 주의한다. 픽션이나 시의 세계와 약물의 세계 사이에는 놀라운 상응이 존재한다. 모두 몽상 상태의 일종이라는 의미에서, 혹은 의미와 지시대상 사이의 지연된 관계라 부른 것과 관련해서 그러하다.(TSICL 48)

약물의 세계는 '환영과 허구의 세계'이다.(RD 235-6)(이런 맥락에서 데리다와 문학, 「약물의 수사학」을 다룬 두 가지 설명이 있다. Ronell 1992, 그리고 Royle 2000의 Boothroyd를 보라.) '약물의 문제'가 '크게 보면 진리의 문제'로 간주될 수 있다는 것이 데리다의 주장이다.(RD 235) 「플라톤의 약국Plato's Pharmacy」에서 파르마콘('약물' '독극물' '치료제' 등의 뜻)에 대한 그의 분석을 되새겨보면, 데리다는 '만약에 글쓰기가 더 이상 철학적 진리를 향한 관심의 지배를 받지 않는다면, 글쓰기는 약물일 뿐 아니라, 하나의 오락, 훈육, 그것도 나쁜 오락이 될 것'이라는 플라톤의 생각을 제시하여 암암리에 이렇게 서로 다른 두 세계를 화해시키려 한다.

여기에서 문제가 되는 것은 오늘날 '어느 정도 책임 없음'을 포함하는, 심지어는 '무책임의 의무'라고도 할 수 있는 작가의 '발언의 자유'라는 관념이다.(TSICL 38) 「플라톤의 약국」을 비롯한 여러 글들에서 데리다의 요점은 '치료제'로서의 파르마콘을 '독약으로서의 파르마콘과 간단히 완벽하게 분리해낼 수는 없다는 데에 있다. 7장의 쇼핑 목록 논의에서도 살펴본 것처럼, 글쓰기의 파르마콘은 기억을 보조할 수도 있고 삭제할 수도 있다. 글쓰기는 기억의 방편인 동시에 망각의 방편이기도 하다. 파르마콘의 의미와 가치는 결정불가능성의 경험을 수반한다는 데 있다.

글쓰기는 본질적으로 '방랑'이다.(RD 234) 글쓰기는 어떤 점에서 보면 언제나 타인에게 양도하는 것이면서 언제나 타인에게서 오는 것이다. 이런 맥락에서 데리다는 '받아쓰기의 비유'라는 관념의 중요성을 숙고한다.

　타자의 경험(즉, 타인에게 양도되고 있다는 것, 타인의 제물이 되고 있다는 것, 가짜로 내가 소유하고 있다는 것), 그것은 모종의 글쓰기를, 아마도 모든 글쓰기를 명령하는 타자에 대한 경험으로, 심지어는 가장 강력한 지배력을 행사하는 타자(신, 악마, 뮤즈, 영감 등등)의 경험이다.(RD 238)

　다시 말해서, 「쿠블라 칸」에서 약물의 문제는 글쓰기의 경험과 불가분하게 얽혀 있다. 그것은 시를 짓는 과정에서 콜리지의 약물복용이 보여준 역할의 상대적 중요성에 대한 공허한 사색의 문제가 아니다. 그보다는 쓰기와 읽기 자체에서 작동하는 '약물의 수사학', 즉 약물의 힘을 알아내는 것이 중요하다.

　문제는 이 시 작품이 '아비시니아 아가씨'의 노래(즉, 심오한 아비시니아abyssal-Abyssinian 노래, 이는 감로를 먹고 낙원의 우유를 마시는 경험과 동일하다.)에 대한 욕망과 그 노래의 받아쓰기dictation를 어떻게 그려내는지에만 있는 것이 아니다. 이 시 작품 자체가 독자들의 습관적 독서 또는 욕망을 어떻게 명령하고dictate, 지휘하고 선포하는가, 그것도 문제이다. 실제로, 데리다는 「쿠블라 칸」을 읽는 동안 남몰래 약물이라도 주입하는 양 이렇게 말한다. '우리는 약물중독이라는 것이 단지 본래부터 수용과 흡입에 의존하는 것인지, 아니면 예컨대 연설이나 노래 형식의 '표현'과 배출에 의존하는 것인지 스스로 물어야만 한다.'(RD 245) 이 대목에서 이 책을 시작하며 했던 말을 상기하는 것이 적절한지 모르겠다. 나는 매우 자신 있게 '데리다'가 강장 드링크제 이름이 아니라고 말했던 것이다.

시적인 것

데리다가 보기에 사랑은 약물이다. 그는 해체론이 '사랑 없이는 불가능하다'고 말한다.('ANU' 83) 또는 더욱 단정적으로 '해체론은 사랑이다.'라고 말한다.(Royle 1995, 140을 보라.) 「시란 무엇인가?Che cos'e la poesia?」라는 약간 까다로운 텍스트에서 밝혔듯이, 시의 중심에는 사랑이, 좀 더 정확히 말해서 '암기로써 사랑한다'라는 말이 있다. 이것이 시 혹은 '시적poematic 경험'의 조건이다.(Che 231)

「시란 무엇인가?」는 몇 쪽 분량의 짧은 글이지만, 가장 주목할 만한 데리다의 텍스트에 속한다. 만약 데리다가 '자신이 쓰고 있는 대상과 쓰고 있는 행위 사이의 거리를 없애려고 노력한다.'는 페기 캐머프의 지적(DRBB 221)이 옳다면, 「시란 무엇인가?」는 그가 쓴 텍스트 중 가장 공들인 행위수행문 혹은 전복수행문일 것이다.(E 136을 보라.) 무엇보다 이 글은 해당 텍스트가 선보이는 시의 개념과 일치한다. '시는 천상 간결하고 생략적이어야만 한다. 아무리 객관적으로 혹은 명백하게 확장될 수 있다 할지라도 말이다.'(225) 이 짧은 에세이는 매우 적은 말로써 많은 것을 행하고 있을 뿐 아니라, 전복적인 그 수행 정도에 비춰보았을 때 (아무리 데리다라 할지라도!) 유별나 보인다. 즉, 이 텍스트는 당신이 그것을 읽을 때마다 매번 새롭고도 전혀 예상치 못했던 결과를 낳는다. 첨언하자면, 여기에서 '당신'은 나의 표현이 아니다. 데리다의 시적 텍스트 자체가 2인칭('당신')으로, 실제로는 친숙한 '너'의 형식으로 씌었다.

데리다의 작품 전체를 통틀어서도 매우 예외적으로, 「시란 무엇인가?」는 다른 텍스트나 다른 작가에 대한 특별히 세밀한 독서를 제공하지 않는다. 오히려 그는 도발적인 방식으로 '마음의 악마démon du coeur'라는, 정체를 알 수 없는 익명의 구절에 집중한다. 정체불명의 시는 바로 '이 「마음의 악마demon of the heart」이다.'(234/5) 약간은 광적으로, 논증demonstration(démon/démontrer)이라는 말 속에 있는 악마demon를 가지고 유희하며, 데리다는 이 악마demon가 '논증demonstrated되어야만 한다'고 당신에게 말한다.(236/7) 「마음의 악마」 자체를 두고, 데리다의 텍스트는 그것이 악마화된 마음, 악마화된 사랑, 즉 '악마를 사랑하는 자'의 작품임을 암시한다. '시적인 것은 …… 배우고자 하는 마음인데, 하지만 그것은 타자에게서 오는 것과 타자의 것을 받아쓰는 것, 즉 암기하는 것이다.'(227) 한 편의 시를 사랑한다는 것은 당신이 그것을 마음에 새긴다는 것, 즉 암기를 통해 배운다는 것이어서, 누구도 당신에게 암기를 통해 그것을 배우고 싶어 하게 만들 수는 없다. 하지만 데리다는 이러한 정식을 더욱 급진화해서 다음과 같이 말한다. '나는 이러한 마음을 가르치고, 이러한 마음을 만들어내는 바로 그러한 시를 요청한다.'(231) 사랑은 시적인 것과 분리될 수 없다.

'암기로써 배운다는 것To learn by heart'은 불어로는 apprendre par coeur인데, 이때 동사 apprendre에는 '가르치다', '듣다'라는 의미뿐 아니라 '배우다'라는 뜻도 있다. 데리다의 텍스트는 또한 '쥐다'라는 의

미도 일깨운다. 영어 동사 '파악하다apprehend'와 마찬가지로, apprendr
-e는 쥐다, 즉 전유appropriation라는 뜻을 포함한다. 영어식으로 하면
'암기를 통해 소유하다'라는 표현을 생각해볼 수 있겠다. 우리는 암기
를 통해 시를 소유하고 싶어 한다. 우리의 애송시는 우리에게 이렇게
말한다. '나는 …… 나를 베끼고 보호하고 보존하라는 …… 하나의 명
령dictation이다.'(223) 다시 말해서 약물, 우리의 내부에 침입하기를 바
라는 낯선 물체, 그 시는 나를 받아들이라고 말한다. '나의 글씨를 먹
고, 마시고, 삼켜서, 그것을 네 속으로 져 날라라.'(229) 나로 하여금 너
의 감로가 되게 하라. 하지만 그 시를 소유할 수는 없다. 이 "마음의
악마는 결코 정신을 차리지 않으며, 오히려 정신을 잃고 길을 잃는
다.(환각 혹은 광기)'(235) '암기를 통해서'라는 것은 사랑법인 동시에
'자동기계라는 어떤 외재성'에 노출되는 것이다.(231) 암기를 통한 배
움은 언제나 극히 규칙적인 '기계적 암기를 통한 배움'에 오염되고 사
로잡혀 있다.

시는 불가능한 묵시적 욕망의 경험이다. 「시란 무엇인가?」에서 데
리다는 시와 결별할 필요가 있다고, '시'라는 이름 아래 포섭되는 모
든 것과 결별할 필요가 있다고 선언한다. '시학의 도서관을 불태울'
필요가 있다. '시의 독자성은 이러한 조건에 의존한다. 건망증, 야만
성을 기념하고 축하해야만 한다.'(233) 이런 방식으로 데리다는 시라
고 하는 근본적으로 낯선 개념, 도발적으로 관용적인 개념의 흔적을
추적한다. 시는 '모든 생산, 특히 창조에 낯설다'고 말할 수 있
다.(233) 그것은 차라리 일종의 열정, 우연의 감내, 곧 '상처'인 것이
다.(233) 시는 관습적 의미에서 언어의 문제만도 아니다. '우리의 시

는 그 이름을 유지하지도 않고, 말에만 갇혀 있는 것도 아니다.' 그것은 '비록 때로는 언어로써 회상되는 경우도 있지만, 언어 이상의 것'이다.(229) '당신은 이제부터 시를 가리켜 특이한 표시를 향한 어떤 열정이라고, 즉 자신의 흩어짐을 반복하는 서명이라고 부르게 될 것이다.'(235) 다른 데서 구절을 빌려오자면, 시는 '자기 자신보다도 자신과 더 친밀'하다.(SM 172) 암기로써 배우려는 욕망은 '나'의 정체성을 파악한 후에 오는 것이 아니다. 오히려 '나는 이러한 욕망이 도래하는 곳에 있다.'(Che 237) 그 시는, 아니 데리다는 이렇게 말한다. '재너두에서 쿠블라 칸은 …… 어떤 단어에도 부착될 수 있다.'(237) 예컨대, '재너두'에도 혹은 '당신'에게도 부착될 수 있다.

선물

수수께끼 같은 이접과 생략의 방식으로, 「시란 무엇인가?」라는 글은 시를 선물이라고 간주하는, 겉보기에 꽤나 전통적인 시 관념에 토대해 있다. 콜리지는 "쿠블라 칸 단편"에 붙이는 1816년 서문에서 다음과 같은 결말을 내린다. '저자는 자주 본래적인 자신, 즉 주어진 자기 자신을 스스로 완성하려고 한다.'(Wu 1998, 522)

「쿠블라 칸」은 명백하게 하나의 선물이었다. 선물이란 무엇인가? 이 책 전반에 걸쳐 여러 가지 방식으로 나는 '데리다의 저작', '데리다의 전체 저작', '데리다의 저작 일반' 등등에 대한 일반화를 단행함으로써, 비록 이렇게 하는 이유를 설명하려고 최소한의 노력은 했지만, 자가당착을 범해왔다. 지금 다시 한 번 그 일을 하려고 한다. 데리다의 전체 저작은 선물 개념에서 시작할 때 접근과 숙고가 가능해진다. 바로 이 문장에서 '선물' 말고 손쉽게 '해체', '텍스트', '대리보충', '디페랑스', '비밀' 등등으로 대체할 수도 있다. 우리는 선물이 무엇인지, 그리고 우리가 누군가에게 선물을 주거나 누군가에게 선물을 받을 때 어떤 일이 벌어지는지 안다고 생각할지 모른다. 그것은 양말 한 켤레일 수도 꽃 한 다발일 수도 있다. 흔히 거기에 어울리는 멋진 포장지와 카드도 들어 있다. 데리다는 이 모든 것을 의문에 부친다. 그는 이 주제에 대해서 '받아들여지는 이념들'에 모두 독약을 탄다.(그의 지적에 따르면, '선물Gift'은 독일어로 '독약'을 의미하며, 이는 또한 멀리 '매혹', '치료', '독약' 등의 결정불가능한 개념인 파르마콘으로까지 소급된다. GT 12, 36, 54, 69 ; PP 131-2를 보라.) 데리다는 선물과 같은 것이 있지 않을까 지속적으로 생각한다. 선물을 언급할 때, 그는 '혹시 그런 것이 있다면' 혹은 '혹시 어떤 ……이 있다면'이라는 구절을 자주 덧붙인다.(예컨대 VR 18-19를 보라.)

　이 부분이 데리다의 저작에서 정신분석의 통찰이 특별히 통할지도 모르는 지점이다. 그의 설명은, 주는 행위 속에 어느 정도 은근히 작동하는 나르시시즘적 자기만족 혹은 무의식적 만족을 승인하려 한다. 그런 '행위'는 사실상 데리다의 관점에서는 불가능하다. 왜냐하면 누구든지 주는 사람은 그/그녀가 무의식적으로라도 지각할 수 있는 것을 줄 수밖에 없기 때문이다. 『주어진 시간』에서, 데리다는 그것을 이렇게 설명한다.

　　결국, 선물다운 선물은 선물처럼 보여서는 안 된다. 받는 사람과 주는 사람에게 모두 마찬가지다. 선물로 비쳐지지 않는 경우를 제외하고 선물다운 선물은 있을 수 없다. …… 다른 사람이 그것을 선물로 지각하거나 받아들인다면, 즉 그/그녀가 선물로서 간주한다면, 선물은 무효가 된다. 하지만 선물을 주는 사람은 그것을 보지도 말고 알지도 말아야 한다. 그렇지 않다면 그는 문턱에서 선물을 주려고 작정하자마자, 상징적 인정을 자기 자신에게 지불하고, 자신에 대한 찬사를 늘어놓으며, 자신을 승인하고, 스스로 만족하며, 자신에게 축하를 보내고, 자신이 그동안 주었던 것 혹은 주려고 작정하는 것의 상징적 가치를 자신에게 되돌리기 시작한다.(GT 14)

여기에서 '나' 또는 '너'에 대한 또 다른 사유가 등장한다. 선물에 앞서서는 주는 자도 받는 자도 없다. 하지만 선물 자체는, 혹시 그런 것이 있다면, 어떠한 현재에도 속하지 않는다. 데리다는 이렇게 말한다. '선물(어떤 '사람'이 어떤 '것'을 '다른 사람'에게 준다는 것)의 가능성의 조건은 동시에 선물의 불가능성의 조건을 가리킨다.'(GT 12)

불가능자로서 난입하는, 즉 현재해야만 하는데도 현재할 수 없는, 선물의 힘이 없다면 주기도 받기도 없다.(WB 199를 보라.) '선물에는 불가능성 혹은 이중 구속이 있다. 왜냐하면 선물이 있는 그곳에 선물이 반드시 나타나지 않는다는 것, 즉 그것은 선물로서 지각되지도 않으며 혹은 선물로서 받아들여지지도 않기 때문이다.'(GT 16)

그러니까 선물에 대해 더 이상 고민하지 말라는 것인가? 그리고 '선물', '현재', '기부' 따위의 단어는 더 이상 사용하지 말자는 것인가? 그런 뜻은 데리다의 의도가 아니다. 오히려 데리다는 정확히 말해서 선물의 불가능성의 경험에서만 선물을 선물로서 긍정하려는 것이다.

> 만약 선물이 불가능자의 다른 이름이라면, 우리는 여전히 그것을 생각하고, 거기에 이름을 부여하고, 그것을 욕망하는 것이다. 그리고 그럼에도 불구하고 혹은 그렇기 때문에 혹은 그런 한에서 우리는 결코 선물을 목격할 수 없으며, 그것을 알 수도 없고, 그것을 입증할 수도 없으며, 그 현재 모습 혹은 그 현상으로 선물을 경험할 수도 없다. 선물 자체를 …… 선물이 현상하는 현재 모습과 결코 혼동해서는 안 된다.(GT 29)

왜 사람들은 시를 쓰며 혹은 시 쓰기를 원하는가? 누구를 위해 씌어진 시인가? 시는 무엇인가? 시와 선물의 관계는 무엇인가? 여기에서 우리는 셸리의 「의문The Question」이라는 시를 잠시 생각해볼 수 있겠다. 이것은 1820년에 씌어진 시인데, 양말 한 켤레보다는 꽃 한 다발에 대한 시로서, 더욱 정확하게는 꽃 한 다발을 한꺼번에 나타나게 하려는 욕망을 나타낸, 작은 꽃다발에 대한 희미한 꿈에 대한 시이다. 즉, 시 자체가 한 다발의 꽃으로서 씌어졌다. 시적 화자는 꿈속에서 '길을 헤매'다가, 꽃들의 '온화한 향기'에 '길을 잃고 …… 이끌리게' 된다. 그는 자신이 발견한 꽃들('알록달록한 바람꽃과 '제비꽃', '데이지', '히아신스', '싱싱한 들장미' 등등)에 대한 작은 꽃모음(이때 '꽃모음anthology'은 '꽃'이라는 뜻의 희랍어 anthos와 '모음'이라는 뜻의 logia-의 합성어로서 글자 그대로 꽃들의 모음)을 제공한다.

셸리는 이 시를 자신(혹은 화자)에게, 그리고 독자인 우리에게, 그 제목('의문)에 대한 의문으로 되돌아오는 연으로 마무리한다.

> 저 환상 속의 꽃들을 생각하노라
> 내가 엮어 만든 작은 꽃다발은
> 자연의 그늘 아래서도 그 빛깔 그대로
> 서로 뒤섞이고 어울렸으니, 마치 배심원처럼.
> 이렇게 구속된 자연의 아이들
> 내 손에 쥐고, 으스대고 기뻐했느니
> 서둘러 내가 왔던 그곳으로 가서
> 거기에서 그것들을 보여준다 한들!―아! 누구에게?(Shelly 1970, 614-15)

만약 이 제목이 말해주듯이, 이 시는 작은 꽃다발에 대한 것일 뿐 아니라 시 자체가 거기에 서술되는 작은 꽃다발이라고 한다면, 그것은 선물로서의 시 자체에 대한 의문이다. 이 시를 마무리하는 의문(아! 누구에게?)은 선물의 불가능성의 경험을 쓰기 및 읽기의 경험으로 표현한다. 이 대목에서 독자는 시인 혹은 화자만큼이나 유령화된다. 시에서 제시된 '꿈' 전체는 '그것을 현시'하려는 욕망으로 추진된 것이다. 그것은 작은 꽃다발과 시를 하나의 선물로 만들고자 하는 욕망이다.

하지만 의문은 남는다. '아! 누구에게 줄꼬?' 서둘러 모든 독자 앞에 선다 한들, 그 의문(그런 제목의 시)은 여전히 읽히고, 현시되고 있다. 이 시 속의 꿈은 잔존하여, 시인은 물론이고 특정하게 명기된 모든 수신자(당신과 나처럼)의 수명을 앞선다. 「의문」은 꿈속에 본 것에 대한 증언으로, 그리고 현재의 유령성에 대한 증언으로 남아 있다. 한 편의 시는 더 이상 꿈을 능가하는 선물일 수 없다. 하지만 바로 이러한 이유에서라면 시와 꿈은 선물에 대해 생각하려는 특권적 형태가 된다. 시 혹은 꿈이라고 하는 선물에 대한 욕망이 아니라면, 혹은 더욱 정확하게 그리고 심오하게 말해서 (셸리의 「의문」과 콜리지의 「쿠블라 칸」의 경우) 시라고 하는 꿈, 꿈속의 시, 꿈속에서의 시적 비전이 아니라면, 주려고 하는 욕망은 무엇이란 말인가?

셸리의 시에서 '나'가 '내가 왔던 그 지점'으로 결코 (돌아)갈 수 없는 것과 마찬가지로, 「쿠블라 칸」에서의 '나'는 올가미나 교차지점에 빠져 있다. 그 올가미에 얽힌 욕망('내가 …… 되살릴 수만 있다면')은 어떤 의미에서는 결코 폐쇄되지 않는다. 양자의 경우 모두 서사는 중단되어 있으며, 사실상 서사 자체의 명백한 시작점도 해체되어 있다. 두 편의 시 모두 서술되어야만 하지만 서술될 수는 없는 이야기 혹은 기술의 의미에 관계된다. 이러한 이중 구속이 데리다가 공들이는 선물 관념에 어울린다. 『주어진 시간』에서 데리다는 이렇게 말한다. '선물은, 혹시 그런 것이 있다면, 서사를 필요로 하면서도 그와 동시에 서사의 가능성을 배척한다. 선물은 서사의 조건에 의지하지만, 동시에 서사의 가능성과 불가능성의 조건에도 의지한다.'(GT 103) 혹시 선물이 있다고 한다면, 선물에 대한 이야기는 있을 수 없다. 하지만 그와 동시에, 시 혹은 서문 형식으로라도, 선물의 불가능성에 대한 어떤 이야기는 있어야만 한다. '거기에서 그것들을 보여준다 한들! — 아! 누구에게?'

데리다가 선물에 대해 말했거나 쓴 것은 해체, 디페랑스, 시적인 것 등등을 생각하는 또 다른 사유 방식을 제공한다. 선물은 이성을 능가한다. 『주어진 시간』에서 데리다의 말처럼, '최소한의 선물이 있다는 데에는 이유가 없다.'(GT 77) 선물은 광기의 일종이다.(GT 35, 58을 보라.) 선물에는 '미친 에너지'가 내재해 있다.(G 243) 선물과 관련해서는 틀림없이 '계산불가능한' 어떤 것이 있다. 선물에는 틀림없이 '계산불가능한 혹은 예측불가능한 예외'의 지위가 있다.(GT 129) 선물은 과잉 논리에 연결되어 있다. 우리가 이 책의 다른 곳에서 (예컨대 대리보충과 약속의 맥락에서) 본 적이 있는 초과 혹은 과장의 기초가 선물이다. 데리다는 선물이 '미리 앞장서는 초과이며, 선험적 과장'이라고 선언한다. '어떤 선험적으로, 어떤 무절제한 사람에게 양도되지 않는 기증의 경험은, 다시 말해서 신중하게 측정된 선물은 선물일 수 없다.'(GT 38)

해체라는 '사건'과 함께라면, 불확실성이 없으면 선물은 있을 수 없다. '자연과 인공, 진정성과 비진정성, 원본과 파생 혹은 차용' 사이의 구분에 대한 불확실성 말이다.(GT 70) 여기에서 우리는 다시 한 번 「쿠블라 칸」이라는 '선물'의 '기원'에 대한 콜리지의 말을 떠올릴 수 있겠다. 그 시는 '본래부터 있는 것, 말하자면 그에게 주어진' 어떤 것이다. 결정적으로 불확실한 '말하자면'(이를 설명하려면 더 많은 장들이 필요하다.)이라는 단어가 이상하게도 끝도 없이, 시를 선물로 보는 관념 이상으로, '본래부터'와 '주어진 것' 사이에 매달려 있다.

그러므로 데리다의 설명에서 선물은 콜리지의 시 구절이 암시하는 것 이상으로 어떤 점에서는 더욱 돌발적이고 더욱 파괴적이다. 선물에는 본질이 없다. 그것은 항상 '존재의 초과'이다.(SN 85) 선물의 문제는 어떤 사람에 의해서 주어질 수 있는 것 이상으로, 어떤 사람에게 주어질' 수 있는 어떤 것('본래부터, 말하자면, 그에게 주어진 것')에 있지 않다. 선물은 '소유하지 않는 것'이다.(SM 27) 우리가 선물을 주체와 객체의 관점으로 해석하자마자('보아라, 여기 이것이 선물이다. 이로써 나는 너에게 그것을 주노라.'), 선물에 대한 사유는 이미 주고받음의 논리에, 순환과 교환, 의식적 무의식적 보상 혹은 만족감에 갇히게 된다.

선물은 미친 상태이다. 그것은 일종의 광기다. 마이클 나스Michael Naas에 따르면, '디페랑스'와 마찬가지로 '선물'은 '고유한 어떤 것도 갖고 있지 않은 것'의 이름이다. 즉, '선물은 아무것도 지시하지 않는 지시어이다.'(Naas 1996, 83) '선물 주기'는, 데리다가 『조종』에서 말했듯이, '모든 주관성과 객관성에 앞서서' 이해되어야만 한다.(G 243) 그것은 내가 말했던 '시적 휴지poetry break'에 상응하며, 데리다가 「시란 무엇인가?」에서 추적했던 시 혹은 시적인 것에 상응한다. '시라고 하는 선물'은 '제목 없는', 그래서 (시인 혹은 독자에 의해) 서명될 수 없는, 어떤 것의 경험을 포함한다. 더구나 '그것은 당신이 기대감을 품고, 숨을 멈추며, 모든 논증적인 것, 특별히 문학적인 시와의 모든 유대감을 중단하지 않더라도 잘 진행된다.'(Che 234) 시라고 하는 선물은 모든 현재와의 단절이며, '……는 무엇인가?'의 형식을 띠는 모든 의문('시란 무엇인가?', '선물이란 무엇인가?')의 중단이다.(Che 237을 보라.)

12

데리다 이후

Jacques Derrida

데리다가 일으킨 균열

이제 이 마지막 장에서 나더러 무슨 '후기' 비슷한 것을 제공하라 한다. 시리즈 편집자가 붙인 서문 격의 설명에 따르면, '(이 시리즈의) 각 권은 해당 사상가의 영향에 대한 조감으로 마무리한다. 즉, 그들의 이념이 다른 사람들에 의해서 어떻게 수용되고 발전되었는지를 대략적으로 그려본다.'고 되어 있다. '~ 이후'라는 제목의 형식으로 마무리한다는 것이 이 시리즈의 약속인 것이다. 그렇다면 '데리다 이후'가 된다. 그런데 데리다 이후라니?

나는 '왜 데리다인가?'라는 서문 격의 제목으로 시작했고, 그 질문에 답하려고 노력했다. 다시 말해서 나는 그 질문을 최대한 신중한 방식으로 취급했으나, 반면에 왜 그것이 나에게는 희극적이고 우스꽝스러워 보이는지 설명하기도 했다. 데리다의 저작이 흥미로운 것은 정확히 말해서 그것이 이 시리즈의 구조와 전제에 대한 우리의 사고방식에 의문을 제기하고, 그것을 바꾼다는 점에 있다. 그의 사유는 근본적으로 저자의 저작을 하나의 텍스트(이 책도 그러한 것일 텐데)로 요약한다는 기획에는 어울리지 않는다. 이 기획은 어째서 이러한 저작이 읽어볼 가치가 있는지를 밝히는 깔끔하게 포장된 설명으로 시작해서, 그 저작이 무엇에 관한 것인지, 그리고 그것이 다른 사상가들에게 어떤 영향을 끼쳤는지에 대한 깔끔하게 포장된 개관으로 마무리한다.

그동안 데리다에 대한 이런 식의 입문서들은 그의 저작이 담고 있는 기괴한 의미를 전달하는 데 초점을 맞추었다. 데리다의 저작은 우리에게 친숙한 관념과 구조, 전제들을 낯설게 만든다. 우리는 책이란 무엇인지, 요약이나 개관이 무엇인지, 혹은 서문과 발문이 무엇인지, 혹은 한 권의 책이 어디에서 시작하고 어디에서 끝나는지 잘 안다고 생각한다. 그러나 데리다는 그러한 확신을 전혀 주지 않는다.

『그라마톨로지에 관하여』에서 그는 이렇게 말한다. '항상 자연적 전체성을 지시하는 책의 이념은 글쓰기의 감각에서 보면 심각하게 이질적이다.'(OG 18) 우리가 입증하려 했던 것처럼, 데리다의 글쓰기 개념은 (이는 물론 흔적, 잔여, 대리보충, 디페랑스, 텍스트 등의 개념에 연결된다.) 수많은 담론이나 실천에 대한 것은 말할 것도 없고, 사유·의식·현재·존재·인간성·동물성·신성神性·동일성·의도·결정·책임·정의·우정·욕망·기억·죽음·언어 등등에 대한 우리의 생각의 토대를 근본적으로 바꿔놓는다.

데리다의 저작은 여전히 전 영역에 걸쳐 심각한 충격을 준다. 이 책의 앞부분에서 이미 제시했듯, 그 충격은 하나의 지진 혹은 차라리 무한한 지진의 연속을 이룬다. 그래서 이어질 부분은 요약이 아니라 부득이 하게 '데리다 이후'라는 장의 이념 안에 혹은 그것을 둘러싸고 있는 약간의 홈집, 틈, 균열 등을 추적하려는 시도가 되겠다.

균열 1. 참고문헌

일종의 예비적 외출로서 데리다 저작의 영향이라고 생각하고 싶어질 영역 중에서(혹은 그 사이에서) 몇 가지만을 제시하려 한다. 여기에 삽입된 참고문헌들은 이 장 말미의 〈데리다의 모든 것〉 중에서도 '자크 데리다 관련 도서들'에 목록화된 자료들이다. 전율과 격변은 다음과 같은 분야에서 입증될 수 있다. 문학 연구(Clark 1992 ; Culler 1983 ; Hillis Miller, 「데리다와 문학Derrida and Literature」, in Cohen 2001을 보라) ; 철학(Gasché 1986 ; Bennington 1993 ; 「해체론과 철학자들 Deconstruction and the Philosophers」 in Bennington 1994) ; 정신분석 (Ellmann in Royle 2000 ; 「일년분석Circanlysis」 in Bennin -gton 2000) ; 정치 (Beardsworth 1996 ; Lacoue-Labarthe and Nancy 1997 ; Sprinker 1999 ; Bennington in Cohen 2001) ; 종교(Caputo 1997 ; de Vries 1999) ; 과학 (Johnson 1993, 1998 ; Plotnitsky 1994 ; Norris 1997) ; 윤리(Critchley 1999 ; Bennington in Royle 2000) ; 법률 연구(Cardozo 1990, 1991) ; 기술(Clark in Royle 2000 ; Stiegler in Cohen 2001) ; 페미니즘과 성차(Elam 1993 ; Holland 1997 ; Feder 외. 19997 ; Kamuf in Cohen 2001) ; 문화 연구(Spivak in Royle 2000, Hall 2002) ; 건축(Papadakis, Cooke and Benjamin 1989 ; Wigley 1993) ; 대학(Rand 1992 ; Readings 1996 ; Kamuf 1997) ; 교육 이론 (Biesta and Egéa-Kuehne 2001) ; '포스트 이론post theory'(McQuillan 외, 1999) ; 탈식민주의(Bhabba 1994 ; Rooney 2000 ; Young in Royle 2000) ; 화행 이론(Butler 1997 ; Hillis Miller 2002) ; 소설 창작(Cixous 1993) ; 영감 (Clark 1997) ; 그리고 괴물성('Monstrism' 2002).

균열2. 불가능한 필수

지금까지 호명한, 간단하지만 유용할 듯한 참고문헌, 저자명, 발간 연도 목록에는 문제가 있다. 가장 큰 문제는 이걸 보면 데리다의 저작이나 '해체론'이 이러저러한 시간대에 속한다는 인상을 준다는 것이다. 또한 환상적일 것 같은 비판적 사상가를 잡아내는 리히터 지진계로 데리다가 끼친 영향을 측정할 수 있을 뿐만 아니라, 그에게 '후배'라는 것도 있고, '후기'라는 것도 써넣을 수 있다는 인상을 주기 쉽다. 해체론에도 후기가 있을 수 있는가?

「후기Afterw.rds」라는 짧은 텍스트에서 데리다는 '후기는 있을 수 없지만, 그러나 있어야만 한다.'고 답한다.(Aft 198-9) 이런 대답이 해체론의 특징이다. 우리는 이중 구속의 사유에 참여하려고 애써야만 한다. 그 사유는 불가능하지만('있을 수 없다'), 그러나 필수적('있어야만 한다')인 경험, 즉 필수적인 동시에 불가능한 경험이다. 해체론은 '이러한 '모순'을 먹고 '산다''. 따라서 '필수적인 것은 불가능하며, 차라리 그것은 불가능한 필수이다.'(Aft 200) 해체론에는 후기가 있을 수 없다. 다음은 데리다의 설명이다.

해체론에 후기가 있다는 가설은 해체론의 담론이 완결된, 종결된, 폐쇄된 총체성의 형식으로 되어 있다고 가정하는 것이다. 즉, 해체론이 그 뒤에 그리고 그 바깥에 발문이나 추신 형식으로 두 번째의 '최종 발언'을, 즉 두 번째 말을 첨가할 수 있게 되어 있는 한 권의 책, 그것도 위대한 책이라고 가정하는 것이다.(Aft 199)

해체론은 이 책으로 분명히 밝히려 했듯이, 대리보충적인 것과 관계가 깊다. 그리고 '해체론이 소유할 수도 없는 후기를 소유해야만 하는' 것도 이러한 이유에서이다. 데리다의 설명은 계속된다.

왜냐하면 결핍이라는 부정적 의미에서가 아니라 불충분하다는 의미에서 언제나 불충분한 (해체론은) 끝나지 않는, (자주 말했던 것처럼, '이론적이면서 실천적인'[예컨대 Pos 90을 보라.]) '끝없는 분석'이기 때문이다. 그것은 결코 하나의 체계로 폐쇄되지 않는 것으로서, 그러므로 체계적 총체성의 해체인 까닭에, 그것은 형식화된 담론(교리, 방법, 유한하고 규범화된 집합체, 가르칠 수 있는 지식 등등)으로 고착화되거나 충족될 위험이 있는 매 순간마다 모종의 대리보충적 후기를 필요로 한다. …… (해체론은 아마도) 현재 혹은 현재 자체의 현재화에 부가되는 후기(일 것이다).(Aft 199)

균열3. 무소속

데리다 이후. 어떤 사람이 이러한 주제로 책을 쓴다고 상상해보자. 혹시 내가? 이미 말했던 대로, 이러한 맥락에서 '이후after'는 최소한 세 가지 의미가 있다.

(1)시간적인 의미에서 '이후'('~보다 나중에', '~의 전철을 밟아'에서처럼), (2)'~를 찾으러 다니다라는 의미에서 '이후'('나는 데리다를 좇고 있다. 누구 그를 본 사람 있나요?'에서처럼), (3)'~를 추종하다', '~을 따르다', '~에 동의하다', 혹은 '~의 방식에 따라'라는 의미에서 '이후'('렘브란트를 따라'에서처럼).(Royle 1995, 2-5를 보라.)

'데리다 이후'라는 구절은 현재라는 의미에서도 이미 분열되어 있다. 우리에게 그것은 과거의 문제인지 아니면 미래의 문제인지, 그것도 아니면 미래로서의 과거의 문제인지 확실하지 않다. 사실상 '이후'의 이러한 세 가지 의미는 '데리다 이후'를 새롭게 그리고 색다르게 생각하게끔 파열되어, 갈라지고, 펼쳐져 있다.

예컨대 (3)번 의미를 취해보자. 데리다는 결코 '누구를 추종'하거나 '누구에게 동의하거나', '누구의 방식에 따라서만 글을 쓰는 사람이 아니다. 그의 저작은 대리보충 논리로 이끌린다. 그렇기 때문에 저자는 언제나 '그/그녀가 의미하려는 것보다 더 많게, 더 적게, 또는 다르게' 말할 수 있는 것이다.(OG 158) 설사 그가 명시적으로 다른 사상가나 저자를 '추종하여' 글을 쓴다고 할지라도, 데리다는 언제나 소위 원본의 의미를 대리보충하고 변형하며, 그 의미를 중단하고 그 의미에 개입한다. 그의 특징이라 할 수 있는 존경과 경멸의 이중 자세, 즉 충성심을 통한 배신 행위는 단순한 모방적·중복적 읽기 혹은 쓰기와 근본적으로 어울리지 못한다. 데리다의 저작은 다른 사람이 자신의 '이념', '스타일' 등등을 따라하거나 게워내는 일을 결코 요청하지 않는다. 오히려 그는 단독성, 그리고 잠재울 수 없는 '제말버릇을 향한 욕망'을 긍정하므로, 모든 텍스트마다 그렇게 다른 방식을 취하는 것이다.

데리다를 따라 쓰는 법 혹은 읽는 법을 생각하면, 그 즉시 자극과 흥분이 인다. 어떠한 당대의 '비판적 사상가도 데리다만큼 지배의 본성을 탐색하는 데 치밀한 사람은 없었다. 그는 '지배자는 무無(MO 23)라고, 또한 '지배는 …… 결코 그 자체가 아니다'(AFRC 78)라고 주장한다. 그것이 지배하지 않는 큰 지배자라는 데리다식의 아이러니다. 이러한 아이러니를 탐색하는 데 도움이 될 방법으로 무소속non-belonging을 긍정하는 그 저작의 단독성을 생각해볼 수 있겠다. 한 인터뷰에서 데리다는 사람들을 현혹시키는 단순한 태도로 "나를 '당신 중 하나'로 간주하지 말아 달라, '나를 한 패로 만들지 말라.'"고 했다.(TS 27) 데리다는 '가족의 일원'이 아니다. 그의 말마따나 '나는 나 자신의 정체를 언어 공동체, 민족 공동체, 정치적 정파, 혹은 모든 종류의 집단이나 파당, 어떠한 철학적 혹은 문학적 학파로 파악하지 않는다.'(27) '가족의 일원이 아닌' 존재라는 말은, 무엇보다도 '큰 지배자'라고 하는 집단의 일원이 아니라는 뜻이다. 하지만 '나를 한 패로 만들지 말라'는 말은 또한 '너 자신을 한 패로 만들지 말라'는 뜻이기도 하다. 멋대로 해라, 불가능을 경험하라, '모든 것을 개방하여 생각할 여지가 있게 하라'는 뜻이다.(U 131)

균열4. 유머 감각

데리다는 당신을 웃길 수 있다. 앞 장에서 암시한 것처럼, 그의 저작은 매우 진지하지만 모종의 웃음과 유희, 아이러니에 자주 자신을 개방하려고 노력한다. 그의 저작은 존 설John Searle의 언어행위 이론처럼 '진지한 것과 진지하지 못한 것 사이의 모든 차이를 안다고 스스로 진지하게 가정하는' 모든 담론에 의문을 제기한다.(LI 35)

그렇다고 해서 데리다의 설 독해가 '엄청 진지'하지 못하다는 뜻이 아니다.(65) 데리다는 하이데거의 저작을 매우 진지하게, 다른 당대의 철학자들과 '비판적 사상가들'보다 더 진지하게 취급한다. 하지만 '조금도 웃을 틈을 주지 않는'(PF 57) 철학자인 하이데거의 특징에 걸맞게, 데리다의 저작은 조금 덜 진지한 유산과 조금 더 진지한 유산을 동시에 제공한다고 할 수 있다. 이러한 유산은 단순하지 않다. '데리다 이후'라는 구절은 결국 유산遺産 문제에 대한 끝없는 환기인 셈이다. 하지만 그것은 '모종의 웃음'이 출몰하는 유산이다.(Diff 27 ; 유산 문제로서의 '디페랑스'에 대해서는 AIIWP 366을 보라.)

이것이 데리다가 제임스 조이스의 『율리시스』에서 듣고자 하는, 혹은 그것과 관련하여 말하는 웃음의 일종이다.(UG) 그것은, 데리다가 강조하는 긍정의 웃음으로 '존속하는' 웃음이다. 그것은 아무리 분석해도 '어떠한 유용한 지식의 형식으로도 소진되지 않는' '그래 웃음 yes-laughter'이다.(UG 294-5) 그렇다면 이것이 '데리다 이후'라는 구절을 둘러싼 웃음의 의미에 관한 진술로 적합할 듯하다. 조이스에 관한 에세이가 시사하듯, 데리다의 저작이 매우 재미있다면, 이러한 유머 감각은 불가피하게 그의 유산의 일부이다. 아마도 그것은 언제나 이미 낯선 재미 혹은 섬뜩한 재미의 조짐을 보이는 재미일 것이다. 여기에서 우리는 「유한책임회사」에 담긴 설에 대한 통렬하면서도 유쾌한 데리다의 설명이, 설의 작품을 상대로 한 '낯설고, 섬뜩한 친밀성'(LI 29)의 감각에 대한 진술에서 시작된다는 사실을 떠올릴 수 있다.

데리다는 『요점…1974-1994년의 인터뷰들Points…Interviews 1974-94』에 실린 짧은 텍스트(WIP)에 붙이는 각주에서 농담을 구사한다. 그는 리처드 볼린Richard Wolin이 편집한 선집을 언급하며, 거기에는 조잡하고 자의적으로 번역된 자신의 텍스트 하나가 실려 있는데, 거기에 자기 저작의 주제에 대한 볼린의 상당히 무지하고도 무책임한 주석이 달려 있다고 지적한다. 데리다는 이렇게 자의적인 번역을 못마땅하게 생각한다. 결국 볼린의 수정판에는 데리다의 텍스트가 빠졌다. 새로 출판을 맡은 MIT 출판부의 광고에서는 '이 판본에는 자크 데리다와의 인터뷰가 부재함'이라는 구절이 주의를 끌었다.『요점』의 각 주에서 데리다는 이렇게 말한다.

(볼린의 수정본에서) 가장 새로운 점은 내가 보기에는 공공성의 본성에 있는 것 같다. 출판업자는 …… 나의 이름을 또다시 상업적으로 이용하여 책을 선전했다. 실질적으로 잠재적 구매자에게 한 권의 책을 추천하기 위함이었다. 그들 구매자의 관심은, 그 광고를 믿는다면, 오로지 데리다의 텍스트가 그 책에 누락되었다는 사실에만 있다! 누구라도 이런 경우를 본 적이 있는가? 아마 없을 것이라 생각한다. 여기에서는 한 권의 책이 갖는 위력과 흥미가, 비록 상업화의 힘도 있겠지만, 그 안에 포함되지도 않은 텍스트의 바로 그 '부재'에 있다는 것이다. 놀라운 파종! 놀라운 부재의 힘! …… 갑자기 나는 이런 백일몽을 꾸게 된다. …… 이제 이러한 학술 서적 광고의 책략이 퍼져나간다면 …… 사람들이 갑자기 나의 이름을 인용하기 시작한다면, 그것도 나의 텍스트를 포함하지도 않은 모든 책들을 추천하기 위해서? '이 책을 사세요, 한번 읽어보세요, 데리다의 텍스트는 들어 있지도 않아요!' 내가 하지도 않은 경력을 상상해보라!(WIP 485)

MIT의 광고 전략은 '데리다'라는 이름이 얼마나 잘 알려졌는지를 선정적으로 입증한다. 데리다의 백일몽이 나에게는 악몽일지도 모른다. 이 마지막 장에서 나는 데리다의 저작을 논의하는 수천 권의 책, 데리다의 이념이 '타인에 의해 채택되어 발전된' 사례를 설명해야 할 뿐 아니라, 다른 책들도, 즉 '데리다'가 (명백히) 들어 있지 않은 그야말로 수백만 권의 책 전부를 설명해야 하기 때문이다.

이 책은 데리다의 저작에서 취한 다음과 같은 '첫' 인용으로 시작했다. '보이지 않는 인용 부호들을 조심하라. 그것이 고작 단어 하나에 불과할지라도.'(LO 76) 이미 제시한 대로, '인용 부호 있는 담론과 인용 부호 없는 담론 사이의 대립을 …… 약화시킬'(SST 75) 정도로, 보이지 않는 인용 부호들을 조심한다는 것은, 데리다의 저작이 수행하는 바를 서술하는 한 방편일 수 있다. 데리다의 백일몽 일화가 이미 암시했듯, 예를 들어서 '부재'라는 단어 주변에도 인용 부호가 있어야 되는 건지도 모른다. '부재'라는 것이 데리다의 말 대로 인용 부호라는 '작은 빨래집게'(SST 77)처럼 느껴질 수 있다. 왜냐하면 데리다 이후로 우리가 특정 저자의 '사상' 혹은 '영향'이 특정한 텍스트에 현재하는지 부재하는지를 말할 때조차 우리가 의미하는 바를 안다고 자신할 가능성이 거의 없기 때문이다. 디페랑스는 '현전도 부재도 아니'라는 사실을 상기하자.(OG 314) 만약 『그라마톨로지에 관하여』에서 데리다의 최종적 의도가 '현전'이라는 단어에 대한 사람들의 생각과 이해를 미궁에 빠뜨리는 것이라고 한다면, 그것은 또한 '현전'이 어떻게 낯설게 변하는지를 목격하는 문제이기도 하다.

앞에서 명확히 하려고 애썼듯이, 대리보충 혹은 디페랑스(혹은 혼적 따위)의 논리는 일종의 '의미 없는 사유'를 수반한다.(OG 93을 보라.) 그 논리는 누구의 소유도 아닌 효과, 즉 특정 사상가에게서 나오지도 들어가지도 않는 효과를 수반한다. 그와 동시에 데리다의 저작은 단독성의 중요성에 대한, 다시 말해서 주어진 텍스트나 주어진 사상가의 단독성을 존중하는 새로운 감각을 유도한다. 그의 읽기에는 해당 텍스트나 해당 사상가에서 때로는 매우 새롭고 낯선 '현전'을 유발하는 방법이 내재한다.

데리다 이후에, 텍스트들은 그 저자들이 결코 심지어 '무의식적으로'라도 상상하지 못한 것을 말하게 되었다. 데리다는 프로이트가 아니며, 해체론은 정신분석이 아니지만 말이다. 데리다 이후에, 사람들은 현전이라는 것이 단순히 텍스트 내부에 있는 것도, 절대적으로 텍스트 외부에 있는 것도 아니라는 점을 감안해야만 한다. 데리다 이후에, 텍스트들은 새로운 독해 방식에 개방되었다. '텍스트는 더 이상 안락하게 밀폐된 내면성의 내부 혹은 자기동일성이 아니다.'(O 36) 같은 것과 다른 것, 삶과 죽음, 말하기와 글쓰기, 문학과 철학, 존경과 배신 등등 무수히 많은 다른 이항 대립 혹은 대립으로 추정되는 것들과 마찬가지로, 내면과 외면의 관계, 텍스트와 세계의 관계는 기묘하게 변화했다.

균열5. 유령화

데리다 저작의 효과는 밤낮으로 마주치게 되는 어떤 것, 즉 유령화로 요약된다. 그의 저작은 현전과 부재에 대해서, 현전에 부재가 출몰하는 새로운 사고방식을 촉진한다. 그의 저작에는 유령적 효과가 있는 것이다. 이것은 무엇보다도 데리다의 저작과 '고딕the Gothic'의 관계에 대한 점증하는 흥미로 이어졌다.(예컨대 Castricano 2001과 Wolfreys 2002를 보라.)

어떤 관점에 보면 그것은 무시무시한 무중력 상태에 직면했을 때의 효과이다. 데리다는 주석에서 디페랑스에는 '무게가 없다'(OG 93)고 적었다. 이 무시무시한 효과는 너무나도 엄청나서, 사람들은 데리다가 들어 있지 않다는 사실을 광고하고 그 부재 사실에 관심을 끄는 책을 쓸 지경이다. 예컨대 힐렐 슈워츠Hillel Schwartz의 560쪽짜리 책 『복제문화 : 놀라운 유사성, 부당한 모사The Culture of the Copy : Striking Likenesses, Unreasonable Faesimiles』의 찾아보기 부분에는 이런 내용이 포함되어 있다. 즉 '데리다, 자크, 그 텍스트에는 한 번도 등장하지 않음.'(Schwartz 1996, 543) 이런 식으로 사람들이 데리다의 '부재'에 대해서 진술을 강요받았을 때 무슨 일이 일어날까? 이러한 맥락에서 데리다의 '효과'를 어떻게 분석해야 할까?

예컨대, 데리다의 저작을 영화 연구와 관련지어보자. 앤서니 이스트홉Antony Easthope은 「데리다와 영국 영화 이론Derrida and British Film Theory」라는 글의 머리말을 롭 랩슬리Rob Lapsley와 마이클 웨스트레이크Michael Westlake의 말에서 차용했다. 즉, '영화 이론 분야에서 데리다가 가장 많이 구성적 부재로서 간주되는 인물'(Easthope 1996, 184)이라는 것이다.

이스트홉은 1970년대 영국의 영화잡지 《스크린Screen》의 중요성을 검토하며, 특별히 그것이 루이 알튀세의 마르크스주의 및 자크 라캉의 정신분석 '강의'와 매우 명백하게 연관이 있다고 말한다. 다만 콜린 맥카베Colin MacCabe와 스티븐 히스Stephen Heath 등 《스크린》에 관계하는 작가들이 데리다의 저작은 잘 알지만, 드러내놓고 관계하지는 않는다고 주장한다. 이로써 이스트홉은 자기 머리말의 힘을 명백하게 할 수 있었다. '화면에 잡히지 않는 공간과 마찬가지로, 데리다의 저작은 잡지 《스크린》의 제작에 구성적 부재로서 작용한다.'(Easthope 189) 이스트홉의 결론은 '데리다와 필름'의 관계를 생각하는 데 큰 변화와 새로운 조정을 제안하여, 브루넷Peter Brunette과 윌스David Wills(1989), 번 Eleanor Byrne과 맥퀼런Martin McQuillan(1999), 스미스Smith(2000) 등의 설명을 보강한다.

균열6. 현전

특히 문학과 철학 분야에서, 데리다의 '현전'은 수년 동안 상당히 명백해 보였다. 그동안 데리다의 저작은 철학이라는 정상적이라 추정되는 제도뿐만 아니라, '문학이라는 이상한 제도'(TSICL)를 대하는 방식까지 바꿔놓았다. 하지만 데리다의 저작은 가장 명백하게 그 흔적이 감지될 때조차도 다양한 방식으로 유령적 현존 상태를 유지해왔다. 어떤 때는 그의 저작이 명백히 아무런 표시도 남기지 않은 방식으로 그 표시를 남기는 경우도 있다. 힐렐 슈워츠의 꽤나 자랑스럽지만 또한 근심 어린 찾아보기의 참고문헌이 그 증거가 될 것이다. 더 범위를 넓혀서 말하자면, '분석철학' 혹은 '영미철학Anglo-Saxon philosophy'은 데리다의 저작이 존재한다는 사실을 대부분 지속적으로 부정하고, 마치 그런 것이 없는 양 행동하고 그렇게 믿으려 했다.(유용한 반대 사례는 '데리다를 논한다Arguing with Derrida'는 제목의 최근 선집일 것이다. Gendinning 2001을 보라.)

그리고 더 일반적으로, 한 사상가가 그/그녀의 저작이라고는 결코 읽어본 적도 없는 사람들에게, 혹은 실질적으로 그 사상가의 이름조차 들어보지 못한 사람들에게 심각한 영향을 끼칠 수 있는 방법을 생각할 필요가 있다. 폴 드 만은 헤겔의 '영향'을 말하며 이 점을 부각시켰다. '우리가 그를 알든지 모르든지, 혹은 좋아하든 싫어하든지 간에, 우리 대부분은 헤겔주의자이며, 그것도 상당한 정통파에 속한다. …… 극소수의 사상가들만이 자기 주인님의 저작을 한 마디도 읽지 않은 수많은 학파를 거느린다는 점에서 보면 말이다.'(de Man 1996, 92-3) 데리다의 저작을 한 번도 읽지 않았다 해도, 이 책을 시작할 때 제시한 대로, 우리는 모두 데리다의 시대를 살고 있는 것이다.

균열7. 죽음

'데리다 이후'라는 구절이 죽음을, 데리다의 죽음뿐만 아니라 당신과 나의 죽음을 가리킨다는 건 명백해 보인다. 이것이 이 시리즈가 지닌 죽음을 향한 구조이다. 우리의 책은 '왜 ~인가?'(왜 이러한 '사상가의 존재에 우리들이 흥미를 보여야만 하는가? 그/그녀 없이 충분히 잘 지낼 수는 없는 것인가?)라는 제목의 장에서 시작하여, '~ 이후'라는 제목의 장으로 끝난다.

'데리다 이후'라. 그렇다면 데리다는 죽어서 파묻혔고, 우리는 마침내 그와 관계없이 여생을 보낼 준비가 되었다는 것인가. 천만에 그는 실제로 아직 죽지 않았고〔데리다는 이 책이 나온 뒤인 2004년 10월 사망했다.〕, 이 시리즈가 관심을 보이는 한 그는 아직 살아 있으며, 살아 있어야만 한다고 느끼지 않을 수 없다. 여기에서 다시 한 번 데리다의 말을 귀 담아 읽을 필요가 있다. 예컨대 셰익스피어의 『햄릿Hamlet』에 관한 글에서 그는 이렇게 말한다. '우리는 죽은 자는 지나갔으며, 지나간 자는 아무것도 아니라는 믿음을 포기해야만 한다. 우리는 '죽는다는 것'과 특히 '죽어 있다는 것'이 무엇을 의미하는지 아는 체하는 태도를 버려야 한다. 그 다음에 유령성에 대해서 말해야 한다.'(TOJ 30)

균열8. 애도

⟍⟍⟍⟍⟍ '데리다 이후'라는 표현은 애도의 문제를 떠올리게 한다. 지금까지 우리는 '데리다의 저작'이라는 구절을 사용하며, 데리다의 경우 모든 '저작work'이 매번 '애도의 작업work of mourning'임을 특별히 강조하지 않았다.(예컨대 SM 97을 보라.) 『조종』의 핵심 사안이라고 요약한 부분에서 데리다는 이렇게 말한다. '애도 작업mourning-work은 단지 특정한 종류의 작품이 아니라 작품의 '본질'과 같은 것이다.(Ja 52)' 데리다의 저작 전체는 어떤 의미에서 '상喪을 당한 것'이고, 혹은 적어도 '가벼운 애도' 혹은 '반쯤의 애도'의 표현이다.(Dia 143)

애도는 이름에도 들어 있다. 이미 살펴본 것처럼 이름은 죽음을 운반한다. '데리다가 죽은 자의 이름name-inscribed-by-death이 되는 데 '이후'라는 단어는 필요치 않다. 접두사 '이후'는 이런 관점에서 보면 더 길어진 칼끝인 것이며, 뒷생각으로서의 '이후'이다. 어떤 의미에서 고유명사를 갖고 있는 모든 사람은 그 이름의 막강한 힘 덕분에 자기 자신의 '이후'를 사는 것이다. 데리다의 관점에서 보면 이것은 측은하게 여길 일이 아니다. 여기에서 문제는 특히 라캉을 비롯한 정신분석학의 설명과 구별되는 데리다의 욕망 개념이다. 데리다에게 욕망은 '손실'이나 '결핍'이 아니라 '긍정'의 문제이다. 그는 이렇게 말한다. '나는 욕망이 긍정이라 믿는다. 그러므로 애도 자체도 긍정이다.'(Dia 143)

우리는 죽을 수밖에 없는 자만을 사랑하며, 우리가 사랑하는 가사성可死性·mortality은 우연한 것도 아니며 외적인 것도 아니다. 오히려 그것이 우리 사랑의 조건이다. 데리다는 정신분석학적 애도 개념, 특히 프로이트의 '정상적normal' 애도라는 외형상 엄밀한 개념에 균열이 있음을 안다. 프로이트에게는 정상적 애도라는 것이 있는데, 이것이 어떤 것을 죽음으로 내몬다. 애도 행위는 목적론적이다. 「애도와 멜랑콜리Mourning and Melancholia」(1917)에서 프로이트는 이렇게 말한다. '사실상 …… 애도 행위가 완결되는 순간, 에고는 다시 속박 없는 자유의 몸이 된다.'(Freud 1984, 253)

사랑하던 물건이나 사람의 죽음, 상실 혹은 소멸은 고통스럽긴 해도 근본적으로 우연한 사태이다. 데리다에게도 그것은 물론 고통스러운 일이다. '애도 행위The Work of Mourning'(WoM)라는 제목으로 출간된 책에는 이 주제에 대한 감동적이고 잊히지 않는 장례 연설 및 관런 글들이 실려 있다. 하지만 그것은 또한 '나'라는 것이 되고, 자기 자신 및 다른 사람을 사랑하게 되는, 정체성 형성의 운동 자체를 구성하는 필수적 가능성이다.

다양한 맥락에서 그는 이렇게 말한다. 사실상 이는 어떤 의미에서 매번 글을 쓸 때마다 그가 하는 말이다. '나는 내가 사랑했던 것을 언제나 사랑한다.'(예컨대, U 122, Dia 152를 보라.) 데리다에게 사랑은 죽음이 우리를 갈라놓을 때까지 존재하는 것이며, 혹은 사랑은 어떤 의미에서 우리가 언제나 이미 상대에게서 그리고 우리 자신에게서 갈라서 있음을 조건으로 한다. 데카르트의 '나는 생각한다. 그러므로 나는 존재한다'를 데리다가 다시 쓴다면, '나는 애도한다. 그러므로 나는 존재한다'(Ist 321)가 될 것이다. '나는 존재한다I am'라는 것은 오로지 기억, 언어, 타자를 기반으로 해서만 가능하다. 나와 나 자신의 관계는 말문을 열기 이전(혹은 '옹알이'하고, '엄마'나 '나'라고 말하기 이전)부터 '애도에 몰입해 있었'다.(Ist 321) 그는 그것을 니컬러스 에이브러햄Nicholas Abraham과 마리아 터록Maria Torok의 정신분석 관련 진술에서 '자아 : 무덤지기'(F xxxv)라는 경구적 표현으로 요약했다.

데리다가 보기에, 정상적인 것이 불가능자가 아닌 이상 정상적 애도 같은 것은 없다. 애도 개념에는 이중 구속의 논리가, 즉 '성공이 실패하고' '실패가 성공하는' 아포리아의 논리가 수반된다.(M 35) 우리는 사랑하는 사람에 대한 기억을 보존해야만 하며, 그 기억이 사랑하는 사람에 대한 기억이라는 믿음을 지속해야만 한다. 그와 동시에, 타자는 타자로 남아 있어야 한다는 것, 다시 말해서 타자는 동화되는 것도 아니고, 실질적으로 소멸되지도 않는다는 확신을 가져야만 한다. 애도의 부인refusal(판에 박힌 정신분석학적 서술에서는 '비정상적' 애도에 속하는)은 데리다가 보기에 애도에서 분리될 수 없는 그 일부분이다. 애도는 반드시 분열되고, 축소되고, 반감되어, 이중의 애도가 되어버린다. 이 책에서 보았듯이 만약 데리다를 위대한 충심fidelity의 사상가라고 한다면, 그것은 바로 애도를 통한 충심을 가리킨다. 그는 이렇게 말한다.

믿음직한 사람은 애도하는 사람이다. 애도는 죽은 타자의 내면화이다. 하지만 그것은 또한 그 반대이기도 하다. 그러므로 누군가의 애도에 완성 불가능성이 있다면, 심지어 애도의 의지가 없다고 한다면, 그것은 또한 충심의 형식인 것이다. 만약 애도와 애도하지 않음이 충심의 두 가지 형식이며 배신의 두 가지 형식이라면, 남아 있는 유일한 것은 양자 사이를 경험하는 일이다. 이것이 내가 말한 가벼운 애도이다. 상실한 모든 것에 대해 일일이 애도를 완수할 수는 없는 노릇이다. 하지만 나는 그것을 보존하기 원하기 때문에 내가 할 수 있는 최선은 애도하는 것이다. 즉, 애도를 통해 그것을 상실함으로써 나의 내면에 그것을 간직하는 것이다.(Dia 151-2)

이 모든 경우에서 문제는 '정치적인 것'에 대한 생각이 바뀐다는 데 있다. 여기에서 '정치'는 무엇보다도 '애도의 시간과 공간을 조직화하는 것'이다.(A 61)(데리다와 애도에 대해서 더 자세한 내용은, 특히 Krell 2000을 보라.)

균열9. 전쟁의 글쓰기

데리다 이후? 그것은 전쟁이다. 앞에서 명시하려 했던 것처럼, 데리다의 글쓰기는 전쟁의 글쓰기이다. 그의 저작은, 가장 강력한 의미에서 논쟁적polemical('전쟁'을 뜻하는 고대 그리스어 'polemos'에서 유래했다.)이다. 그는 온갖 쟁론, 갈등과 폭력의 기반이자 매체를 구성하는 언어의 문제에 무척 민감하다. 「법의 힘」에서 그는 이렇게 말한다. '폴레모스polemos는 이미 언어의 전유와 관련되어 있다.'(FL 923)

『타자의 단일언어주의』에서 제시한 대로, 만약 '언어가 전유라는 광기를 유발하고, 전유 없는 질투를 유발한다면, 이는 '언어에는 자연적 소유가 없'기 때문이다. 다른 곳에서 그는 이렇게 선언한다. '철학자들 사이에는, 그리고 철학자들과 다른 분야 사람들 사이에는 언어라는 재산을 위한, 그리고 그 재산에 의한 전쟁이 벌어지고 있다.'(LMT 178) 여기에서 '언어'에는 소위 민족어뿐만 아니라, 고유명사로 시작되는 나만의 언어에 대한 소유 관념까지 포함된다. 문학(TWJ)에서부터 '오늘날의 유럽'(OH)에 이르기까지 다양한 주제를 다룬 에세이에서, 데리다는 자신이 '영미 언어Anglo-American language'라고 칭하는 것의 음흉한 힘에 꾸준한 관심을 표한다. 거기에서 쟁점은 '영어가 다른 언어들을 제거하고, 식민화하며, 지배하려는' 전쟁이다.(TWJ 156) 영어로 씌어진 이 책조차도 나름대로 영어와 전쟁 중이다. 지금 여기에서 우리는 제한된 형식으로나마 데리다 이후 영어에 대해 생각할 약간의 가능성을 열어볼 작정이다.

적어도 1960년대 중반 이후로 데리다는 자신이 말했던 '문자를 살포하는 실질적 폭력'(Pos 85)에, 다시 말해 '종말 없는 전략'으로서의 해체론에, '경제 전쟁'인 디페랑스의 경제에 관계해왔다. 그의 주장에 따르면, '해체론은 중립적이지 않으며, 개입한다.'(Pos 93) 진지하지 않음non-serious의 가치를 주장하고, '참된 애도'(M 35)의 가능성을 논하며, 혹은 결정불가능자의 출몰과 지울 수 없는 그 효과를 주장하는 어느 순간에도, 데리다의 저작은 전쟁 중에 있다. 그가 『추억Mémoires』에서 말한 것처럼, '해체론의 주제에 관한 전쟁에는 전방이 따로 없다. 전방이란 없다.'(M 18)

그렇다고 해서 자크 데리다의 저작들이 단지 호전적인 것으로 간주되어야만 한다는 뜻은 아니다. 그와는 반대로, 데리다 이후에 우리는 전쟁이라는 용어 자체에 대해서, 그리고 그것이 국가 간의 전쟁이든, 연인들 사이의 전쟁이든, 테러와의 전쟁이든, 혹은 자기 자신과의 전쟁이든지 간에 전쟁의 본성 자체를 재고할 필요가 생겼다. 데리다가 정신분석학에 대한 최근 글에서 주장했듯, '전쟁에 대한 새로운 담론이 필요한 것이다.'(PS 246)

데리다는 '폭력은 악이라는 말에 의혹을 품고, 자신의 텍스트를 '야만성'이라는 '사악한 폭력'에 맞서는 작업으로 간주한다.(TS 90-2) 하지만 지진이라는 비유에 대해서도, 어떤 인터뷰 자리에서는, '지진은' 그 자체만으로는 '폭력적이지 않다', 왜냐하면 '자연의 폭력이란 없'기 때문이라는 식으로 그 의미에 변화를 주었다.(TS 92) 그가 디페랑스와 관계하는 것은, '연약성' 자체 또는 무중력 자체만으로도 '무시무시한' 일종의 '비폭력'과 관계하는 것이다. 「프쉬케 : 타자의 창안 Psyche : Inventions of the Other」에서 말했다시피, 디페랑스에는 '지위도, 법도, 재전유의 지평도, 프로그램도, 제도적 정당화도 없다.' 이와 반대로, 이 책 초반에 논의했던 '온다come'와 마찬가지로, 그것들은 데리다 이후의 미래 자체에 열려 있다.

디페랑스는 …… 여전히 매우 온화하여, 협박과 전쟁에는 낯설다. 하지만 그렇기 때문에 그것은 그만큼 더욱 위험한 것으로 느껴진다.

미래와 마찬가지로, 도래할 시간이 디페랑스의 유일한 관심사이기 때문이다. 그것은 도래할 모험 혹은 전적인 타자적 사건을 허용한다. 전적인 타자는 더 이상 신이라든가 존재신학에서의 인간 혹은 그것을 형상화하는 어떠한 형태(주체, 의식, 무의식, 자아, 남자 혹은 여자 등등)와도 혼동되어서는 안 된다.(PIO 61)

데리다의 모든 것

▣ 자크 데리다의 저작

지금까지 살펴본 대로, 데리다는 대단한 작가이자 다변가이다. 따라서 그의 저작을 읽을 때에는 그가 쓴 주요 에세이 및 짧막한 텍스트들과 겸하여, 그의 인터뷰 내용을 같이 읽는 것이 좋다. 이 책에서는 데리다의 저서와 각종 텍스트를 '데리다 인터뷰와 기타 논의', '데리다 에세이 및 단문 톱 10', '데리다 선집', '연대순으로 추려 뽑은 데리다 저작'으로 구분하여 정리했다. 이 저서 목록이 말 그대로 '데리다의 모든 것'이 아님은 밝혀두는 것이 좋겠다. 데리다와 관련한 더 상세한 저서 목록 정보는 다음 책들에 실려 있다.

William B. Schultz and Lewis L. B. Fried, *Jacques Derrida : An Annotated Primary and Secondary Bibliography*(Garland, 1992) ; Albert Leventure, 'A Jacques Derrida Bibliography 1962-90', in *Textual Practice*, 5 : 1(1991) ; Geoffrey Bennington, 'Bibliography', in Bennington and Derrida, *Jacques Derrida*(Chicago : Chicago University Press, 1993) ; Martin AcQuillan, 'Bibli-ography', in *Deconstruction : A Reader*(Edinburgh : Edinburgh University Press, 2000). 최신 정보는 Peter-Krapp의 '인네텃 저서(www.hydra.umn.edu/ derrida.)에서 구할 수 있다.

▣ 데리다 인터뷰와 논의

Positions, trans. Alan Bass, Chicago : Chicago University Press, 1981.

데리다가 1967, 1968, 1971년에 한 일련의 인터뷰를 모아놓은 귀한 책. 특히 초기 해체론의 영향과 데리다 작품의 정치학을 이해하는 데 큰 도움이 된다.

Roundtable Discussions(1979) in *The Ear of the Other : Otobiography, Transferene, Translation*, trans. Peggy Kamuf, ed. Christie V. McDonald, New York : Schocken Books, 1985.

성명과 서명, 번역, 정신분석 등의 주제를 조명한 논의가 담겨 있다.

'Deconstruction and the Other'(1981), interview with Richard Kearney, in Kearney's *Dialogues with Contemporary Continental Thinkers*, Manchester : Manchester University Press, 1984, 105-26.

특히 데리다의 글에 등장하는 '타자성otherness' 개념을 이해하는 데 도움을 주는 인터뷰.

'Deconstruction in America : An Interview with Jacques Derrida', trans. james Creech, *Critical Exchange*, 17(1985) : 1-33.

미국의 문학 연구뿐 아니라, 신학과 종교와 관련한 해체론 논의에 관심이 있는 사람에게 도움이 될 인터뷰.

Points … Interviews, 1974-94, ed. Elisabeth Weber, trans. Peggy Kamuf and others, Stanford : Stanford University Press, 1995.

가장 기본적이고도 광범위한 주제를 다룬 인터뷰 모음집.

'This Strange Institution Called Literature'(1989), trans. Geoffrey Bennington and Rachel Bowlby, in *Acts of Literature*, ed. Derek Attridge, London and New York : Routledge, 1992, 33-75.

특히 문학과 '단독성singularity' 개념을 명확히 밝힌 인터뷰들이 담겼다.

'The Deconstruction of Actuality : An Interview with Jacques Derrida', trans. Jonathan Rée, in Martin McQuillan, ed., *Deconstruction : A Reader*, Edinburgh : Edinburgh University Press, 2000, 527-53. (Also in ET and N.)

정치학과 '유령성spectrality', '메시아주의messianicity', 'teletechnology' 등의 개념을 이해하는 데 도움이 되는 인터뷰.

'The Villanova Roundtable : A Conversation with Jacques Derrida', in *Deconstruction in a Nutshell*, ed. John D. Caputo, New York : Fordham University Press, 1997, 3-28.

해체, 종교, 정의, 선물 개념을 이해하는 데 도움이 되는 논의.

'I Have a Taste for the Secret', Jacques Derrida in conversation with Maurizio Ferraris and Giorgio Vattimo, in Derrida and Ferrasis, *A Taste for the Secret*, trans. Giacomon Donis, Cambridge, UK : Polity, 2001, 3-92.

1993~1995년까지 벌인 논의를 담았다. 데리다의 '핵심 개념'을 입말투 설명으로 느낄 수 있다.

Perhaps or Maybe, Philosophical Forum(8 March 1996) : Jacques Derrida with Alexander García Düttmann.

런던에 있는 '컨템포러리 아트 인스티튜트'에서 카세트로 녹음한 것을 들을 수 있다. 또한 책으로도 출간됐다.

Responsibilities of Deconstruction, eds Jonathon Dronsfield and Nick Midgley, *PLI*, Warwick Journal of Philosophy, vol. 6(University of Warwick, 1997) : 1-18.

D'ailleurs Derrida (*Derrida Elsewhere*). A Film by Safaa Fathy. Gloria Films, 1999.
영어 자막이 나오고 대부분의 대화는 프랑스어로 진행되는 이 필름은 알제리, 스페인, 미국, 파리에서 촬영됐다. 음악, 물고기, 시간, 종교, 비밀, 개인 서재 등 데리다의 개인적인 면모를 아름다운 화면으로 느낄 수 있다.

Negotiation : Interventions and Interviews, 1971-2001, ed. and trans. Elizabeth Rottenberg, Stanford : Stanford University Press, 2002.
부제에서 알 수 있듯, 인터뷰뿐 아니라 편지와 기자회견장에서 쓴 즉흥적인 메모 따위의 간략하고 '부차적인' 텍스트를 담았다. 데리다의 텍스트와 윤리학·정치학·과학 등의 쟁점을 연결지어 생각해보려는 사람에게 매우 훌륭한 모음집.

■ 데리다 에세이 및 단문 톱 10

다음의 짧은 글들은 데리다의 저작을 이해하는 데 중요하고도(중요하거나) 이해하기 쉬운 글들만 추린 것이다.

'Structure, Sign, and Play in the Discourse of the Human Sciences'(1966), in *Writing and Difference*, trans. Alan Bass, London : Routledge and Kegan Paul,

1978, 278-93.

"'···That Dangerous Suppliment···'"(1967), in *Of Grammatology*, trans. Gayatri Chakravorty Spivak, Baltimore and London : Johns Hopkins University Press, 1976, 141-64.
Derek Attridge의 선집AL에도 실렸다.

'Différance'(1968), in *Margins of Philosophy*, trans. Alan Bass, Chicago : Chicago University Press, 1982, 1-27.
발췌본이 Peggy Kamuf의 선집DRBB에도 실렸다.

'Plato's Pharmacy'(1968), in *Dissemination*, trans. Barbara Johnson, Chicago : Chicago University Press, 1981, 63-171.
발췌본이 Peggy Kamuf의 선집DRBB에도 실렸다.

'Signature Event Context'(1971), trans. Samuel Weber and Jeffrey Mehlman, in *Limited Inc*, Evanston, Illinois : Northwestern University Press, 1988, 1-23.
Peggy Kamuf의 선집DRBB에도 실렸다.

'The Time of a Thesis : Punctuations'(1980), in *Philosophy in France Today*, ed. Alan Montefiore, Cambridge : Cambridge University Press, 1983, 34-50.
1980년 데리다의 테제 옹호를 보여주는 텍스트 1960년대 초반부터 1970년대 말까지 그의 문학적 · 철학적 관심사를 간추려 이해하는 데 도움이 될 것이다.

'Befor the Law'(1982), trans. Avital Ronell and Christine Roulston, in *Acts of Literature*, ed. Derek Attridge, London and New York : Routledge, 1992, 181-220.

'Letter to a Japanese Friend'(1983), in *Derrida and Differance*, eds. Robert Bernasconi and David Wood, Warwick : Parousia Press, 1985, 1-8.
Peggy Kamuf의 선집DRBB에도 실렸다. '해체'라는 단어를 일본어로 번역할 때 드는 생각과, 해체와 번역의 관계를 고찰한 짧지만 매우 선명한 텍스트

'Some Statements and Truisms About Neo-Logisms, Newisms, Postisms, Parasitisms, and Other Small Seismisms'(1987), trans. Anne Tomiche, in *The States of 'Theory' : History, Art and Critical Discourse*, ed. David Carroll, New York : Columbia University Press, 1990, 63-95.
데리다의 사상과 연관지어 역사를 이해하는 사람에게 특히 유용한 텍스트

'Afterword : Toward An Ethic of Discussion'(1988), trans. Samuel Weber, in *Limited Inc*, Evanston, Illinois : Northwestern University Press, 1988, 111-60.
'Signature Event Context'와 그 영향을 회고한 글. 'Limited Inc a b c…'에 더 상세한 내용이 담겼다. 결정불가능성과 윤리학, 픽션과 '실제 세계real life' 등의 주제를 이해할 때 도움이 된다.

■ 데리다 선집

Anidjar, Gil, ed. *Acts of Religion*, London and New York : Routledge, 2002.

종교 문제에 대한 데리다의 오랜 관심을 보여주는 가치 있는 에세이 선집.

Attridge, Derek, ed. *Acts of Literature*, London and New York : Routledge, 1992.

문학적 관점에서 데리다의 글에 관심이 있는 사람들을 위한 탁월한 선집.

Kamuf, Peggy, ed. *A Derrida Reader : Between the Blinds*, London and New York : Harvester, 1991.

훌륭한 텍스트 선집. 개별 텍스트에 대한 캐머프의 탁월한 소개와 헤드노트 頭註도 볼거리.

Martin McQuillan, ed. *Deconstruction : A Reader*, Edinburgh : Edinburgh University Press, 2000.

데리다를 비롯하여, 마르크스와 프로이트, 벤야민, 하이데거 등 당대의 사상가들의 텍스트를 추려 엮은 선집.

Wolfreys, Julian, *The Derrida Reader : Writing Performances*, Edinburgh : Edinburgh University Press, 1998.

「Scribble(writing power)」, 「The Retrait of Metaphor」, 「Economimesis」 등 단행본 형식으로 묶이지 않은 주요 에세이들을 모아 엮은 유용한 선집.

■ 연대순으로 추려 뽑은 데리다 저작

다음 목록은 데리다의 저서 중 유명하거나 중요한 것만을 추려, 프랑스어 초
판이 나온 순서대로 정리한 것이다. 괄호 안의 약호를 보면, 영어본 출간 정
보를 찾을 수 있다.

1962 *L'origine de la géométrie, de Husserl : Introduction et traduction/Edmund Husserl's 'Origin of Geometry' : An Introduction* (OGI).

1967 *L'écriture et la différence/Writing and Difference* (WD).

  La voix et le phénomène/Speech and Phenomena (SP).

  De la grammatologie/Of Grammatology (OG).

1972 *La dissémination/Dissemination* (D).

  Marges—de la philosophie/Margins of Philosophy (MP).

  Position/Positions (Pos).

1973 *L'archéologie du frivole/The Archeology of the Frivolous* (AFRC).

1974 *Glas/Glas* (G).

1978 *Éperons. Les styles de Nietzsche/Spurs : Nietzsche's Styles* (SP).

  La vérité en peinture/The Truth in Painting (TP).

1980 *La carte postale, de Socrate à Freud et au-delà/The Post Card : From Socrates to Freud and Beyond* (PC).

1983 *Signeponge/Signéponge* (S).

1987 *De l'esprit : Heidegger et la question/Of Spirit : Heidegger and the Question* (OS).

1988   *Mémoires, Pour Paul de Man/Mémoires : for Paul de Man* (M).

1990   *Mémoires d'aveugel, L'autoportrait et autres ruines/Memoirs of the Blind : The Self-Portrait and Other Ruins* (MB).

    Du droit à la philosophie/(the first half pulblished in English as *Who's Afraid of Philosophy*)(WAP).

1991   *L'autre cap/The Other Heading* (OH).

    'Circonfession' in *Jacques Derrida,* Jacques Derrida et Geoffrey Bennington /'Circumfession' (C).

    Donner le temps, 1. La fausse monnaie/Given Time : 1. Conterfeit Money (GT).

1992   Points de suspension/Points··· (P).

1993   *Sauf le nom/*'Sauf le nom' (in ON).

    Passions/'Passions' (in ON).

    Khōra/'Khōra' (in ON).

    Spectres de Marx/Specters of Marx (SM).

1994   *Politiques de l'amitié/Politics of Friendship* (PF).

1995   *Mal d'archive/Archive Fever* (AF).

1996   *Apories/Aporias* (A).

    Le monolinguisme de l'autre/Monolingualism of the Other (MO).

    Résistances—de la psychanlyse/Resistances of Psychoanalysis (RP).

1997   *Adieu à Emmanuel Lévinas/Adieu to Emmanuel Levinas* (Ad).

    De l'hospitalité/Of Hospitality (Hos).

1998   *Demeure, Maurice Blanchot* (Dem).

1999	*Donner la mort*(revised edition)/*The Gift of Death* (GD).
	'L'animal que donc je suis'(in *L'animal autobiographique : Autour de Jacques Derrida*)(ATA).
2000	*Le toucher, Jean-Luc Nancy.*
2001	*De quoi demain…Dialogue*(with Elisabeth Roudinesco).
	Papier Machine.
2002	*Artaud le Moma : Interjections d'appel.*
	Fichus : Siscours de Francfort.
	H. C. pour la vie, c'est à dire…
2003	*Voyous.*

■ 자크 데리다 관련 도서

다시, 다음은 매우 선택적으로 필요한 목록이다. 수많은 데리다 관련 저작 가운데서 특별히 유용하고 자극이 될 만한 것들만 추려 뽑았다.

Attridge, Derek, Geoffrey Benningon and Robert Young, eds. *Post-Structuralism and the Question of History.* Cambridge : Cambridge University Press, 1987.
데리다가 쓴 역사와 역사 기술 관련 저작이 끼친 충격을 다룬 주목할 만한 논문들을 모은 책.

Beardsworth, Richard. *Derrida and the Political.* London and New York :

Routledge, 1996.

특히 아포리아와 약속 등의 개념과 관련하여 데리다 저작이 지닌 정치적 특질에 대한 까다롭고 예리한 해설.

Bennington, Geoffrey. 'Derridabase', in *Jacques Derrida*. (With Jacques Derrida.) London and Chicago : Chicago University Press, 1993.

아마도 가장 충실한 데리다 해설서일 테지만, 그 내용이 매우 자극적이다. 다른 철학가들에 대한 언급도 심심치 않게 등장하여 초심자들에게는 그다지 친절한 책이라고 말하기 어렵다.

Bennington, Geoffrey. *Legislations : The Politics of Deconstruction.* London and Nw York : Verso, 1994.

「Deconstruction and the Philosophers(The Very Idea)」를 포함한 탁월한 관련 에세이 모음집. 모든 에세이가 데리다의 저작에만 초점을 맞추지는 않았지만, 깊이 연관돼 있다.

Bennington, Geoffrey. *Interrupting Derrida.* London and New York : Routledge, 2000.

제목처럼 'interrupting Derrida'와 연관된 일련의 논문이 수록됐다. 여기서 제목은 대단한 개입자로서의 데리다와, 데리다의 텍스트가 개입하는 독서를 요구한다는 점에서 중의적이다. 「Derrida and politics」, 「Derrida and ethics」, 「Circanlysis (The thing itself)」 등의 논문이 수록돼 있다.

Bhabha, Homi K. *The Location of Culture*. London and New York : Routledge, 1994.

특히 difference와 doubling, mimicry 개념의 정교화와 관련하여 데리다 저작에 담긴 포스트식민주의를 들춰낸, 밀도 있고 까다롭지만 유력한 해설.

Biesta, Gert J. J. and Denise Egéa-Kuehne, eds. *Derrida & Education*. London and New York : Routledge, 2001.

교육이라는 맥락에서 윤리학과 정의, 책임감이란 쟁점을 다룬 논문집.

Brannigan, John, Ruth Robbins and Julian Wolfreys, eds. *Applying : to Derrida*. London : Macmillan, 1996.

데리다 인터뷰뿐 아니라, 텔레비전과 영화 연구 등을 포함하는 매우 폭넓은 데리다 '관련' 글들.

Butler, Judith. *Excitable Speech : A Politics of the Performative*. London and New York : Routledge, 1997.

인종주의와 동성애, 군대, 검열 등의 쟁점과 관련한 언행을 해체적으로 설명.

Byrne, Eleanor and Martin McQuillan. *Deconstructing Disney*. London : Pluto, 1999.

〈인어공주〉(1989), 〈미녀와 야수〉(1991), 〈라이언 킹〉(1994), 〈노틀담의 꼽추〉(1996) 등 최근 디즈니 영화에 초점을 맞춘 분석.

Caputo, John D. *The Prayers and Tears of Jacques Derrida : Religion without Religion*.

Bloomington : Indiana University Press, 1997.

데리다 저작에 담긴 종교적 사고를 탐색해본 책.

Cardozo Law Review, special issue('Deconstruction and the Possibility of Justice',
vol. 11(1990), and vol. 13(1991).

해체와 법과 정의에 관한 폭넓고 통찰력 넘치는 논문들이 담겨 있다. 1990년
판에 실린 글들은 『*Deconstruction and the Possibility of Justice*』 eds Drucilla Cornell,
Michel Rosenfeld and David Gray Carlson(London and New York : Routledge,
1992)으로 출간됐다.

Castricano, Jodey. *Cryptomimesis : The Gothic and Jacques Derrida's Ghost Writing.*
Montreal : McGill-Queen's University Press, 2001.

문학 및 정신분석에 관한 데리다의 저작과 관련하여, 에드거 앨런 포 · 브램
스토커 · 스티븐 킹 등의 작가들을 분석한 흥미진진한 연구.

Cixous, Hélène. *Three Steps on the Ladder of Writing* trans. Sarah Cornell and Susan
Sellers. New York : Columbia University Press, 1993.

비록 프란츠 카프카와 클라리스 리스펙토르, 장 주네와 관련한 허구적 글쓰
기 문제에 초점을 맞춘 열렬하게 해체적인 책. 데리다와 식수의 연결점이 궁
금하다면, 데리다의 「A Silkworm of One's Own」(SOO)와 식수의 「What is it
o'clock?」(Cixous 1998)을 보라.

Cixous, Hélène. *Stigmata : Escaping Texts.* London and New York : Routledge,

1998.
'What is it o'clock? or The door(we never enter)'라는 제목이 달린 독창적인 에세이를 비롯한 매혹적인 해체적 글쓰기.

Clark, Timothy. *Derrida, Heidegger, Blanchot : Sources of Derrida's Notion and Practice of Literature*. Cambridge : Cambridge University Press, 1992.
베닝턴의 책처럼, 다수의 철학자들이 등장하는 도전적인 책. 초심자들에겐 어렵겠지만, 조금 더 수준 높은 독서를 바라는 독자에게는 이 명료하고 꼼꼼한 분석이 매력적으로 다가갈 것이다. 특히 첫 장과 서론이 유용하다.

Clark, Timothy. *The Theory of Inspiration : Composition as a Crisis of Subjectivity in Romantic and Post-Romantic Writing*. Manchester and New York : Manchester University Press, 1997.
데리다의 저작과 깊이 연관된 'inspiration' 이론에 대한 설득력 있는 해설. 시와 데리다의 「시란 무엇인가?Che cos'e la poesia?」(Che)를 설명한 훌륭한 장이 포함돼 있다.

Cohen, Tom, ed. *Jacques Derrida and the Humanities : A Critical Reader*. Cambridge : Cambridge University Press, 2001.
다양한 주제와 분야에 걸친 데리다 관련 논문 선집. 데리다의 「The future of the profession or the university without condition」(WA)과 제프리 베닝턴의 「Derrida and politics」, 피터 펜브스의 「Derrida and History」, 페기 캐머프의 「Derrida and gender」, 버나드 스티글러의 「Derrida and technology」 등이

실렸다. J. 힐리스 밀러의 「Derrida and literature」는 특히 문학을 공부하는 학생들에게 유용하다.

Critchley, Simon. *The Ethics of Deconstruction : Derrida and Levinas* 2nd edn. Oxford, UK and Cambridge, US : Blackwell, 1999.

해체와 윤리학에 관한 사려 깊은 해설. 1992년에 발간된 내용을 보강했다.

Culler, Jonathan. *On Deconstruction : Theory and Criticism after Structuralism.* London : Routledge and Kegan Paul, 1983.

데리다 관련 해설서 중 가장 읽기 쉽다. 베닝턴(1993)과 정반대의 위치에 있는 책이라고 보면 된다. 즉, 애초부터 문학 전공 학생들을 염두에 두고 써서, 너무 깊이 있고 어려운 철학 텍스트들은 언급하지 않는다.

de Man, Paul. *The Resistance to Theory.* Minneapolis : University of Minnesota Press, 1986.

드 만의 저서가 지닌 해체적인 힘을 보여주는 선집. 여기에 실린 두 논문은 말 그대로 'The Resistance to Theory' 그 자체이며, 간결하게 집약된 'The Return to Philology'이다.

de Vries, Hent. *Philosophy and the Turn to Religion.* Baltimore : Johns Hopkins University Press, 1999.

종교 문제에 관한 데리다 저작의 의미와 영향을 다룬 다소 어렵지만 뛰어난 책.

Düttmann, Alexander García. *At Odds with AIDS : Thinking and Talking About a Virus* trans. Peter Gilgen and Conrad Scott-Curtis. Stanford : Stanford University Press, 1996.

정체성과 차이, 죽음과 바이러스를 중심으로 AIDS 문제를 해체적으로 사유하다.

Elam, Diane. *Feminism and Deconstruction : Ms. en Abyme*. London and New York : Routledge, 1993.

해체와 페미니즘의 접합 지점을 설명한 중요한 시도

Feder, Ellen, K., Mary C. Raulinson and Emily Zakin, eds. *Derrida and Feminism : Recasting and the Question of Woman*. London and New York : Routledge, 1997.

진실과 모성, 안락사, 남성적 상징 등의 주제에 초점을 맞춘 생각할 거리가 많은 논문집.

Gasché, Rodolphe. *The Tain of the Mirror : Derrida and the Philosophy of Reflection*. Cambridge, MA : Harvard University Press, 1986.

데리다 저작에 대한 방대하고 타협 없는 '철학적' 해설. 1980년대 특히 미국에서 유행한 '문학적 해체주의' 개념 열풍을 진단한다.

Gasché, Rodolphe. *Inventions of Difference : On Jacques Derrida*. Cambidge, MA : Harvard University Press, 1994.

이성과 신, '그래yes'의 문제와 관련하여 데리다의 저작을 해설한 까다롭지만 탁월한 시리즈. 1979년에 발표한 가셰의 논문 「Deconstruction as Criticism」이 실렸다.

Hall, Gary. *Culture in Bits : The Monstrous Future of Theory*. New York : Continuum Books, 2002.

문화와 문화 연구를 경쾌하고도 재미있게, 또 예리하게 '해체적으로' 해설한 책.

Hobson, Marian. *Jacques Derrida : Opening Lines*. London and New York : Routledge, 1998.

언급한 글들로 봐서 문학적이라기보다는 철학적인 책. 이 밀도 높고 까다로운 책은 독자들에게 좀 더 '깊숙한' 독서를 요구한다. 그럼에도 불구하고 매우 풍부하고 중요한 책. 데리다와 '쓰기'의 가능성을 새롭게 사유할 여지를 모색한다.

Holland, Nancy J., ed. *Feminist Interpretations of Jacques Derrida*. University Park, Pennsylvania : Pennsylavania University Press, 1997.

가야트리 차크라보르티 스피박의 「Displacement and the Discourse of Woman」과 페기 캐머프의 「Deconstruction and Feminism : A Repetition」 등 페미니즘 관련 논문 모음집.

Johnson, Christopher. *System and Writing in the Philosophy of Jacques Derrida*. Cambridge : Cambridge University Press, 1993.

명료하고 매력적인 데리다 분석서. 특히 데리다가 공들인 새로운 쓰기 '개념'

에 대한 해설은 상세하고 유용하다. 진화와 '생명' 과학과 관련하여 데리다의 작품을 분석한 장도 있다.

Johnson, Christopher. 'Derrida and Science', *Revue Internationale de Philosphie*, vol. 52, no. 205(1998) : 477-93.
정보 이론과 유전학, 기타 최신 과학 이론과 관련하여 데리다의 저작을 분석한 책.

Kamuf, Peggy. *The Division of Literature, or, The University in Deconstruction*. Chicago : Chicago University Press, 1997.
해체와 문학, 대학 제도 사이의 상호 관계를 검토한 중요한 책.

Krell, David Farrell. *The Purest of Bastards : Works of Mourning, Art, and Affirmation in the Thought of Jacques Derrida*. University Park, Pennsylvania : Pennsylvania State University Press, 2000.
데리다의 저작 전반에 퍼져 있는 '애도mourning' 개념에 대한 폭넓고 명쾌한 설명.

Lacoue-Labarthe, Philippe and Jean-Luc Nancy. *Retreating the Political* ed. Simon Sparks. London and New York : Routledge, 1997.
1980년 파리에서 출범한 '정치철학 연구센터' 관련 글을 비롯하여, 정치학과 정치적인 것에 대한 데리다의 사유가 갖는 의미를 짚은 텍스트 모음집.

Llewelyn, John. *Derrida on the Threshold of Sense*. Basingstoke : Macmillan, 1986.

데리다 저작에 대한 명료하고 통찰력 있는 주석을 단, 짧고 섬세하고 재치 넘치는 책.

McQullan, Martin, Graeme Macdonald, Robin Purves and Stephen Thomson, eds. *Post-Theory : New Directions in Criticism.* Edinburgh : Edinburgh University Press, 1999.
'포스트 이론적 상황'에 직면한, 철학·정신분석·문학·지리학·마르크스주의·동성애 이론 관련 논문 모음집.

Miller, J. Hillis. *Speech Acts in Literature.* Stanford : Stanford University Press, 2001.
데리다의 저작과 관련하여 언어행위 이론의 다양한 방식을 명쾌하게 풀어낸 책.

Monstrism. Oxford Literary Review, vol. 23, 2002.
앤드류 베넷과 제프리 베닝턴, 티모시 클라크, 페기 캐머프, 캐롤린 루니, 니콜러스 로일 등의 실험적 에세이 모음집. 특히 괴물적인 것과 괴물성의 형상화와 관련하여 데리다의 저작을 살핀다.

Norris, Christopher. 1997. *Aginst Relativism : Philosophy of Science, Deconstruction and Critical Theory.* Cambridge, MA and Oxford : Blackwell.
데리다 저작의 '과학적' 쟁점과 의미를 추적.

Papadakis, Andreas, Catherine Cooke and Andrew Benjamin, eds, 1989.

Deconstruction : Omnibus Volume. London : Academy Editions.

데리다의 「Fifty-Two Aphorisms for a Foreword」와 「Deconstruction and Architecture」에 대한 일련의 탁월한 분석을 담은, 독특하고 보기 드문 '커피 테이블 책'.

Plotnisky, Arkady. 1994. *Complementarity : Anti-Epistemology after Bohr and Derrida*. Durham (Northe Carolina) and London : Duke University Press.

해체와 덴마크 물리학자 닐스 보어의 양자 물리학 이론 간의 관련성을 탐구한, 밀도 높고 의미 있는 책.

Rand, Richard, ed. *Logomachia : The Conflict of the Faculties*. Lincoln, Nebraska, and London : University of Nebraska Press, 1992.

제도로서의 대학 문제를 생각하며 해체의 의미와 영향을 탐색한 논문들을 모은 책. 데리다의 「Mochlos」와 「Canons and Metonymies : An Interview with Jacques Derria」가 실렸다.

Rapaport, Herman. *Heidegger and Derrida : Reflections on Time and Language*. Lincoln, Nebraska, and London : University of Nebraska Press, 1989.

특히 유령과 종말 같은 주제에 초점을 맞춰 하이데거와 데리다를 해설.

Rapaport, Herman. *Later Derrida : Reading the Recent Work*. London and New York : Routledge, 2003.

문화 연구, 트라우마, 포스트식민주의, 아카이브, 실존주의 등의 주제에 초점을 맞춘 자극적이고 풍부한 저작.

Readings, Bill. *The University in Ruins*. Cambridge, MA : Harvard University Press, 1996.

특히 영국과 북아메리카의 사례를 중심으로 현대 대학을 해체적으로 해설한 책.

Ronell, Avital. *Crack Wars : Literature, Addiction, Mania*. Lincoln, Nebraska, and London : University of Nebraska Press, 1992.

특히 플로베르의 명작 『보바리 부인』에 초점을 맞춰, 개념적으로 데리다 저작과 연결지어 약물 문제를 해체적으로 해설한 책.

Rooney, Caroline. *African Literature, Animism and Politics*. London and New York : Routledge, 2000.

유럽 철학과 아프리카 문학의 관계에 관한 해체적인 분석.

Royle, Nicholas. *After Derrida*. Manchester : Manchester University Press, 1995.

역사와 문학, 정신분석, 철학, 시각예술, 제도로서의 대학 등 다양한 주제를 다룬 일련의 해체적 에세이들.

Royle, Nicholas, ed. *Deconstructions : A User's Guide*. Basingstoke and New York : Palgrave, 2000.

다양한 기고자들의 글을 엮은 꽤 깊이 있는 논문집. 윤리학을 다룬 제프리 베닝턴의 글, 약물을 다룬 데이비드 부스로이드의 글, 테크놀로지를 다룬 티

모시 클라크의 글, 정신분석을 다룬 모드 엘만의 글, 영화를 다룬 로버트 스
미스의 글, 문화 연구를 다룬 스피박의 글, 포스트식민주의를 다룬 J. C. 영
의 글 외에 데리다의 「Et Cetera…」(etc.)가 실렸다.

Royle, Nicholas. *The Uncanny.* Manchester and New York : Manchester University
Press/Routledge, 2003.
프로이트와 데리다의 저작에 초점을 맞춰, 정신분석·문학·영화 등을 주제
로 쓴 짧은 텍스트들을 모았다.

Smith, Robert. *Derrida and Autobiography.* Cambridge : Cambridge University Press,
1995.
자서전의 맥락에서 데리다의 저작을 탁월한 통찰력으로 분석한 밀도 높은 책.

Smith, Joseph H. and William Kerrigan, eds. *Taking Chances : Derrida,
Psychoanalysis, and Literature.* Baltimore and London : Johns Hopkins University
Press, 1984.
데리다의 뛰어난 논문 「My Chances」(MC)를 비롯한 다수의 매력적이고 유
익한 에세이들.

Sprinker, Michael, ed. *Ghostly Demarcations : A Symposium on Jacques Derrida's
Specters of Marx.* London : Verso, 1999.
데리다의 1993년작 『마르크스의 유령들』에 대한 강렬하고, 때로 자극적이고
빗나간 반응들과 함께, 이 반응들에 대한 데리다의 신중한 응답인 「Marx &

Sons」가 실렸다.

Staten, Henry. *Wittgenstein and Derrida.* Lincoln and London : University of Nebraska Press, 1984.

비트겐슈타인 글쓰기에서 두드러지는 해체적인 특성과 현상학, 언어행위 이론에 주목한 자극적인 책.

Weber, Samuel. *Institution and Interpretation.* Minneapolis : University of Minnesota Press, 1987.

데리다의 저작에 초점을 맞추지는 않았으나, 그 저작의 두드러진 의미와 영향을 논증한 일련의 논문들. 특히 「Reading and Writing-Chez Derrida」와 「The Debts of Deconstruction and Other, Related Assumptions」 등의 논문이 읽어볼 만하다.

Wigley, Mark. *The Architecture of Deconstruction : Derrida's Haunt.* Cambridge, Mass. : MIT Press, 1993.

데리다의 저작을 맥락으로 건축과 공간, 집의 문제를 다룬 생각거리가 풍부한 책.

Wolfreys, Julian. *Victorian Hauntings : Sectrality, Gothic, the Uncanny and Literature.* Basingstoke : Palgrave, 2002.

찰스 디킨스와 앨프레드 테니슨, 조지 엘리엇, 토머스 하디 등의 작품을 통해 유령과 유령성에 대한 데리다의 관심을 추적.

Wood, David, ed. *Derrida : A Critical Reader.* Oxford and Cambridge, MA :

Blackwell, 1992.

데리다의 「Passions : "An Oblique Offering"」 등 유용한 논문 모음집.

■ 참고문헌

Arac, Jonathan, Wlad Godzich and Wallace Martin, eds (1983) *The Yale Critics :
Deconstruction in America* (Minneapolis : University of Minnesota Press).

Austin, J. L. (1975[1962]) *How To Do Things With Words : The William James
Lectures Delivered at Harvard University in 1955*, 2nd edn, eds J. O. Urmson
and Marina Sbisà (Oxford and New York : Oxford University Press).

Barthes, Roland (1977) 'The Death of the Author', in *Image Music Text*, trans.
Stephen Heath (London : Fontana).

Beardsworth, Richard (1996) *Derrida and the Political* (London and New York :
Routledge).

Bennington, Geoffrey (2000) 'Deconstruction is Not What You Think', in
Deconstruction : A Reader, ed. Martin McQuillan (Edinburgh : Edinburgh
University Press), 217-19.

_____ (2001) 'Derrida and Politics', in *Jacques Derrida and the Humanities : A
Critical Reader*, ed. Tom Cohen (Cambridge : Cambridge University Press),
193-212.

Bersani, Leo (1995) *Homos* (London and Cambridge, MA : Harvard University
Press).

Blair, Tony (2001) Speech at the Labour Party Conference, Brighton, in *the
Guardian*, 3 October, 4-5.

Blanchot, Maurice (1999) 'The Narrative Voice(the "he", the neuter)'[1968], in
The Station Hill Blanchot Reader : Fiction and Literary Essays, trans. Lydia Davis
et al. (Barrytown, New York : Station Hill), 459-69.

Bloom, Harold (1994) *The Western Canon : The Books and School of the Ages* (New
York : Harcourt Brace).

Bowen, Elizabeth (1962) *The Death of the Heart*[1938] (Harmondsworth : Penguin).

Brontë, Emily (1990) *Wuthering Heights*[1847], 3rd edn, eds William M. Sale Jr and Richard J. Dunn (New York : Norton).

Brunette, Peter and David Wills (1989) *Screen/Play : Derrida and Film Theory* (Princeton, NJ : Princeton University Press).

Byrne, Eleanor and Martin McQuillan (1999) *Deconstructing Disney* (London : Pluto).

Davis, Robert Con and Ronald Schleifer, eds (1985) *Rhetoric and Form : Deconstruction at Yale* (Norman, Olahoma : University of Oklahoma Press).

de Man, Paul (1983) *Blindness and Insight : Essays in the Rhetoric of Contemporary Criticism*, 2nd edn (originally published 1971)(London : Methuen).

_____(1989) 'Introduction to the Poetry of John Keats', in *Critical Writings 1953-1978*, ed. Lindsay Waters (Minneapolis : University of Minnesota Press), 179-97.

_____(1996) 'Sign and Symbol in Hegel's *Aesthetics*', in *Aesthetic Ideology*, ed. Andrzej Warminski (Minneapolis : University of Minnesota Press), 91-104.

Easthope, Antony (1996) 'Derrida and British Film Theory', in *Applying : to Derrida*, eds John Brannigan, Ruth Robbins and Julian Wolfreys (London : Macmillan), 184-94.

Forster, E. M. (1976) *Aspects of the Novel*[1927], ed. Oliver Stallybrass (Harmondsworth : Penguin).

_____(1979) *A Passage to India*[1924], ed. Oliver Stallybrass (Harmondsworth : Penguin).

Fowles, John (1999) 'Hardy and the Hag'[1977], in *Wormholes : Essays and Occasional Writings*, ed. Jan Relf (London : Vintage), 159-77.

Freud, Sigmund (1984) 'Mourning and Melancholia', *Pelican Freud Library*, vol. 11, trans. James Strachey, ed. Angela Richards (Harmondsworth : Penguin).

_____(1985) *Totem and Taboo* in *The Origins of Religion, Pelican Freud Library*, vol. 13, trans. James Strachey, ed. Albert Dickson (Harmondsworth : Penguin).

Gasché, Rodolphe (1999) 'A Relation Called "Literary"', in *Of Minimal Things : Studies on the Notion of Relations* (Stanford : Stanford University Press), 285-308.

Glendinning, Simon, ed. (2001) *Arguing with Derrida* (Oxford and MA, MA : Blackwell).

Hobson, Marian (1998) *Jacques Derrida : Opening Lines* (London and New York : Routledge).

Kafka, Franz (1992) *The Complete Short Stories of Fanz Kafka*, ed. Nahum N. Glatzer (London : Minerva).

_____(1994) *The Colleted Aphorisms*, trans. Malcolm Pasley, Preface by Gabriel Josipovici (Syrens : London).

Kamuf, Peggy (2002) 'Introduction : Event of Resistance', in Jacques Derrida, *Without Alibi*, ed. and trans. Peggy Kamuf (Stanford : Stanford University Press), 1-27.

Kermode, Frank (1989) 'Endings, Continued', in *Languages of the Unsayable : The Play of Negativity in Literature and Literary Theory*, eds Sanford Budick and Wolfgan Iser (New York : Columbia University Press), 71-94.

Llewelyn, John (1986) *Derrida on the Threshold of Sense* (Basingstoke : Macmillan).

McQuillan, Martin, ed. (2000) *Deconstruction : A Reader* (Edinburgh : Edinburgh University Press).

Miller, J. Hillis (1982) *Fiction and Repetition : Seven English Novels* (Oxford : Basil Blackwell).

Naas, Michael (1996) 'The Time of a Detour : Jacques Derrida and the Question of the Gift', in Derridas, special issue of the *Oxford Literary Review*, vol. 18, eds Timothy Clark and Nicholas Royle, 67-86.

Poe, Edgar Allan (1978a) 'Preface to Marginalia', *Collected Works of Edgar Allan Poe*, vol. 3, ed. Thomas Ollive Mabbott (Cmbridge, MA : Belknap Press).

_____(1978b) 'The Fall of the House of Usher', *Collected Works of Edgar Allan Poe*, vol. 2, ed. Thomas Ollive Mabbott (Cambridge, MA : Belknap Press), 397-417.

Royle, Nicholas (1995) *After Derrida* (Manchester and New York : Manchester University Press/St Martin's Press).

_____(2000) 'What is Deconstruction?', in *Deconstructions : A User's Guide*, ed. Nicholas Royle (Basingstoke and New York : Palgrave), 1-13.

_____(2003) *The Uncanny* (Manchester and New York : Manchester University Press/Routledge).

Rushdie, Salman (1991) *Imaginary Homelands : Essays and Criticism 1981-91* (London : Granta Books).

Schwartz, Hillel (1996) *The Culture of the Copy : Striking Likenesses, Unreasonable Facsimiles* (New York : Zone Books).

Shakespeare, William (1997) *The Norton Shakespeare : Based on the Oxford Edition*, eds Stephen Greenblatt, Walter Cohen, Jean E. Howard and Katherine Eisaman Maus (New York and London : W. W. Norton).

Shelley, Percy Bysshe (1970) *Poetical Works*, ed. Thomas Hutchinson, corrected by G. M. Mattews (London and New York : Oxford University Press).

Smith, Robert (2000) 'Deconstruction and Film', in *Deconstructions : A User's Guide*, ed. Nicholas Royle (Basingstoke and New York : Palgrave), 119-36.

Weber, Samuel (1987) 'Reading and Writing—*Chez* Derrida', in *Institution and Interpretation* (Minneapolis : University of Minnesota Press), 85-101.

Wills, David (1995) *Prosthesis* (Stanford : Stanford University Press).

Wu, Duncan, ed. (1998) *Romanticism : An Anthology*, 2nd edn (Oxford and Malden, MA : Blackwell).

===== 데리다 저작

자크 데리다의 유령들

2007년   1월 25일 초판 1쇄 발행
2018년 12월 15일   4쇄 발행

지은이 ㅣ 니콜러스 로일
옮긴이 ㅣ 오문석
펴낸이 ㅣ 노경인 · 김주영

펴낸곳 ㅣ 도서출판 앨피
출판등록 ㅣ 2004년 11월 23일 제2011-000087호
주소 ㅣ 우)07275 서울시 영등포구 영등포로 5길 19(37-1 동아프라임밸리) 1202-1호
전화 ㅣ 02-336-2776   팩스 ㅣ 0505-115-0525
전자우편 ㅣ lpbook12@naver.com
블로그 ㅣ blog.naver.com/lpbook12

ISBN 978-89-92151-07-1